Die Zeitzeugin

Gerd Laudert

DIE ZEITZEUGIN

URSULA RUMIN (1923-2017)

Bibliografische Information der Deutschen Nationalbibliothek:
Die Deutsche Nationalbibliothek verzeichnet diese Publikation in der
Deutschen Nationalbibliografie; detaillierte bibliografische Daten sind
im Internet über http://dnb.dnb.de abrufbar.

© 2022 Gerd Laudert

Herstellung und Verlag: BoD – Books on Demand, Norderstedt

ISBN: 978-3-7562-7701-8

In memoriam

Anke Ruhm (1955–1997)

INHALT

Einleitung 9

I. „Ich möchte Tänzerin werden." 15
(1923-1949)

II. „Berlin - du Stadt meiner Träume!" 54
(1950–1952)

III. Im FrauenGULag am Eismeer 74
(1952–1954)

IV. Kalter Krieg und Trauschein ohne Ehe 100
(1954–1956)

V. „Auch ich habe viel zu sagen!" 141
(1956–1959)

VI. Silver Award und Verdienstorden: Die Redakteurin 167
(1960–1984)

VII. Die Malerin, Autorin, Zeitzeugin 187
(1985–2017)

VIII. Zwei Rückblicke 225

Anhang

Einleitung

Februar 2016, Köln-Rodenkirchen. Ursula, bereits über neunzig Jahre alt, lebt in einer Wohnanlage für Senioren im Süden der Stadt, nahe am Rhein.

In ihrer kleinen, mit vielen persönlichen Dingen geschmückten Wohnung lebt sie - wie fast zeitlebens - allein, doch hat sie sich diese ruhige, im fünften Stock gelegene Unterkunft mit dem weiten freien Blick sehr bewusst ausgesucht.

In ihrem Wohnzimmer umgeben sie zahlreiche eigene Werke: farbenfrohe Aquarelle und Ölbilder, sowie Bücher, von denen fast ein Dutzend ihren Verfassernamen tragen: Ursula Rumin. Eines dieser Bücher heißt "Im Frauen-GULag am Eismeer." Es berichtet von einer besonderen, der schlimmsten Zeit ihres Lebens.

Dazu kommen Schwarzweiß-Fotos, auf denen man Ursula (sie wird meist Ula oder Uli genannt) als junge Tänzerin sieht. Andere Fotos zeigen ihre "großen Jungs", die 1941 und 1947 geborenen Söhne - und die Redakteurin in ihrem Kölner Studio. Eines zeigt Niko, den schwarzen Riesenschnauzer, der Ursula in den 1980er Jahren den Ausstieg aus dem Berufsleben erleichtert und verschönert hatte.

Vom Balkon aus kann man bei guter Sicht in der Ferne die Hügelkette der Eifel erkennen und zur Linken einen Teil des Siebengebirges.

Seit mehr als fünfzig Jahren lebt Ursula in dieser Stadt am Rhein. Nach dem Mauerbau 1961 war sie von Berlin nach Köln übergesiedelt, weil sie sich in West-Berlin nicht mehr sicher genug fühlen konnte. - Die Domstadt ist ihr vertraut. Hier hat sie früher schon einmal gewohnt, mit ihrem Mann Joseph. Zwar wurde das kleine möblierte Zimmer, das Joseph Mitte der 1950er Jahre vor allem wegen der Nähe zu seinem Verlag gemietet hatte, nur selten einmal für längere Zeit gemeinsam genutzt. Doch war diese Unterkunft in Köln-Bayenthal die einzige eheliche Wohnung der beiden. Die längste Zeit ihrer Ehe lebte Joseph in seinem Geburtsort Kasbach bei Linz am Rhein, seine Frau dagegen in einer Wohnung "der Engländer" in Solingen, später in Berlin.

Jeden Freitagabend sitzt Ursula vor ihrem großen PC-Monitor und skyped mit ihrem zweitgeborenen Sohn, der heute in Kanada lebt. Fast 60 Jahre lang wusste sie nicht, konnte sie nicht wissen, wo er sich aufhält, wie und wo er lebt. Ein ihr nicht bekanntes Ehepaar, wie bei anonymen Adoptionen üblich, hatte ihren damals vierjährigen Sohn 1951 adoptiert, wozu Ursula schweren Herzens ihr Einverständnis gab. Der leibliche Vater, ein Student aus Bulgarien, den sie kurz nach dem Krieg in München kennen lernte, war seit dem Bekanntwerden der Schwangerschaft auf und davon gegangen.

2008 fand Ursula ihren verlorenen Sohn nach langer Suche glücklich wieder. Erst nach dem Tod der Adoptiveltern hatte sie begonnen, nach ihm zu forschen, zunächst erfolglos.

Etwa 70 Kilometer von Köln aus rheinaufwärts, wo südlich von Bonn in Höhe des Siebengebirges der "romantische" Abschnitt des Rheintales beginnt (und noch weiter im Süden, bei Koblenz, das berühmte "Tal der Loreley"), liegt das Dörfchen Kasbach. Hier hatte Joseph Schölmerich 1913, am Vorabend des ersten der später so genannten Weltkriege, das zu jener Zeit eher bedrohlich flackernde als freundlich-helle Licht der Welt erblickt. Am Ufer des Rheins hatte er, ein Lausebengel, wie er im Buche steht, seine Kindheit und Jugendzeit verbracht.

Nach dem Besuch des Gymnasiums in Linz nahm Joseph (von Freunden meist "Jo" genannt) an der Bonner Universität ein Medizinstudium auf. Hier begann, im Sommer 1932, seine politische Phase, seine Begegnung mit linken, darunter vielen jüdischen Studentinnen und Studenten, seine Begegnung auch mit den sich immer aggressiver gebärdenden Sympathisanten des Nationalsozialismus. In Bonn startete Josephs wechselvolles, widerständiges, sein rastlos-unruhiges Leben, das ihn in der NS-Zeit für mehrere Monate zu einem Gefangenen der Gestapo und in den frühen 1950er Jahren, nach seiner Abkehr vom DDR-Stalinismus, zu einem Opfer stalinistischer Verfolgung werden ließ: Unter dem sowjetüblichen Vorwurf der Spionagetätigkeit wurde er für mehrere Jahre nach Workuta deportiert, in eines der berüchtigten Arbeitslager des GULag.

Ursula Rumin und Joseph Schölmerich lernten einander Ende 1953 kennen, in einem Sammellager in der Ukraine. Im Rahmen einer ersten großen Amnestie nach dem Tod Stalins waren sie in einem Heimkehrer-Transport aus Workuta nach Deutschland unterwegs. In den frühen 1950er Jahren waren beide von einem sowjetischen Militärtribunal zu Zwangsarbeit verurteilt worden, Joseph zu 25, Ursula zu 15 Jahren. Einen Teil ihres Lebens hatten sie in der Eishölle von Workuta verbringen müssen, zeitweise weniger als drei Kilometer voneinander entfernt, wie sie später erfuhren.

Als Ende 1954 in London Josephs Buch "Die Toten kehren zurück. Bericht eines Arztes aus Workuta" erstmals publiziert werden sollte, änderte der englische Verlag den für britische Leser unaussprechlichen Namen Schölmerich um in den Autorennamen Joseph Scholmer.

Auch Rumin ist ein Künstlername. Als Ursula 1923 in Niederschlesien, nahe Breslau, geboren wurde, hieß sie Ursula Ruhm. Mit zwei Brüdern wuchs sie im Weberdorf Langenbielau am Fuße des Eulengebirges auf. Schon als Jugendliche begeisterte sie sich mehr für das Tanzen als für die auf Wunsch des Vaters begonnene kaufmännische Ausbildung. 1944 wurde sie in das bekannte Hiller-Ballett aufgenommen, das zu dieser Zeit in Breslau gastierte. Für ihre seitdem herbeigesehnte Tanzkarriere legte Ursula sich den Künstlernamen "Uliana Rumin" zu, denn der strenge Vater hatte ihr verboten, als Tänzerin unter ihrem bürgerlichen Namen aufzutreten. Nach der Vertreibung aus Schlesien im April 1946 und nach dem Ende einer kurzen Karriere als Solotänzerin ging Ursula Anfang der 1950er Jahre nach Berlin - und geriet dort zwischen die Fronten des Kalten Krieges.

Ursula Ruhm und Joseph Schölmerich, Ursula Rumin und Joseph Scholmer, „Ula" und „Jo" begegneten einander erstmals am Lagerzaun in Almasnaja (Ost-Ukraine), der das Männerlager vom Frauenlager trennte. Kaum vier Monate später, im April 1954, heiirateten sie.

In diesem Buch wird die Lebensgeschichte von Ursula und deren kurze Ehe mit Joseph erzählt - die kaum eine war, denn auch als Paar lebten die beiden meist getrennt. Erzählt wird vom ungewöhnlichen Leben zweier "Spätheimkehrer" aus Russland, deren Ehe (-Versuch) aufgrund nicht kompatibler Lebensentwürfe schon bald scheitern, als ein großes Missverständnis erscheinen musste, wenngleich dieser Versuch, nach den traumatischen Erfahrungen beider in Ostberliner Gefängnissen und in Workuta, mit großen Hoffnungen und Erwartungen begonnen hatte.

Das Buch schildert auch das Erwachen und das mehr oder weniger tragische Scheitern von großen, vielleicht zu großen Lebensträumen. Es geht um zwei durch außergewöhnliche Höhen und Tiefen gelebte Leben. Ula und Jo - die "Großfürstin" (so nannte Joseph sie) und der "rote Doktor" (so nannten andere ihn) - sind in vielerlei Hinsicht gegensätzlich denkende und fühlende Menschen, die für wenige Jahre den Versuch unternahmen, ein gemeinsames Leben zu führen.

Eine Biographie über Joseph Scholmer erschien bereits 2019 (unter dem Titel „Der rote Doktor"). Im vorliegenden Buch wird das Leben von Ursula Rumin erzählt, darin auch ihr wechselvolles Leben *vor* Workuta und *nach* ihrer kurzen Ehe mit Joseph Scholmer.

<u>Ein Hinweis zu den im Buch verwendeten Quellen</u>

Als eine sehr rüstige 92jährige Seniorin stand Ursula Rumin dem Verfasser dieses Buches für Gespräche und Recherchen zur Verfügung. Sie war zudem gerne bereit, ihm neben sämtlichen

Veröffentlichungen auch ihr privates Archiv - Tagebücher, Briefe, Fotos und andere Dokumente - zugänglich zu machen. Das geschah vor dem Hintergrund einer verwandtschaftlichen Verbindung zwischen ihr und dem Autor. (1)

Daher basieren die biographischen Angaben im Buch sehr weitgehend auf authentischen, wenngleich zum Teil auf mehr oder weniger subjektiv gefärbten Quellen. Doch konnte daneben auch ein Blick Dritter, etwa der oft sehr kritische Blick Joseph Schölmerichs auf seine zeitweilige Lebenspartnerin, aber auch der einer langjährigen Freundin in die Darstellung einbezogen werden, ebenso die Sichtweise von Familienangehörigen und, nicht zu vergessen, der teilweise recht kritische Blick journalistischer KollegInnen.

Eine Fülle biographischer und zeitgeschichtlicher Dokumente von und über Ursula Rumin (Tagebücher, Manuskripte, Briefe, digitalisierte Archivalien, Fotos) konnte im Bundesarchiv in Berlin-Lichterfelde eingesehen und ausgewertet werden, zum Thema „Workuta" auch das „Gulag-Archiv", das zum Bestand der *Bundesstiftung zur Aufarbeitung des SED-Diktatur* gehört.

So ist das hier vorgelegte Buch über den Lebensweg einer Frau, die bereits selbst in zahlreichen Büchern über sich und ihre bewegte Vergangenheit berichtet hat, ein weiterer, jedoch mehr von außen auf sie blickender Versuch einer Annäherung an die Journalistin, Autorin und Zeitzeugin Ursula Rumin.

Anmerkungen zur Einleitung

(1) An dieser Stelle eine persönliche Anmerkung des Buchautors: Ursula Rumin geb. Ruhm war die Tante und Taufpatin meiner 1955 geborenen und 1997 verstorbenen ersten Ehefrau Anke Ruhm. Das von mir ursprünglich geplante Projekt einer Doppelbiographie über Ursula Rumin und Joseph Schölmerich stieß bei Verlagen jedoch auf Skepsis und konnte daher nicht realisiert werden. Vor allem Frau Rumin sei als Autorin und Zeitzeugin zu wenig bekannt, hieß es. So konnte ich statt einer Doppelbiographie zunächst nur eine Biographie über Joseph Schölmerich veröffentlichen, die 2019 im Metropol Verlag (Berlin) erschien: Der rote Doktor. Arzt, Kommunist, Antistalinist, Autor. Joseph Schölmerich (1913–1995).

I. „Ich möchte Tänzerin werden!"
(1923–1949)

"Hurra, ich werde Hiller-Girl!"

"Dann nehmen Sie doch mich, und lassen Sie meinen Bruder in Ruhe!"

„Mit Entsetzen sehe ich ein Messer nach dem anderen auf mich zufliegen. Mit klatschendem Geräusch bohren sie sich neben meinem Körper in die Holzwand. Ich spüre den leichten Luftzug an meiner Haut. Nichts weiter ist zu hören als dieses Geräusch."

(Ursula Rumin 1944, 1948, 1952)

Joseph Schölmerich war schon 10 Jahre alt, hatte gerade die ersten Monate am Humanistischen Gymnasium zu Linz am Rhein erfolgreich absolviert, da kam am 2. Dezember 1923 im kleinen niederschlesischen Dorf Faulbrück nahe Breslau, weit im Osten des Deutschen Reiches, das Mädchen Ursula Ruhm zur Welt.

Im Gegensatz zu Joseph, dessen Vater bereits früh starb, wuchs Ursula in einer Familie auf, in der beide Eltern sich um die Betreuung und Erziehung ihrer Kinder kümmern konnten. Richard, der strenge, leicht aufbrausende Vater, war kriegsversehrt: Nachdem er im Ersten Weltkrieg, in der Schlacht von Verdun, schwer verwundet worden war, hohen Blutverlust und zusätzlich Wundbrand erlitten hatte, hatte man ihm seinen linken Arm amputieren müssen. Dora, die Mutter, war eine liebevolle, vielseitig interessierte und engagierte Frau.

Ursula wuchs mit zwei Brüdern auf, dem drei Jahre älteren Jochen und dem zwei Jahre jüngeren Horst. 1928 zog die Familie aus Faulbrück in das nahe gelegene einstige Weberdorf Langenbielau, wo die Kinder im Spielmannweg für einige Jahre eine behütete, unbelastete Kindheit verleben konnten. (Langenbielau war der Schauplatz, den der Dramatiker Gerhart Hauptmann für sein 1893 uraufgeführtes Schauspiel "Die Weber" ausgewählt hatte.)

Richard und Dora konnten sich an ihrem neuen Wohnort den Wunsch erfüllen, in einem eigenen und zudem geräumigen Haus zu wohnen. Ab 1928 nahmen sie auch Doras Mutter Clara bei sich auf und ermöglichten es ihr, nach einem ungewöhnlich harten, entbehrungsreichen Leben, das Ursula schon als Kind sehr beeindruckte, ihre letzten Jahre im Ruhm´schen Familienhaus zu verbringen. Clara, geboren 1858, starb 1931.

Es ist ein Glücksfall für einen Biographen, wenn über die Personen, deren Leben er schildern möchte, authentische lebensgeschichtliche Dokumente vorliegen, etwa Briefe, Tagebücher und Fotos. Im Fall des Joseph Schölmerich konnte neben autobiographischen Niederschriften auch eine von seinem Bruder Paul schriftlich verfasste „Rückschau auf neun Jahrzehnte" genutzt werden. Ebenso kann der Verfasser im Zusammenhang mit Ursulas Biographie - hier sogar in noch größerem Umfang - auf persönliche Zeugnisse und Aufzeichnungen zurückgreifen: Sowohl Großmutter Clara als auch Mutter Dora hinterließen sorgfältig geführte Tagebücher, die einen tiefen, oft berührenden Einblick in Lebens- und Zeitumstände der Familie gewähren. Doras Tagebuch erzählt auch von der Kindheit und Jugend ihrer einzigen Tochter Ursula. Es kann kaum überraschen, dass Ursula den Beispielen folgte und selbst zu einer leidenschaftlichen Tagebuch-Schreiberin wurde.

Die Enkelin erinnert sich an die Clara ihrer Kindheit mit großer Achtung und Bewunderung. 1928 hatte das damals vierjährige Mädchen die Großmutter als eine "verhärmte alte Frau" kennen gelernt. Sie bewohnte im neuen Haus in Langenbielau ein eigenes Zimmer im Erdgeschoss, das die Enkel immer erst dann betreten durften, wenn Clara mit einem deutlichen "Herein!" ihre Erlaubnis bekundet hatte.

Erst sehr viel später, Mitte der 1970 Jahre, als Ursula zum ersten Mal in Claras Tagebuch lesen konnte, erfuhr sie Näheres über das harte Leben, vor allem über die unglückliche Ehe ihrer Großmutter am Ende des 19. und zu Beginn des 20. Jahrhunderts. Im Alter von 24 Jahren war Clara mit einem deutlich älteren Mann verheiratet worden, der, herrisch und lieblos, ihre Ehe zu einem einzigen Leidensweg machte. Doch blieb sie stark, wenn auch oft der Verzweiflung nahe, und kämpfte für sich und ihre Kinder. Allein sie sorgte und kümmerte sich liebevoll um den Nachwuchs: um Dora, 1894 geboren, das Nesthäkchen Hanne, Claras "Herzenskind", und zwei Söhne. Auf ihre Jungen war Clara besonders stolz; umso mehr schmerzte es sie, dass beide im dritten Jahr des Ersten Weltkriegs zu Tode kamen. "Zwei gute ehrliche Jungen musste ich hingeben. Ob solche Opfer das Vaterland wert war?" schrieb sie in ihr Tagebuch.

Bemerkenswert ist eine Äußerung Ursulas aus dem Jahr 2007, als sie selbst schon 80 Jahre alt war. In der Einleitung zu ihrem Buch "Die Kraft zu leben", womit aus den persönlichen Tagebüchern dreier Frauen (Großmutter, Mutter und Tochter) ein eindrucksvolles, drei Generationen umfassendes Buch entstanden war, heißt es: "Wenn ich mich mit Clara vergleiche, so stelle ich fest, dass ich ihr äußerlich und im Charakter ähnlich bin. Auch ich bin zäh, wie mein langes Leben beweist; auch ich setze mir Ziele, gebe nicht so schnell auf ..." (1)

Im Langenbielauer Spielmannweg 3 konnten die Geschwister Jochen, Ursula und Horst am Ende der 1920er Jahre ein schönes Zuhause genießen, mit viel Platz zum Spielen. So gab es zum Beispiel einen großen Sandkasten hinter dem Haus, wo sie im Sommer, am liebsten barfuß und mit Badesachen bekleidet, mit Hilfe der Gartenpumpe das Wasser aus sechs Metern Tiefe nach oben pumpten, um es dann zum Bau der schönsten Sand- und Wasserburgen zu verwenden. Verlockend war auch das Getreidefeld gegenüber, weil man dort im Herbst in den schräg aufgestellten Garben herrlich Verstecken spielen konnte.

Am 14. August 1929 schauten die Langenbielauer Kinder und sicher auch viele Erwachsene gespannt zum Himmel, bestaunten ein seltsames Flugobjekt, das mit tiefem Brummen über die Köpfe hinweg glitt: Ein Zeppelin flog an diesem Tag von Breslau aus in gemächlichem Tempo am Eulengebirge entlang.

Jochen, der Älteste, war ein lebhafter, immer zu Streichen aufgelegter Junge. ("Ein rechter Flegel ..." schrieb Dora. "Nichts ist vor ihm sicher.") Horst dagegen war eher ruhig und brav, gesundheitlich anfällig und manchmal ein wenig ängstlich. Und zwischen beiden: Ursula, das hübsche Mädchen in der Mitte.

1930 kam sie in die Schule, doch erwiesen sich in den folgenden Jahren die schulischen Pflichten nicht unbedingt als das, was Ursula wirklich begeistern konnte. Ihrem Bruder Jochen ging es ähnlich.

Richard, ein gebürtiger Schlesier, seit 1931 Oberbuchhalter in der Textil-Firma Dierig, und Dora, mütterlicherseits ebenfalls von Schlesiern abstammend, hatten sich nach Kriegsende in Magdeburg kennen gelernt, wo Richard zu dieser Zeit noch wohnte, nachdem er 1914 als Soldat dort stationiert worden war. Bereits ein Jahr später - Jochen war unterwegs - heirateten die beiden.

Dora war in Württemberg geboren, musste aber wegen der beruflichen Unstetigkeit ihres Vaters häufige Wohnortwechsel verkraften. 1914 ging ihr eine wichtige Freundschaft verloren, fast eine Verlobung. Sie hatte einen jungen Japaner kennen gelernt, der als Kunstmaler in der ganzen Welt unterwegs war: Hisa Hibino, ein "interessanter junger Mann aus guter Familie". Bei Kriegsbeginn hatte er Deutschland verlassen müssen.

Auch Dora selbst, ausgebildet als Fremdsprachenkorrespondentin, aber aus Neigung überwiegend als Sportlehrerin tätig, war ein künstlerisch begabter Mensch. Sie konnte Violine, Klavier und Mandoline spielen. Ihr besonderes Interesse galt dem Turnsport, vor allem der rhythmischen Gymnastik und dem Ausdruckstanz. Begeistert war sie von der damals berühmten Tänzerin Mary Wigman, die sie einmal - 1935 in Breslau - sogar auf der Bühne erleben durfte. "Der Tanzabend war für mich eine Offenbarung. Sie tanzt so wie, ich es gern täte, sehr geschmeidig und mit ballettartigen Elementen. Das möchte ich auch können", notiert Dora im Tagebuch. (2)

In Langenbielau arbeitete sie als ehrenamtliche Übungsleiterin für Frauenturnen und Gymnastik, beschäftigte sich intensiv mit der Entwicklung einer speziellen Gymnastik für Kinder mit Haltungsschäden. Dora war eine vielseitig begabte, vielfältig engagierte und emanzipierte Frau. Zwischen ihrem manchmal sehr impulsiven, leicht aufbrausenden Ehemann und den Kindern wusste sie geschickt zu vermitteln, wenn Richard wieder einmal allzu streng und ungeduldig mit ihnen war.

Die relativ unbeschwerte Kindheit und Jugendzeit der drei Geschwister und ebenso das vor allem dank Dora meist harmonische Familienleben wurden ab den frühen 1930er Jahren mehr und mehr durch veränderte politische Rahmenbedingungen beeinträchtigt. Anfangs geschah das unmerklich und unspektakulär. Vermutlich nahm man die nationalsozialistische Bewegung nicht ernst genug, die Anfang der 1920er Jahre von München ausgegangen war und seither mehr und mehr im ganzen Reich ihre Spuren hinterließ, so auch in Langenbielau. Später jedoch führten die politischen Veränderungen nicht nur auf der Straße, sondern auch innerhalb von Familien zu Spannungen und Auseinandersetzungen. Nach Hitlers sogenannter "Machtergreifung" 1933 nahmen nationalsozialistische Propaganda und Gesetzgebung deutlich zu und begannen, durchaus polarisierend, nicht nur auf das öffentliche Leben, sondern ebenso auf die innerfamiliären Verhältnisse einzuwirken. Vielleicht hatten Richard und Dora, die selbst weitgehend immun waren gegenüber der braunen Weltanschauung, die Gefahren unterschätzt, die von vermeintlich harmlosen nationalsozialistischen "Freizeitangeboten" für Kinder und Jugendliche ausgehen mussten. Besonders labile Jungen wie der stille und etwas ängstliche Horst waren empfänglich für die anfangs nur subtil propagandistischen Lock-Angebote der "Hitler-

Jugend" und für deren sonstige alters- und flächendeckend gezielt offerierten Organisationsformen und Veranstaltungen.

Abb. 1:

Ulla und ihr Bruder Horst (1933)

Aufmerksam registriert Dora im Tagebuch, wie die Nationalsozialisten an Einfluss gewinnen, doch schätzt sie, wie auch Richard, deren Erfolgsaussichten und damit die Gefahr, die von ihnen ausgeht, eher gering ein. Noch 1933, nach Hitlers "Machtergreifung", schreibt sie: "Hitler bezeichnet sich als 'von der Vorsehung berufen´. Er verspricht uns ein besseres Leben in der Zukunft. Ich glaube, der Kerl spinnt! Er soll in Landsberg in Festungshaft gesessen und während dieser Zeit ein Buch geschrieben haben, ´Mein Kampf´. Bei den Reichstagswahlen 1930 hat Richard die SPD gewählt, er sagte damals: 'Die Nazis halten sich nicht lange, das sind doch alles dumme Jungen´."

So hatte Dora zunächst auch keine Einwände, als Jochen der Hitlerjugend beitrat, wie alle Jungen seiner Klasse. Sie sah darin sogar einen Vorteil für ihren pubertierenden, oft mit Freunden "herumstreunenden" Sohn: so seien die Jungs doch wenigstens "von der Straße".

Ursula dagegen, anders als die meisten Mädchen ihrer Klasse, weigerte sich hartnäckig, in den Bund deutscher Mädel einzutreten. "Sie hasst alle größeren Zusammenkünfte", schreibt Dora. Nun wurde der Familie angekündigt, man werde ihre Tochter künftig in den Pflicht-BDM (den „Bund deutscher Mädel") abholen.

Ab 1934 ändert sich Doras anfangs eher indifferente Haltung: "Im Ort gibt es den ersten SA-Mann in brauner Uniform ... Und die Nazis im Ort werden immer mehr... Auch an die Kinder machen sie sich mehr und mehr ran, auf Plakaten heißt es: ´Die Jungen gehören in die Hitlerjugend, die Mädchen in den BDM, die Frauen in die Reichsfrauenschaft.´ Das öffentliche Leben verändert sich dadurch spürbar."

Richard sehe bereits schwarz für die Zukunft, so Dora. Er halte Hitler für größenwahnsinnig. Reichspropagandaminister Goebbels sei in Richards Augen nur noch "der Mann mit der großen Schnauze". Dora, die sich selbst im Vergleich zu Richard als eher unpolitisch einschätzt, bleibt eine aufmerksame Beobachterin: "Neben den braunen SA-Uniformen tauchen jetzt auch die schwarzen SS-Uniformierten auf ... Bei ihren Märschen auf der Straße führen die SA-Leute Standarten mit sich. Dabei grölen sie: ´SA marschiert mit ruhig festem Tritt´. - Wir haben jetzt einen Ortsgruppenleiter der NSDAP, der die Bevölkerung kontrolliert, ja, man kann schon sagen, überwacht ... Eine Führerin der NS-Frauenschaft war dieser Tage bei mir und drängte mich, der Frauenschaft beizutreten. Ich schützte viel Arbeit bei den Turnern vor ..."

Als Horst sich Ende 1936 für das "Jungvolk" begeistert, sind beide Eltern zunächst ähnlich sorglos wie bei Jochens Eintritt in die Hitlerjugend, selbst dann noch, als sie erfahren, dass die Jungen bereits "geschult" werden. Sie freuen sich darüber, dass aus ihrem "Horstl", der immer ein stilles, in sich gekehrtes Kind war, nun plötzlich ein "zackiger Junge" geworden ist. Zwar ist Richard wütend darüber, dass Horst ihnen jetzt ständig den Hitlergruß vorführt, doch fühlen sie sich als Eltern weitgehend machtlos. (3)

Auch Ursula ist inzwischen kein Kind mehr, das am liebsten mit ihren Puppen spielt. Anfang Dezember 1937 wurde sie vierzehn. Das Gymnasium hat Ursula auf eigenen Wunsch verlassen, auch weil es nach ihrer Rückkehr von einem mehrmonatigen Aufenthalt bei Verwandten in Bremen einige schulische Schwierigkeiten gegeben hatte. Mit Freude und auch mit Ehrgeiz nahm sie dagegen bei einer Ballett-Meistern in Breslau an dem dort angebotenen Unterricht teil.

Ursula, inzwischen im Besitz der Mittleren Reife, soll nun auf Wunsch des Vaters eine dreijährige kaufmännische Ausbildung absolvieren, vielleicht bei der Textilweberei-Firma Dierig in Langenbielau, wo auch Richard beschäftigt ist. Danach könnte sie Stenotypistin werden. Auch eine Handelsschule soll die Tochter auf Wunsch ihrer Eltern besuchen und dort Stenographie, Schreibmaschine und Buchführung lernen. Ursula ist einverstanden, wenn auch nicht sonderlich begeistert. Auf dem Gymnasium wollte sie ohnehin nicht bis zum Abitur bleiben, sie will nicht - wie Dora es gern gesehen hätte - studieren, sondern lieber gleich einen Beruf erlernen.

In dieser Zeit der noch unsicheren Zukunftsplanungen vertraut sich Ursula eines Tages ihrer Mutter an: "Ich möchte Tänzerin werden!" Dora ist davon weit weniger überrascht als Richard, denn sie hat längst bemerkt, dass Ursula nicht nur große Freude, sondern auch viel Talent bei sportlichen und tänzerischen Bewegungen zeigt. Zu ihren Frauengymnastik-Abenden hatte sie Ursula oft mitgenommen, und das Mädchen turnte die neuen Übungen immer sehr gekonnt vor. Zudem sind Mutter und Tochter begeisterte Rollschuhläuferinnen, auch hier zeigt sich bereits nicht nur Ursulas sportliche, sondern auch ihre tänzerische Begabung. Ende der 1930er Jahre erringt Ursula Ruhm den Titel einer schlesischen Jugendmeisterin im Rollkunstlauf.

Anfang 1938 meldet sich Jochen ohne Wissen der Eltern freiwillig zur Marine. Nach dem für junge Männer verpflichtenden Halbjahr im Reichsarbeitsdienst würde man ihn dort umgehend übernehmen. Ursula hat inzwischen in Langenbielau ihre kaufmännische Lehre begonnen.

Im Sommer 1938 wurden eine unbedachte NS-kritische Äußerung und eine damit verbundene Denunziation Dora zum Verhängnis. Sie hatte sich im Jahr zuvor einmal abfällig über die Nazi-Größen Goebbels und Göring geäußert, an den Wortlaut konnte sie sich nachher gar nicht mehr erinnern. Ein Nachbar zeigte sie daraufhin wegen Volksverhetzung an, und Dora wurde prompt verurteilt: wegen einer "vorsätzlich unwahren Behauptung, die geeignet ist, das Wohl des Reiches und das Ansehen der Reichsregierung schwer zu schädigen". Nach einer zweiwöchigen Untersuchungshaft in der Kreisstadt Reichenbach kam sie zum Vollzug der Strafe für drei Monate ins Gefängnis nach Schweidnitz.

In der Zeit ihrer Haft habe sie über vieles nachdenken müssen, schreibt Dora im Rückblick, über ihre Familie, über die Entwicklung der Kinder, auch über den Fortgang der Naziherrschaft. Sie empfinde es als ein sehr beunruhigendes Zeichen, dass man wegen ein paar harmloser Worte für Monate ins Gefängnis gesteckt wird.

Nach ihrer Haft in Schweidnitz erfuhr Dora, was während dieser Zeit in Langenbielau passiert war: "Vom 9. zum 10. November wurden hier im Ort die Schaufensterscheiben von drei Geschäften eingeschlagen und die Auslagen verwüstet. Es waren Geschäfte von Juden, bei einem von ihnen haben wir immer unsere Kleidung gekauft ... Im Radio wurde bekanntgegeben, dass in dieser Nacht in ganz Deutschland die Synagogen in Brand gesteckt worden sind ... Hitlers Begründung: ´Spontane Empörung der Bevölkerung über das von einem jüdischen Terroristen verübte Attentat auf den deutschen Gesandten von Rath in Paris.´

- Jeder hier weiß, daß dies eine befohlene Aktion der Nazis gegen die Juden war. Wohin soll das noch führen?" (4)

Horsts Begeisterung für die Hitlerjugend blieb indessen ungebrochen. Besorgt registrierte Dora Anfang 1939 in ihrem Tagebuch, Horst sei nun fast keinen Nachmittag mehr zu Hause, sondern treffe sich gleich nach den Schularbeiten mit Gleichgesinnten. "Das Jungvolk, wie sie sich nennen, beansprucht ihn mehr, als uns lieb ist."

Kurz darauf wurde Horst in die Hitlerjugend aufgenommen, die Organisation für Jungen ab dem 14. Lebensjahr. Stolz trug er den Eltern seine Verpflichtungserklärung vor: "Ich verspreche, in der Hitlerjugend allzeit meine Pflicht zu tun in Liebe und Treue zu Führer und Fahne."

Seit Juli 1939 gehörte Jochen zur Besatzung eines Schlachtschiffes, des schweren Kreuzers "Admiral Hipper". Seine erste Fahrt auf diesem erst ein Jahr zuvor in Dienst gestellten Kreuzer mit 1660 Mann Besatzung ging nach Schweden und Russland.

Im Sommer desselben Jahres darf Ursula zum ersten Mal eine Tanzschule besuchen; ihr Partner („Tanzherr") Bernd ist ein 17-jähriger Junge aus Reichenbach. "Die beiden scheinen sich auch außerhalb der Tanzstunden zu treffen", schreibt Dora. "Sie mögen sich, wie Ula mir gestand. Im nächsten Februar soll der Abschlussball stattfinden."

Für Ende August 1939 war in dem Städtchen Langenbielau ein großes Ereignis geplant: die Aufführung des berühmten Dramas "Die Weber", in dem der Dichter Gerhart Hauptmann schildert, wie in dem einstigen Weberdorf 1844 ein Aufstand der hier ansässigen Weber blutig niedergeschlagen wurde. Viele Langenbielauer waren als Komparsen engagiert, darunter auch Dora und Ursula. Zur Generalprobe kam Hauptmann persönlich nach Langenbielau. Dora beschreibt, wie der berühmte Mann "in derber Sportkleidung, mit Knickerbockerhosen" auf einer erhöhten Terrasse stand und wie "sein volles, weißes Haar wie reifes Wollgras im Sommerwind wehte."

Doch die geplante Aufführung der "Weber" konnte in jenen August-Tagen schon nicht mehr stattfinden: "In der Nacht zum Freitag, dem 26. August, haben Polizei und Hitlerjugend erste Gestellungsbefehle erteilt - der Krieg mit Polen steht bevor! ... Es herrscht eine gedrückte Stimmung, wohin man auch kommt. Was soll nun werden?"

"1. September 1939, Sondermeldung im Radio: Heute ist die deutsche Wehrmacht in Polen einmarschiert, der Zweite Weltkrieg hat begonnen! ... Was haben Hitler und seine Genossen vor?"

Der Überfall auf Polen markierte den Beginn eines Krieges, den Hitler von Anfang an als einen gnadenlosen Eroberungs- und Vernichtungskrieg plante.

Eine Woche zuvor hatten Deutschland und die Sowjetunion, zur Überraschung der Weltöffentlichkeit, den "Hitler-Stalin-Pakt" geschlossen, in dem sich beide Seiten im Kriegsfall zu "wohlwollender Neutralität" verpflichteten - und in dem Hitler und Stalin mittels eines geheimen Zusatzprotokolls bereits Polen unter sich aufteilten.

Aufgrund der anfänglichen "Blitzkrieg"-Erfolge Hitlers in Polen und später auch an der sogenannten Westfront ist auf deutschem Gebiet von den fatalen Vorgängen lange Zeit noch nicht viel zu spüren.

In den ersten Monaten üben Dora und Ursula den Stepptanz. "Wir können den Krieg nicht aufhalten!" so Doras Kommentar. Fast täglich trainieren Mutter und Tochter nach Schallplattenmusik auf einer großen Spanplatte, die sie auf den Fußboden gelegt haben. Im Dezember 1939 und im Februar 1940 tritt Ursula bei Bunten Abenden als Solo-Stepptänzerin auf - mit großem Erfolg. Manchmal tanzen die beiden auf der Bühne auch gemeinsam: "Rassig und temperamentvoll steppten Mutter und Tochter - Frau und Fräulein Ruhm - das Spatzenkonzert und wurden zu Zugaben gezwungen", schreibt die Reichenbacher Zeitung im März 1940.

In diesen Wochen und Monaten sitzt Richard jeden Abend vor dem Radio, über sich und dem Gerät eine dicke Decke, die jedes Geräusch schlucken soll. Er hört die Abendnachrichten von BBC, die so anders klingen als die Goebbels'sche Propaganda, die aus dem Volksempfänger zu vernehmen sind. Fast täglich ist im Radio das Kampflied der SS zu hören: "Wir werden weitermarschieren, wenn alles in Scherben fällt, denn heute gehört uns Deutschland und morgen die ganze Welt ...!"

Für Anfang 1941 hat Bernd, der inzwischen in Breslau studiert, seine Tanzpartnerin Ula zu einem Semesterball eingeladen; Dora und Richard geben ihr Einverständnis, Ula ist schon siebzehn.

Abb. 2

Ula als 17-Jährige

(1940)

„Mitten in die Kriegsmeldungen, die uns über das Radio erreichen", schreibt Dora wenige Monate später in ihr Tagebuch, „donnerte Anfang April eine besondere, eine private Meldung: Ula ist schwanger!"

Richard tobt: "Konntet ihr nicht aufpassen?" Ula kleinlaut: "Wie denn?" Müßig, darüber zu streiten, wie und warum es passiert ist, nun ist "es" passiert.

Nach ein paar Tagen kommt ein Brief des Vaters von Bernd, in dem er mitteilt, dass sein Sohn das Studium fortsetzen werde und eine Heirat nicht in Frage komme. Bernd selbst hat nach dem

Bekanntwerden der Schwangerschaft die Beziehung zu Ula abrupt abgebrochen, vielleicht auch auf Druck seines Vaters abbrechen müssen.

„Am 22. Juni 1941 marschierte die deutsche Wehrmacht in Russland ein. Die Juden, die noch hier sind, müssen einen Stern aus gelbem Stoff auf ihrer Kleidung tragen; nun ist jeder Jude gekennzeichnet, die Menschen tun mir leid."

Am 21. Oktober 1941 gegen zehn Uhr kam das Kind zu Welt. Ula war tapfer, Mutter und Kind wohlauf - so sagt man wohl ..." (5)

Richards Zorn angesichts der von ihm als "Schande" empfundenen Tatsache, nun Vater einer Tochter zu sein, die ein uneheliches Kind zur Welt gebracht hat, sollte noch lange Zeit anhalten. Dora dagegen stand auch in dieser schwierigen Situation von Anfang an ganz auf der Seite ihrer Tochter. Sie gab Ursula zu verstehen, dass sie und Richard sich um den kleinen Ingo kümmern würden.

Am 19. Februar 1942, seinem 17. Geburtstag, eröffnet Horst seinen Eltern, dass er sich freiwillig zur Waffen-SS gemeldet hat. Er stellt Richard und Dora vor vollendete Tatsachen. Der Schock vor allem bei Richard saß tief. Sein jüngster Sohn - zur Waffen-SS!

Dora schreibt: "Richards Protest und meine Vorhaltungen nutzten nichts. Horsts Antwort auf Vatis Schimpfkanonade war: 'Ach, du bist ja verkalkt!' Richard verschlug es die Sprache, er schnappte regelrecht nach Luft ... Das haben wir von unserem Jüngsten nicht erwartet!"

Bereits zwei Wochen später verlässt Horst das Elternhaus. Er ist zu einer vierwöchigen Grundausbildung nach Weimar eingezogen worden. Sehr abrupt hatte er sich von seinen Eltern verabschiedet, immer noch entrüstet darüber, dass sie ihn von seinem Vorhaben hatten abbringen wollen.

"Im Frühjahr 1942 stehen die deutschen Truppen vor den Toren Moskaus, sie haben Leningrad umzingelt und marschieren auf Stalingrad zu ..."

Anfang 1943 wird der allgemeine Kriegsdienst für Frauen eingeführt, alle arbeitsfähigen Frauen müssen in Fabriken arbeiten - wer sonst sollte für den Kriegsnachschub sorgen? Alle gesunden (das heißt alle "kriegstauglichen") Männer sind Soldaten.

Auch Ursula wird zum Kriegsdienst verpflichtet, da sie ihr zehn Monate altes Kind nicht mehr stillt. Ingo lebt ohnehin überwiegend bei seinen Großeltern und wird von ihnen versorgt. (Auch Richard hat sich inzwischen, zur Freude von Ursula und Dora, mit seiner anfangs ungeliebten Rolle als Großvater angefreundet.)

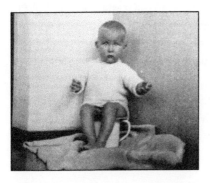

<u>Abb. 3</u>

Ulas Sohn Ingo
(1942)

Da Ursula "Mutter mit Kleinkind" ist, wird sie nicht, wie die meisten jungen Frauen, als Luftwaffenhelferin eingesetzt. Man verpflichtet sie als Schreibkraft in ein Ausbildungslager der Luftwaffe nach Reichenbach, wo sie in der Schreibstube Marschbefehle für die Soldaten ausstellen muss.

18. Februar 1943: Propagandaminister Joseph Goebbels fragt die ihm zujubelnde Menge im Berliner Sportpalast: „Wollt ihr den totalen Krieg?" Der aufbrausende Jubel schwillt zu einem ohrenbetäubenden 'Jaaa!' an.

„Anfang Februar soll das katastrophale Ende der Schlacht um Stalingrad gewesen sein, so ein Bericht der BBC ... Am 24. und 25. Juli ist Hamburg bombardiert worden ..."

Ursula, die ihren Ballett-Unterricht in Breslau wieder aufgenommen hat, lernt eines Tages im Liebig-Theater das dort gastierende „Hiller-Ballett" kennen. Sie ist auf der Stelle begeistert von dieser Tanztruppe, die vor allem durch Auftritte in Filmen bekannt ist - und von der Idee, vielleicht Mitglied des Hiller-Balletts werden zu können.

Abb. 4:

Familie Ruhm
(v.l.: Jochen, Ursula, Richard, Dora, Horst)

Als sie den Eltern davon erzählt, beginnen diese - nach dem ersten Schock vor allem bei Richard - schließlich doch in Ruhe und gemeinsam mit Ursula zu überlegen, was das kleinere Übel für ihr Kind wäre. Wer weiß, wohin man sie in diesem immer schlimmer wütenden Krieg noch dienstverpflichten würde? Dora und Richard stimmen schließlich zu: Ursula soll bei Frau Hiller vortanzen dürfen, und Richard ist bereit, falls seine Tochter die Aufnahmeprüfung bestehen würde, den Vertrag für die noch nicht volljährige Ursula zu unterschreiben.

Das Vortanzen bei der Ballettmeisterin verläuft erfolgreich, und kurz darauf kommt der Vertrag: Laufzeit vom 1. April 1944 bis zum 31. März 1947. Herr Hiller, der offenbar über gute Kontakte zu NS-Funktionären verfügt, hat über die Reichstheaterkammer ein Engagement für sein Ballett im neutralen Schweden bekommen. Da das Hiller-Ballett zeitweise auch zur Truppenbetreuung eingesetzt wird, gilt es als "kriegswichtig", daher werde man Ursula von ihrer bestehenden Dienstverpflichtung wohl entbinden.

Richard unterschreibt den Vertrag: "Besser, Ursula wird eine Ballett-Tänzerin als eine Soldatin. Besser tanzen als für Hitler Granaten drehen."

Beim Abschied drückt Dora ihrer Tochter ein sorgfältig mit einem Umschlag versehenes Schulheft in die Hand. Sie rät Ursula, das Heft als Tagebuch und als „Freundin" zu benutzen, ihm alles anzuvertrauen, Schönes und Bedrückendes. Sie selbst habe gute Erfahrungen damit gemacht.

"Hurra, ich werde Hiller-Girl!" - Mit diesen Worten beginnt das dritte Tagebuch in Ursulas Trilogie "Die Kraft zu leben". Im Buch folgt nach den Aufzeichnungen von Clara und Dora nun Ulas Bericht über ihr Leben in den Jahren 1944 bis 1952. (6)

Das Schulheft mit dem schwarzen Wachstuchumschlag wurde tatsächlich (Dora kannte ihre Tochter gut) zum ersten von sehr vielen weiteren Tagebüchern, die Ula seitdem geschrieben hat und die sie als einen lebenswichtigen Schatz sorgfältig und lückenlos bis heute aufbewahrte.

Abb. 5

Ursula mit ihren beiden Brüdern
(1943)

Im April 1944 fängt Ulas aufregendes, wenn auch zeitlich nur kurzes Leben als Hiller-Girl an, mit Auftritten in Stockholm, Göteborg und Oslo. "Vorgestern hatte das ganze Ballett einen Termin beim Königlichen Hof-Photographen, der Aufnahmen von uns für das Programmheft des Theaters machte. Im Photo-Atelier waren Scheinwerfer aufgebaut, jeder wurde 'ausgeleuchtet' so heißt es in der Fachsprache. - Das Ergebnis ist phantastisch: Ich sehe aus wie ein Filmstar!" schrieb Ula begeistert.

Abb. 6–9:

Ursula als „Hiller-Girl"
in Schweden und Norwegen
(1944)

Die Auftritte der Hiller-Girls in Stockholm werden allerdings ein wenig getrübt durch die zum Teil "schlechte Presse" in der schwedischen Hauptstadt. Jeder weiß, dass das Ballett aus Hitler-Deutschland kommt. Vor allem das *Stockholm Dagblatt* ist nicht gut auf die Deutschen zu sprechen.

"In Göteborg haben wir mehr Erfolg mit unseren Tänzen als in Stockholm. Wir haben täglich zwei Vorstellungen, nachmittags und abends, und die Vorstellungen sind ausverkauft."

Abb. 10

Bernd Hiller und sein Ballett

Doch währt Ulas Karriere als Tänzerin im Hiller-Ballett nur insgesamt acht Monate. Nach letzten Auftritten in Oslo - wieder vor ausverkauftem Haus - und nach mehreren Unstimmigkeiten, die im wesentlichen Herrn Hiller zuzuschreiben waren (den Ula ohnehin nicht mochte, vor allem wegen seiner sexuellen Zudringlichkeiten am Beginn ihres Engagements), wird das Ballett vor Jahresende 1944 sang- und klanglos aufgelöst. Im zerstörten Deutschland gibt es ohnehin keine Bühnen mehr, auf denen ein großes Ballett tanzten könnte. Schon Ende Oktober 1944 kehrt Ula zu ihren Eltern und zu ihrem Bübele nach Langenbielau zurück; Ingo ist wenige Tage zuvor drei Jahre alt geworden.

Bereits zum 1. November wird Ursula wieder dienstverpflichtet, im Dierig-Werk, das als Hauptsanitätspark beschlagnahmt wurde. Hier muss sie Verbandsbinden zuschneiden und verpacken.

("Eine saubere, aber langweilige Arbeit.") Kurz darauf trainiert sie schon wieder, eine Zeitlang zusammen mit Elschen, einem befreundeten Hiller-Girl, das ebenfalls zur Arbeit bei der Firma Dierig verpflichtet worden ist. Vielleicht, denkt Ula, würde sie ja künftig doch wieder tanzen, wenn auch wohl nicht mehr in einem großen Show-Ballett. Die acht Monate, die sie im Hiller-Ballett verbrachte, hätten für sie - so urteilt Ursula rückblickend - ausgereicht, um zu erkennen, dass dies nicht ihr Weg ist. "Ich muss allein entscheiden, was ich mache ..."

Mitte Februar 1945: „Den ganzen Tag lang gab es heute Fliegeralarm; kaum hatte die Sirene Entwarnung gegeben, kam schon der nächste Alarm ..." In diesen Tagen versinkt Dresden in Schutt und Asche. (7)

"7. Mai 1945: Der Krieg ist aus! Von der deutschen Seite wurde es noch nicht bestätigt, aber Radio BBC meldete es soeben. Morgen soll der Waffenstillstandsvertrag unterzeichnet werden. - Wenn Jochen und Horst überhaupt noch leben, sind sie jetzt in Gefangenschaft ..." (8)

Das relativ große Haus im Spielmannweg 3 wird kurz darauf von Russen beschlagnahmt. Richard und Dora, Ursula und Ingo dürfen in der kleinen Wohnung im ersten Stock wohnen bleiben, ins Erdgeschoss zieht ein russischer Oberst mit seinem Burschen.

Ursula lässt sich nicht entmutigen, bleibt künstlerisch aktiv und kreativ: Zusammen mit einer Musiker-Familie aus Langenbielau hat sie - im Juni 1945 - das Programm für einen Tanzabend zusammengestellt und einen wesentlichen Beitrag geleistet, diesen Abend zu organisieren. Mit dem russischen Oberst, schreibt Ursula im Tagebuch, habe sie sich schon öfter unterhalten. Er spreche gut Deutsch, und sie hätte ihm von ihrem Musik- und Tanz-Programm erzählt, was ihn sehr interessierte. "Und, es geschehen noch Wunder: Der Oberst spielt mit Vati Schach!"

Anfang Juli findet in der Festhalle die Veranstaltung "Musik und Tanz aus aller Welt" statt. Mit Hilfe und Fürsprache des Oberst haben sie die Aufführungsgenehmigung des russischen Bürgermeisters bekommen. - Und doch war und blieb die Nachkriegszeit in Langenbielau alles andere als friedlich: "Der große Krieg ist zwar vorbei. Aber für uns hier, für die Bevölkerung, beginnt der kleine Krieg mit den Besatzungsmächten. Ein täglicher Kleinkrieg um den Besitz, um die Gesundheit und um die Freiheit. Die Russen und Polen engen uns immer mehr ein, geben Verordnung um Verordnung heraus, fast alles ist verboten. Wir müssen weiße Armbinden tragen, als Kennzeichnung, dass wir Deutsche sind."

Der russische Oberst im Haus bedeutet für die Familie auch einen Schutz vor gewalttätigen russischen Soldaten. Ursula ist heilfroh, als er - nach kurzer Abwesenheit - wieder nach Langenbielau zurückkehrt: "Er ist ein höflicher, freundlicher Mann, ist Jude, man kann sich gut mit ihm verständigen. Und seinen Burschen hat er gut im Griff, der wird mir nichts antun."

Für die nächste von Ursula und ihrer Künstlergruppe organisierte Veranstaltung gab es scharfe Auflagen durch das polnische Propaganda-Amt. Das Programmheft musste in polnischer Sprache gedruckt werden, und jegliches deutsche Wort während der Aufführung war verboten.

"Unsere Situation hier spitzt sich immer mehr zu; immer öfter geraten sich Russen und Polen in die Haare, jeder will das Sagen im Ort haben ... Es wird immer klarer, dass wir Deutsche für Polen optieren sollen, nur dann können wir hierbleiben, heißt es, ansonsten sollen wir ausgewiesen werden. Ich werde niemals eine Polin!"

Der auf einer Sitzung im Herbst 1945 gefasste Plan der Künstlertruppe, geschlossen nach Westdeutschland zu gehen, wird schließlich nur von zwei Mitgliedern versuchsweise in die Tat umgesetzt: Nur noch Ursula und Manfred, der Bühnenmaler, machen sich Anfang Dezember 1945 auf den unsicheren und nicht ungefährlichen Weg durch ein kriegszerstörtes, von den Siegermächten besetztes Land, in Richtung Bayern.

Wie sah es unmittelbar nach Kriegsende, am Beginn der Besatzungszeit, in Deutschland aus?

Mit der bedingungslosen Kapitulation der deutschen Wehrmacht in Reims und Berlin-Karlshorst am 7. und 8. Mai 1945 endete der Zweite Weltkrieg. Zugleich war, wenige Tage nach Hitlers Selbstmord, die staatliche Existenz des Deutschen Reiches beendet. Deutschland war weitgehend zerstört, militärisch erobert und von alliierten Truppen besetzt. Es gab keine deutsche staatliche Autorität mehr. Die großen Städte lagen in Trümmern. Flüchtlinge und Vertriebene strömten aus den Ostgebieten herein, auf der Suche nach Obdach und Nahrung und einer neuen Heimat. Der Alltag der Deutschen war von Hoffnungslosigkeit und Erschöpfung, von Apathie und der Sorge um vermisste Angehörige bestimmt. (9)

Am Ende des Krieges war von einem Ost-West-Konflikt noch nicht viel zu spüren. Auf der Konferenz von Jalta beschlossen die Siegermächte USA, Sowjetunion und Großbritannien im Februar 1945 die Aufteilung Deutschlands in zunächst drei (später in vier) Besatzungszonen. Noch einte sie die gemeinsame Furcht vor dem nationalsozialistischen Deutschland. Doch innerhalb von zwei Jahren verschlechterte sich das Klima zwischen den beiden Supermächten USA und Sowjetunion. Bei den Westalliierten festigte sich die Überzeugung, dass die Sowjetunion eine aggressive und expansive Politik gegenüber dem Westen verfolgte. Im März 1946 wird Winston Churchill erstmals von einem "Eisernen Vorhang" sprechen. (10)

Der Alliierte Kontrollrat übernimmt am 5. Juni 1945 die Regierungsgewalt in Deutschland und teilt das Gebiet in vier Besatzungszonen ein. Berlin wird in vier Sektoren aufgeteilt.

Am 11. Juni 1945 erfolgt bereits die Neugründung der Kommunistischen Partei Deutschlands (KPD) durch die zuvor in Moskau geschulte sogenannte "Ulbricht-Gruppe". Am 9. Juli entsteht so die SBZ, die sowjetische Besatzungszone. (11)

Die Potsdamer Konferenz (Juli/Aug. 1945) läutet die endgültige Teilung Deutschlands ein, die Spaltung Europas in ein westliches Bündnis (Gründung der NATO 1949) und den Ostblock (ab 1955 Warschauer Pakt). Es beginnt der "Kalte Krieg". (12)

In den ersten Monaten dieser chaotischen Nachkriegszeit macht sich Ursula Ende 1945 auf den Weg. Sie soll in einem Augsburger Dierig-Zweigwerk nach einer Arbeitsmöglichkeit für ihren Vater schauen, sie selbst würde vielleicht in München etwas Geeignetes finden. Ihr auf dem Weg ins Ungewisse mitgeführtes - in die Kleidung eingenähtes - Bündel Papiergeld würde sie bei einer Bank in Augsburg einzahlen, "als Startkapital für den Tag, an dem wir von den Polen aus der Heimat verjagt werden."

Genau ein Vierteljahr ist Ursula unterwegs. Richard und Dora rechnen schon fast nicht mehr mit ihrer Rückkehr. Am 5. März 1946 kann Ursula ihre Eltern und ihr Bübele endlich wieder in die Arme schließen. Details dieser strapaziösen Reise zu beschreiben würde nahezu ein eigenes Buch füllen. Die wichtigste Aufgabe, die Bargeld-Einzahlung in Augsburg, hat Ursula jedenfalls erledigt.

Abb. 11:

Ula mit Ingo (1945)

"Nun steht es fest: Heute haben wir von der polnischen Verwaltung den Bescheid bekommen, dass wir übermorgen evakuiert werden, wir sollen uns in der evangelischen Schule in Reichenbach, der Sammelstelle, melden." (13)

Keine zwei Tage bleiben ihnen für die Vorbereitungen. Ursula und Dora packen, für jede von den beiden, je zwei Koffer und einen Rucksack. 20 Kilogramm pro Person sind erlaubt. Auch Ingo bekommt ein Rucksäckchen. Richard wird, weil ihm der linke Arm fehlt, nur einen Koffer tragen können, aber ebenfalls einen Rucksack. In seiner hohlen Armprothese wird ein größerer Geldbetrag versteckt, in der Hoffnung, man werde den Kunst-Arm nicht kontrollieren. Pro Person dürfen nur 500 Mark mitgenommen werden. Wertvolle Wohnungsgegenstände, die zurückbleiben müssen, werden vernichtet, zum Beispiel verbrennt die Familie alle Fotoalben im Ofen der Waschküche. "Muttis gut gehütetes japanisches Kaffeeservice, das sie im Keller versteckt hatte, haben wir zerschlagen. Mit erstarrtem Gesicht hat Multi dicke Steine darauf geworfen."

16. April 1946 - der Tag der Vertreibung aus der schlesischen Heimat. Mit einem Handwagen, darauf das Gepäck und die Gummisäcke mit den Federbetten, machen sich Dora, Richard, Ursula und Ingo morgens um acht Uhr auf den Weg. "Mit Mutti zog ich den Handwagen. - Wir waren erst ein Stück gegangen, als Mutti noch einmal zum Haus zurücklief und an der Blumenrabatte vor dem Haus, auf der die Osterglocken in voller Blüte standen, zwei gelbe Blüten abbrach und sie neben Ingo auf das Gepäck legte. Alles ohne Worte - das war schlimm."

Auf dem Bahnhof in Reichenbach steht ein langer Zug mit Viehwaggons, der Waggon Nr. 17 wird ihnen zugeteilt. Der Tag verläuft mit vielen Kontrollen und Anordnungen. In der Nacht fährt der Zug los. Wieder eine Reise ins Ungewisse, doch jetzt eine ohne Wiederkehr.

Ostern 1946, die letzte Nacht vor der Ankunft in einem neuen, fremden Zuhause. Ursula erinnert sich: "Wir fuhren die ganze Nacht, es war die schlimmste alle bisherigen Nächte, im Zug war es kalt und eng ... Früh am Morgen kamen wir in Lippe-Detmold an und wurden in ein Lager geführt. Wieder Entlausung und Registrierung, dann gab es endlich ein warmes Essen. Nach Stunden fuhr ein Bus uns nach Hiddesen, in einen kleinen Kurort, nicht weit von Detmold entfernt. Wir sahen eine wunderschöne Landschaft, friedlich und freundlich. In einem Gasthof wiesen die Wirtsleute uns zwei Zimmer im ersten Stock zu ..."

Die Familie aus Langenbielau hat offensichtlich großes Glück gehabt. "Besser hätten wir es sicher nicht treffen können", sagt Richard, als er und Ursula abends am Fenster stehen und hinausschauen. Sie sehen einen Garten, dahinter Wald.

"Und wie geht es weiter? Hier beginnt unser neues Leben. Es ist der 22. April, Ostermontag ..."

Der Beginn des neuen Lebens sah zunächst so aus: Mit ihrem Vater fuhr Ursula nach Augsburg, von dort aus allein weiter nach München. Hier wollte sie Elschen treffen und sich in der bayerischen Großstadt nach Arbeitsmöglichkeiten umsehen. Die beiden ehemaligen Hiller-Girls hatten schon in Langenbielau mit dem Gedanken gespielt, nach dem Krieg vielleicht als Duo aufzutreten. - Richard fand im Augsburger Dierig-Werk keine Arbeit. Kurze Zeit später aber bot man ihm in der neuen Heimat eine Stelle bei der Stadtverwaltung in Detmold an. Auch eine Wohnung wurde in Aussicht gestellt.

In München bekommt Ursula Kontakt zu einem Conferencier. Da aus dem Plan mit Elschen nichts geworden ist, beginnt sie Anfang Juli 1946 eine Solo-Karriere, zunächst auf der Basis eines Vertrages für vier Wochen. Ihre Auftritte finden auf einer kleinen Cabaret-Bühne "in einer ziemlich zerbombten Straße von München" statt. "Ein bescheidener Anfang", kommentiert Ursula. Sie tanzt den Walzer auf Halbspitze, die Tarantella und den Amerikanischen Stepp nach der Musik von "In the mood".

Abb. 12 und 13:

Ula als Solotänzerin in Münchener Clubs (1946) ...

... und (später) auf ihren „Tourneen" durch die westlichen Besatzungszonen im Nachkriegsdeutschland (1947–49)

Ursula hat nicht nur flinke Füße, sondern auch geschickte Hände: Neben den Auftritten verdient sie sich in München ein kleines Taschengeld mit selbst gefertigten Scherenschnitten, die sie in Kommission verkauft. Für jedes dieser Kunstwerke, das einen Käufer findet, bekommt sie zehn Mark.

Bald darauf tanzt Ursula an zwei Abenden pro Woche auch in einem amerikanischen Club, auf den Elschen sie aufmerksam gemacht hat. Den nächsten Vertrag bietet ihr die schon renommierte Münchener „Schaubude" an.

Einer von Ulas Managern, Hans Leitner, wird ihr neuer Verehrer; er will sich Hals über Kopf mit seiner Angebeteten verloben. Ungefragt kauft er Ursula einen teuren Pelzmantel, überrascht sie mit gedruckten Verlobungsanzeigen, die Ula aber nicht ernst nimmt. Die sehr einseitige Beziehung endet, bevor sie begonnen hat, nach einer Selbstmorddrohung des Herrn Leitner.

Im amerikanischen Club lernt Ursula den bulgarischen Studenten Dimiter kennen ("... ein netter Kerl mit lieben, warmen Augen. Er verehrt mich ...") In diesem Fall entwickelt sich eine stürmische Liebe auf Gegenseitigkeit. Auch "Dimi" möchte Ursula am liebsten sofort heiraten. Doch damit nicht genug: In der Münchener Zeit, als Ursula sich vor heiratswütigen Männern kaum retten kann, taucht auch ihr "Märchenprinz" aus Hamburg wieder auf: Kurz nach der Rückkehr des Hiller-Balletts aus Schweden, im Dezember 1944, hatte Ursula einmal eine sehr kalte Winternacht mit ihm geteilt. Sie traf den jungen Soldaten, der nach einem Heimaturlaub wieder auf dem Weg zur Front war, in einem überfüllten Zug von Hamburg nach Berlin und verbrachte die Fahrt unter seiner wärmenden Militärdecke und mit ihrem Kopf an seiner Schulter. Einige Monate später erlebte sie in Hamburg "einen schönen Abend und eine phantastische Nacht" mit ihm - und erhielt seitdem immer wieder sehnsuchtsvolle, poetische Briefe: "Wieder ein wundervoller Brief von meinem Märchenprinzen, so nenne ich ihn im Geheimen, weil alles, was mit ihm zusammenhängt, für mich irgendwie märchenhaft ist. Seine Briefe, seine Art zu schreiben machen mich glücklich, auch die Gedichte, die er mir widmet ..."

Auch der Märchenprinz wollte Ursula nun "noch vor Weihnachten" heiraten, aber nur unter der Bedingung, dass sie ihre Tanzkarriere aufgab. - Dazu war Ursula nicht bereit. ("Ich habe ihn sehr gern, aber nicht mit Bedingungen.") So endete das Märchen.

Ende August 1946 erfährt Ursula von ihren Eltern, dass Horst noch lebt - in französischer Gefangenschaft.

Ende September teilt ihr eine Frauenärztin mit, sie sei zum zweiten Mal schwanger. Dimi hatte kurz zuvor eine Heirat "noch im Oktober" vorgeschlagen, doch da war Ursula sich seiner Treue schon nicht mehr sicher. Jetzt schlägt er angesichts der ungeplanten Schwangerschaft eine Abtreibung vor. Ursula empfindet schon den Gedanken daran als "Sünde". Oder wäre das, so grübelt sie kurze Zeit später, in dieser Situation nicht doch die vernünftigere Lösung?

Sie ist tief verzweifelt - und wütend auf sich selbst. "Ich könnte nur noch heulen! Ich bin allein, muss alles herunterschlucken - aber ich bin selbst an allem schuld, ich weiß es, ich könnte mich verfluchen!" (14)

Eine große Wut auf alle Männer erfasst Ursula. Alle wollen nur das eine, aber wenn es ernst wird, dann stehen sie nicht mehr zu ihren Versprechungen. Wie viele Männer wollten sie noch vor ein paar Monaten heiraten! "In mir ist alles abgestorben ... ", schreibt Ursula in ihr Tagebuch, "auch für Dimi empfinde ich nichts mehr".

Noch bis Ende 1946 währt die quälende Unsicherheit wegen Dimiters Hinhaltetaktik und Unentschlossenheit. Anfang 1947 kommt ein letztes Telegramm von ihm. Er müsse dringend zu seinem Bruder nach Paris reisen. „Jetzt ist mir klar, dass er nicht mehr kommen wird und mich hier sitzen lässt."

Detlef kommt am 15. April 1947 in Detmold zur Welt. Mit Doras Unterstützung (auf Richards Mitgefühl wird sie noch lange verzichten müssen) findet Ursula ein möbliertes Zimmer für sich und das Baby in Hiddesen.

Doch wie soll es weiter gehen? Für sie und den Kleinen? Noch während der Schwangerschaft hatte Ursula sich dafür entschieden, auch nach der Geburt ihres zweiten Kindes wieder in ihrem Beruf als Tänzerin zu arbeiten, sich nicht um eine in den Nachkriegstrümmerjahren ohnehin kaum in Aussicht stehende Stelle als Stenotypistin zu bemühen.

War das Egoismus? Oder nicht doch eher Selbstfürsorge, Depressions-Prophylaxe? Würde Ursula sich nicht in eine schwere Depression hineinmanövrieren, wenn sie, nach zwei gescheiterten Beziehungen und als Mutter zweier unehelich geborener Kinder, sich auch noch einen ungeliebten Beruf zumuten und auf ihren großen Traum, das Ausschöpfen ihrer Talente und Fähigkeiten, verzichten würde?

In dieser Situation macht Dora ihrer Tochter unmissverständlich klar, dass sie und Richard nicht auch noch Detlef zu sich nehmen würden. Doch bietet sie Ursula ihre Hilfe an bei der Suche nach einer Pflegestelle. Dora ist inzwischen wieder in einem örtlichen Turnverein aktiv, denn Ingo ist kein Kleinkind mehr, bald wird er eingeschult. Die Suche nach geeigneten Pflegeeltern für Detlef erweist sich jedoch als schwierig.

Ab September 1947 nimmt Ursula wieder zahlreiche Engagements als Solo-Tänzerin wahr. Vom 1. bis zum 15. September tourt sie durch Franken, vom 16. bis zum 30. September tanzt sie im "Haus Sonne" in Würzburg.

In dieser Zeit erfährt sie von den Eltern, dass Horst endlich, nach vielen vergeblichen Versuchen, die Flucht aus französischer Kriegsgefangenschaft geglückt ist: "Es war sein siebenter Fluchtversuch aus dem Lager bei Straßburg. Mit einem geklauten Fahrrad, einem Kohlenzug und zu Fuß war er acht Tage unterwegs, Richtung Detmold ..."

Im Oktober 1947 absolviert die Tänzerin Ursula Rumin Auftritte in Heidelberg ("Die Laterne"), in Augsburg (Cabaret "Bunter

Koffer"), anschließend in Coburg, Hannover, Karlsruhe, Nürnberg, Düsseldorf, Köln, Frankfurt, Konstanz, Solingen und noch einmal Karlsruhe. -

Als Ursula Anfang 1948 in Hiddesen ihren Bruder Horst endlich wiedersieht, ist sie über dessen physische und vor allem psychische Verfassung tief erschrocken: Horst wirkt aufgrund ihn offenbar stark belastender, verstörender Kriegserlebnisse traumatisiert. Dies vermutlich nicht allein wegen der "schikanösen Behandlung" (so Ula) während seiner Gefangenschaft in mehreren Lagern, sondern wohl auch, vielleicht sogar mehr noch, aufgrund schlimmer Erlebnisse an der Front. Vor seiner langjährigen Gefangenschaft hatte er zwei Jahre Krieg erlebt, als 18-/19-jähriger - und als Angehöriger einer, wie man heute weiß, keineswegs heldenhaften, sondern verbrecherischen SS-Panzerdivision. (15)

Wegen fehlender Entlassungspapiere bekommt Horst nach seiner Flucht nach Hiddesen keine Lebensmittelkarten, keine Wohnung, keine Arbeit. Als die englische Besatzungsbehörde ihn dann auch noch unter Druck setzt ('Einen Entlassungsschein wollen Sie? - Da müssen sie erst etwas für uns tun ...!"), ihn zu Spitzeldiensten nötigt - er soll Parteiversammlungen besuchen und darüber berichten - und damit droht, bei Verweigerung werde man ihn wieder an die Franzosen ausliefern, vertraut Horst sich, nun völlig verzweifelt und gequält von Selbstmordgedanken, seiner Schwester an.

Abb. 14:

Horst nach seiner Rückkehr
aus Krieg und Gefangenschaft
(1948)

Ula wendet sich umgehend an die Dienststelle in Detmold, bittet energisch darum, man solle ihren Bruder, der zuvor viel Schlimmes durchgemacht habe, in Ruhe lassen, ihn nicht solchen Konflikten aussetzen; zudem sei Horst für eine Spitzeltätigkeit völlig ungeeignet. Doch man wimmelt sie ab.

Enttäuscht - und mehr noch verärgert - reagiert Ursula bei einem erneut erfolglosen Besuch in der Dienststelle "sehr erregt und impulsiv" mit den Worten: "Dann nehmen Sie doch mich und lassen meinen Bruder in Ruhe. Bitte, hier bin ich!"

Tatsächlich verpflichten die Briten nun umgehend Ursula zur Mitarbeit - und zum Schweigen. Ihr Bruder wird nun nicht mehr mit Spitzelaufträgen behelligt, und er bekommt seine dringend benötigten Papiere.

In den folgenden Monaten führt Ursula hin und wieder Probeaufträge aus, soweit ihre zunächst noch weiterlaufenden Engagements als Tänzerin ihr dafür Zeit lassen. Doch haben die beruflichen Tanzverpflichtungen inzwischen spürbar nachgelassen, die Nachfrage ist zurück gegangen, und Ursula ist des Tanzens und der damit verbundenen unsteten Lebensweise auch müde geworden.

In diesen Monaten im Sommer und Herbst 1949, in einem offenen und ernsten Rückblick auf ihre zeitweise erfolgreiche, aber doch immer auch anstrengende Tanzkarriere seit 1946, fällt Ursula ein sehr selbstkritisches Urteil über ihre tänzerischen Fähigkeiten - und ringt sich zu einer weitreichenden Entscheidung durch: "Mein Können reicht auf Dauer nicht aus für eine Karriere als Solotänzerin ... Ich habe Schulden über Schulden. Mein Dasein ist zum Überlebenskampf geworden. Ich muss etwas an meinem Leben ändern ..."

Mit diesen nüchternen, zugleich von Desillusionierung und Realismus geprägten Worten nimmt Ursula Abschied von einem Lebenstraum - und wendet sich im selben Augenblick, mit Mut und Entschlossenheit, einer gänzlich neuen beruflichen Perspektive zu:

'Neben dem Tanzen hat mich immer das Schreiben gefesselt, das Mitteilen, Aufschreiben und Festhalten, was im Leben passiert, also Journalismus."

Sie erinnert sich an den Vorschlag ihrer inzwischen in Berlin lebenden Hiller-Freundin Elschen, doch auch nach dorthin zu kommen. Warum eigentlich nicht? denkt Ursula. Warum es nicht in Berlin versuchen, wo alle Möglichkeiten offen stehen ...

Eine kleine Episode ist hier noch nachzutragen: Bei ihrem Engagement Ende 1947 in Karlsruhe hatte Ursula einen jungen Mann kennen gelernt, Karl Kloss. Zwei Monate später, wieder in Karlsruhe, hatte er Ursula gefragt, ob sie seine Frau werden wolle. "Ich habe Ja gesagt, nicht aus großer Liebe, sondern weil ich nicht mehr 'Fräulein´ sondern endlich 'Frau 'genannt werden wollte ... Nun bin ich Frau Kloss ..."

Das konnte nicht lange gut gehen, zumal die Vorstellungen der beiden über das Zusammenleben weit auseinander lagen, wie sich schon bald zeigen sollte. Sie stritten oft miteinander. Ein häufiger Grund war, dass Karl Ursula Vorschriften darüber machen wollte, welche Engagements sie annehmen dürfe und welche nicht. Bereits ein Jahr später wurde die Ehe auf Ursulas Wunsch wieder geschieden: "Es war dumm von mir, ihn überhaupt zu heiraten ..." so ihr Kommentar.

Ein kleiner Lichtblick: Mitte 1949 war es Richard endlich gelungen, Ingos Vater Bernd ausfindig zu machen und ihn zur Zahlung von Alimenten zu verpflichten. Fast gleichzeitig war auch Dimiter, der seine Vaterschaft zunächst bestritt, nach einem positiven Test, auf dem Ursula bestand, per Gerichtsbescheid zur Nachzahlung von insgesamt 750 DM verpflichtet worden. Er kam dieser Verpflichtung jedoch kaum nach, und wenn, dann nur in Form von winzigen monatlichen Zahlungen. Zur Begründung verwies er auf sein noch nicht abgeschlossenes Studium.

In jenen Nachkriegsjahren 1947-1950, als Ursula sich anfangs noch als Solotänzerin durchs Leben schlug, zwischen Karlsruhe,

Hiddesen und diversen Tourneebühnen hin- und herpendelte, wurden auf politischer Ebene entscheidende Weichen gestellt. Dies führte unter anderem zur Gründung der Bundesrepublik Deutschland und der Deutschen Demokratischen Republik - und damit endgültig zum „Kalten Krieg", der die deutsche Nachkriegsgeschichte für Jahrzehnte prägen sollte.

Die Gegensätze unter den Besatzungsmächten im Blick auf die deutsche Frage hatten sich 1948 zugespitzt. Stein des Anstoßes war die Währungsreform, mit der im Juni 1948 in den westlichen Besatzungszonen und in Westberlin die Reichsmark abgeschafft und die Deutsche Mark (DM) eingeführt wurde. Die Sowjets reagierten darauf mit einer Blockade der Berliner Westsektoren. Doch bis zum Ende dieser Blockade im Mai 1949 gelang es den Westalliierten, ihr Berliner Gebiet über eine Luftbrücke mit Waren und Lebensmitteln zu versorgen. Das Meisterwerk dieser Versorgungsflüge war vor allem den Amerikanern zu verdanken. Die davon überaus beeindruckten Westberliner Bürger nannten die rettenden Flugzeuge "Rosinenbomber". Damals begannen aus ehemaligen Kriegsgegnern Freunde zu werden.

Im April 1949 wird die NATO gegründet, ein Verteidigungsbündnis aus USA und westeuropäischen Staaten. Am 23. Mai 1949 tritt das ein Jahr zuvor verfasste "Grundgesetz der Bundesrepublik Deutschland" in Kraft. Im August 1949 konstituiert sich der erste Deutsche Bundestag, am 15. September 1949 wird der bereits 73-jährige Konrad Adenauer (CDU) zum ersten Bundeskanzler gewählt.

Als Reaktion auf die Gründung der Bundesrepublik Deutschland entsteht im Oktober 1949 aus der Sowjetischen Besatzungszone eine „Deutsche Demokratische Republik" (DDR). Ihre Hauptstadt: Ostberlin. Zum Präsidenten der DDR wird Wilhelm Pieck ernannt, Ministerpräsident wird Otto Grotewohl. Nachdem in der Sowjetzone bereits 1946 durch die Zwangsvereinigung von KPD und SPD die "Sozialistische Einheitspartei Deutschlands" geschaffen wurde, wählt diese neue SED im Juli 1950 auf der konstituierenden Sitzung ihres Zentralkomitees Walter Ulbricht, einen bekennenden Anhänger Stalins und des Stalinismus, zu ihrem Generalsekretär. Ulbricht wird somit der eigentliche Machthaber in der DDR.

In ihrem Tagebuch geht Ursula nur kurz auf diese veränderten politischen Rahmenbedingungen ein. Sie hat verständlicherweise andere Sorgen, zudem ist ihr Interesse an Politik eher gering. "Das alles mag ja wichtig sein, aber für mich nicht so sehr, ich interessiere mich nicht für Politik. In meinem kleinen Leben sind andere Dinge wichtig, da geht es mir erster Linie um meine Kinder und meine Pläne für Berlin."

Im August 1949 erfährt Ursula von einem Bescheid des Jugendamtes in Detmold. Es haben sich Adoptiveltern für Detlef gefunden! Ursula steht vor einer schweren Entscheidung.

In den Jahren nach Ingos Geburt hatte sie ihr Bübele oft als "meine Liebe und mein schlechtes Gewissen" bezeichnet - und dies auch genauso empfunden. Jetzt wartet eine neue, für sie und für Detlef schwerwiegende, weil nun endgültige, unumkehrbare Gewissensentscheidung auf sie.

Doch zuvor, an einem Tag im Herbst 1949, wird Ula mit einer britischen Maschine von Detmold aus über die Ostzone zu einem kleinen Militärflughafen nach Berlin-Gatow geflogen. Nachdem ihre Probeaufträge im Frühjahr 1948 aus Sicht der Briten offenbar erfolgreich verlaufen sind, wird sie nun - nach dem Ende der Berliner Blockade - mit Botengängen zwischen dem englischen Sektor im Westen Berlins und dem sowjetisch dominierten Ostsektor beauftragt. Meist geht es darum, verschlossene Briefe zu einem bestimmten Ort oder zu einer bestimmten, ihr zuvor näher beschriebenen Person im Ostsektor zu befördern. Auf dem umgekehrten Weg soll sie etwa einen ihr von einer Kontaktperson im Osten übergebenen Brief - auch mal ein Päckchen o.ä. - in Empfang nehmen und in den Westsektor bringen. Ula findet solche Kurierdienste zwar manchmal aufregend, aber harmlos, zumal sie sich für Politik nicht interessiert. Ihr bevorzugtes Interesse gilt vielmehr der Frage, welche beruflichen Möglichkeiten sich ihr in einer langsam wieder zum Leben erwachenden Großstadt wie Berlin bieten könnten (vielleicht im Journalismus, im Filmgeschäft ...?), wenn sie demnächst dorthin übersiedeln würde.

Etwas unterbelichtet und auch widersprüchlich bleiben in Ursulas Tagebuchaufzeichnungen - und ebenso in ihren späteren autobiographischen Büchern) Hinweise, mit denen sie im Zusammenhang mit einer Polizeikontrolle im Ostsektor Berlins "eine erste Begegnung mit Russen" andeutet; auch diese Begegnung wird von ihr in den Herbst (Oktober) des Jahres 1949 datiert.

Am Jahresende 1949 führt Ursula ein langes Gespräch mit ihren Eltern; es geht um die jetzt zum ersten Mal konkret mögliche Adoption.

Abb. 15:

Ursula mit ihren Söhnen Ingo (geb. 1941) und Detlef (geb. 1947)

Richard und vor allem Dora raten Ursula eindringlich dazu, im Interesse des Kindes einer Adoption zuzustimmen. Dann hätte Detlef ein behütetes Zuhause, ein geregeltes Leben und Eltern, die ihn lieben und Zeit für ihn haben. Er könnte in einer heilen Welt aufwachsen. Andernfalls käme er wieder und wieder in neue Pflegestellen und Heime, immer von neuem zu fremden Menschen. "Wenn du dein Kind liebst, gibst du es frei", beschwört Dora ihre verzweifelte Tochter.

"Tränenüberströmt saß ich vor meinen Eltern ... In der Nacht habe ich nur immerzu nachgedacht und überlegt, wie ich es richtig mache. - Am nächsten Morgen bin ich frühzeitig in den Wald gegangen und habe mir die Seele aus dem Leib geschrien, ich habe geschrien und geschrien. - Wenige Tage später, Anfang Januar 1950, bin ich nach Detmold zum Amtsgericht gefahren und habe die Einverständniserklärung zur Adoption unterschrieben ... Morgen früh fahre ich nach Berlin." (16)

Anmerkungen zu Kap. I. („Ich möchte Tänzerin werden!")

(1) Ursula Rumin: Die Kraft zu leben. Drei Frauen - 100 Jahre. Berlin (Frieling) 2007, (künftig: Rumin, Die Kraft zu leben), S. 7.

(2) Rumin, Die Kraft zu leben, S. 90f. und folgende Zitate (aus dem Kapitel "Ich bin Dora").

(3) Der Tagebuchtext im Wortlaut: "Seit Januar ist Horstl ein Hitler-Junge! Er wollte unbedingt dem Jungvolk, also der Gemeinschaft der 10-14-Jährigen angehören, die sich jeden Nachmittag in einem Raum in einer leeren Fabrik trifft. Unter der Leitung eines älteren Jungen machen sie Spiele, singen und haben Musikinstrumente zur Verfügung, auf denen sie spielen lernen ... Vom ersten Zusammensein ist Horst begeistert nach Hause gekommen, und wir erfuhren, daß die Jungen bereits ´geschult` werden, d.h. sie werden politisch unterrichtet, was Hitler alles für das deutsche Volk tut und plant ...

Von nun an ist Horst ein 'zackiger` Junge! Horstl, immer ein stilles, in sich gekehrtes Kind, wird munter. Von Stund an benutzt er nur noch den Hitler-Gruß ... Richard ist wütend darüber ... Aber Horst läßt sich nicht davon abbringen. Für ihn ist Adolf Hitler unser Führer, der große Mann." (Rumin, Die Kraft zu leben, S. 96 ff.).

(4) Rumin, Die Kraft zu leben, S. 109/110 und folgendes Zitat. - 1941 wird, nur 22 Kilometer von Schweidnitz entfernt, das KZ Groß Rosen eingerichtet.

(5) Rumin, Die Kraft zu leben, S. 128/129 und folgende Zitate.

(6) Rumin, Die Kraft zu leben, S. 163ff. (Kapitel "Ich bin Ulla"). Dieses Kapitel bildet die Grundlage des 2007 entstandenen Dokumentarfilms von Juliane Geick: Ursula R. - Ein Frauenschicksal im Kalten Krieg. Frau Geick hatte zu Vorbereitung des Films auch Ursulas Original-Tagebücher gelesen.

(7) In der Nacht vom 13. auf den 14. Februar 1945 erfolgte auf das rund 630.000 Einwohner zählende Dresden der schwerste Luftangriff auf eine Stadt im Zweiten Weltkrieg. Fast achthundert

britische Bomber warfen in zwei Angriffswellen zunächst gewaltige Mengen an Sprengbomben ab. Der durch die anschließend abgeworfenen Brandbomben verursachte Feuersturm zerstörte rund 80.000 Wohnungen. Dem britischen Nachtangriff auf die ungeschützte Stadt, die über keinerlei Luftabwehr verfügte, folgte am Tag die Flächenbombardierung durch amerikanische Bomber. Am 15. Februar musste das bereits vollständig zerstörte und mit schlesischen Flüchtlingen überfüllte Dresden einen weiteren Angriff der US-Luftwaffe überstehen. Bis zu 25.000 Menschen verloren ihr Leben (...)

Die Zerstörung Dresdens war der Höhepunkt gezielter Flächenbombardements der Alliierten gegen die deutsche Zivilbevölkerung, um deren Moral zu brechen. Der NS-Propaganda bot die Bombardierung von Dresden noch einmal Gelegenheit, an den Durchhaltewillen der Deutschen zu appellieren. (Quelle: Website des Deutschen Historischen Museums Berlin. Die Bombardierung von Dresden sww.dhm.de)

(8) Rumin, Die Kraft zu leben, S. 201 u. folgende Zitate. Die bedingungslose Kapitulation der deutschen Wehrmacht wurde am 7. Mai 1945 im Obersten Hauptquartier der Alliierten Streitkräfte in Reims / Frankreich unterzeichnet. Die Kapitulationserklärung wurde auf Drängen Stalins in Berlin-Karlshorst im Hauptquartier der sowjetischen 5. Armee am 8./9. Mai wiederholt.

(9) Wolfgang Benz; s. Artikel auf der Website der *Bundeszentrale für politische Bildung:* http://www.bpb.de/geschichte/nationalsozialismus/dossier-nationalsozialismus/39600/besatzung

(10) in Anlehnung an die Website von *Planet Wissen: Deutsche Geschichte.*

(11) Jüngstes Mitglied der Ulbricht-Gruppe war ein damals 24-jähriger Mann, der später, nach seinem Bruch mit dem Stalinismus, nach Westdeutschland übersiedeln und 1955 im Verlag Kiepenheuer & Witsch ein bahnbrechendes Buch veröffentlichen wird: Wolfgang Leonhard ("Die Revolution entläßt ihre Kinder")

(12) Mehr als 40 Jahre lang währte der Kalte Krieg zwischen den Supermächten USA und Sowjetunion ... Manche Krisen rückten die Welt gefährlich nahe an den Abgrund eines Atomkrieges. Der Konflikt war vor allem eine ideologische Auseinandersetzung, die sich am deutlichsten im geteilten Nachkriegsdeutschland zeigte.

Zu den Ursachen des Kalten Krieges: "Die Spannungen zwischen den USA und der UdSSR nahmen nach Kriegsende kontinuierlich zu. Der Streit um die Zukunft Deutschlands und Reibungen auf globaler Ebene waren hierfür ausschlaggebend. Sowohl auf amerikanischer, als auch auf sowjetischer Seite wurde die ideologische und politische Spaltung mehr und mehr wahrgenommen - und forciert.

Die Zusammenarbeit zwischen Ost und West erwies sich schon bald nach Kriegsende aufgrund der machtpolitischen und weltanschaulichen Gegensätze als kompliziert und mühselig ... Konflikte gab es vor allem wegen der politischen, wirtschaftlichen und sozialen Umgestaltung, die die Sowjetische Militäradministration (SMAD) bereits unmittelbar nach Kriegsende in ihrer Besatzungszone einleitete und bei der schrittweise auch jegliche politische Opposition rigoros ausgeschaltet wurde. Diese Entwicklung, zu der u.a. im April 1946 die Zwangsvereinigung von SPD und KPD zur SED gehörte, wurde von den westlichen Besatzungsmächten mit wachsender Sorge beobachtet, zumal die SMAD ihre Politik weitgehend gegen den Willen der Bevölkerung durchsetzte. Der unaufhörliche Flüchtlingsstrom von Osten nach Westen zeigte dies deutlich." (www.bpb.de/geschichte/nationalsozialismus/dossier-nationalsozialismus/39618/ursachen-des-kalten-krieges)

(13) Rumin, Die Kraft zu leben, S. 238 und folgende Zitate

(14) Rumin, Die Kraft zu leben, S. 260 und folgende Zitate

(15) Horst Ruhm gehörte (lt. einer schriftlichen Notiz seines Neffen Ingo, die Ursula Rumin mir zugänglich machte) 1943 und 1944 zwei berüchtigten SS-Divisionen an: Als Grenadier der 2.

SS-Panzerdivision "Das Reich" kämpfte er 1943 an der Ostfront (nahe Charkow / Ukraine); ab Sommer 1944 gehörte er zu der im nördlichen Italien eingesetzten 16. SS-Panzerdivision "Reichsführer SS". Beide Divisionen haben sich schwerer Kriegsverbrechen schuldig gemacht. In welchem Ausmaß Horst Ruhm selbst an den - meist unter dem Vorwand der "Partisanenbekämpfung" ausgeübten - Massakern beteiligt war, ist unbekannt. Doch werden Verbrechen wie etwa die furchtbaren Massaker in Sant´Anna di Stazzema und Marzobotto (beide wurden von Teilen der 16. SS-Panzerdivision begangen) auch den daran nicht unmittelbar beteiligten SS-Männern kaum verborgen geblieben sein.

(16) Rumin, Die Kraft zu leben, S. 294

II. „Berlin - du Stadt meiner Träume!"
(Januar 1950–September 1952)

Januar 1950: In Berlin angekommen, nimmt Ursula ihren seit 1944 - seit der gemeinsamen Zeit im Hiller-Ballett - bestehenden Kontakt zu Elschen wieder auf. Außerdem knüpft sie eine engere Beziehung zu "Tante Molly", einer Jugendfreundin ihrer Mutter und alteingesessenen Berlinerin, die mit ihrem Mann im Grunewald wohnt. In den ersten Wochen kann Ursula bei Elschen unterkommen, die ein großes Zimmer in einer Wilmersdorfer Privatpension bewohnt, im englischen Sektor.

Mit den Worten: "Berlin, du Stadt meiner Träume ...!" hatte Ursula am 5. Januar ihre Freundin begrüßt. Und bereits in den ersten Wochen ihres Neustarts beginnt die Verwandlung der einstigen Ballett- und Solotänzerin in eine ehrgeizige Filmjournalistin.

"Es war eine neue Welt für mich, in der ich mich erst einmal zurechtfinden musste; es galt zu prüfen, welche Tätigkeit für mich in Frage kommt. Ich wollte mich in Richtung Journalismus bewegen, vielleicht Film-Journalismus, das käme in zweifacher Hinsicht meinen Wünschen entgegen. " (1)

Zielstrebig, wie sie es schon immer war, macht Ursula sich kundig, nimmt Kontakt zu Berliner Filmgesellschaften auf, zunächst zur "Berolina" in Tempelhof, dann zur CCC-Filmproduktion von Artur Brauner in Spandau. Mit Offenheit und Geschick, manchmal auch mittels gelungener Flirtversuche und anderer Erfolg versprechender Strategien ("Ich hatte mir das Haar hochfrisiert und meine Brille aufgesetzt, damit ich nicht so jung aussah ...") gelingt Ursula sehr rasch der berufliche Einstieg als Filmjournalistin. Da auch Anfang 1950 eine feste Stelle als Volontärin - beim "Tagesspiegel" oder bei der "Morgenpost" - nicht zu bekommen war („ ... derzeit werden keine Volontäre ausgebildet"), spricht Ursula bei den Feuilleton-Redaktionen der Zeitungen vor und bietet an,

Berichte über neue Filmproduktionen zu schreiben. Oder sie verfolgt "die umgekehrte Masche", indem sie bei Artur Brauner in Spandau vollmundig zusagt, Berichte aus dessen Filmateliers "bei der Tagespresse unterzubringen". Dabei ist Ursula durchaus klar, dass sie sich zeitweise "wie eine Hochstaplerin" benimmt, doch sei das noch keineswegs kriminell. Schließlich muss sie sich allein ihren Lebensunterhalt verdienen und mit dem Honorar auch ihr kürzlich gemietetes Zimmer finanzieren.

Eher unfreiwillig erschließt sich ihr bald ein weiteres Betätigungsfeld: Kurz nach ihrer Ankunft in Berlin hatte ein britischer Offizier, Bob Tisher, den Ursula aus Detmold kannte, Kontakt zu ihr aufgenommen. Er sei gerade in Berlin, schrieb er, und er würde sich freuen sie zu sehen.

Die Vorgeschichte: Ursula hatte Tisher im Sommer 1949 in einem Vergnügungslokal der Engländer in Detmold kennen gelernt, wo sie an Wochenenden einige Male, um sich etwas Geld dazu zu verdienen, als Tänzerin aufgetreten war. Die beiden hatten einander sympathisch gefunden, sich noch einige Male getroffen, und Ursula hatte "Bob" dabei auch von ihren Berlin-Plänen erzählt.

Wahrscheinlich war es dieser Bob Tisher, der kurz darauf den Flug von Detmold aus in die britische Zone nach Berlin-Gatow initiiert, damit Ursulas Probezeit in der Umgebung von Detmold beendet und ihre neue Kurier-Tätigkeit eingefädelt hatte: als Briefbotin zwischen West- und Ostberlin, im Auftrag der Engländer.

So war Ula im Januar 1950, zwar auf eigenen Wunsch und mit eigenen Plänen nach Berlin gekommen, sie geriet dadurch aber unweigerlich erneut ins Visier der Briten. Das nahm sie jedoch ohne größere Skrupel zur Kenntnis, zumal sie Bob Tisher ja bereits kannte - und sich im Übrigen für Politik nicht weiter interessierte. Umso mehr interessierte sie sich für die Filmstadt Berlin, für die bunte Welt der Filmstars und der Studios.

Als Bob sie nun zu einem Treffen "in das beste Restaurant im Grunewald" einlädt, outet er sich - nach einer Reihe "merkwürdiger Fragen" - erstmals ihr gegenüber als Offizier des britischen Geheimdienstes. Er wolle ihre Mitarbeit gewinnen, fragt, ob sie dazu bereit sei, gibt ihr eine Woche Bedenkzeit.

Unterdessen hat Ursula den Schriftsteller und Filmautor Peter Bejach kennen gelernt ("Ein charmanter Kerl ..."), der als Drehbuchschreiber bei der DEFA, der DDR-Filmgesellschaft, unter Vertrag ist. Bejach informiert Ursula über diverse Arbeitsmöglichkeiten dort und lädt sie umgehend nach Babelsberg ein, dem bekannten Filmgelände der DEFA.

Bei ihrem zweiten Treffen mit Bob Tisher will Ursula zunächst genauer wissen, was von ihr erwartet wird. "Bobs Antwort: Ob ich bereit sei, erneut zwischen West- und Ost-Berlin Kurierdienste auszuführen. Dazu das Angebot, mir eine kleine Wohnung zu suchen, deren Mietkosten übernommen werden, die meinen Auftraggebern aber auf Wunsch ab und zu für Zusammenkünfte zur Verfügung stehen muss. " (2)

Ursula stimmt zu. Dass sie die Einwilligung völlig arglos und sehr leichtfertig gegeben hat, wird darin deutlich, dass sie die Details des Vertrages kaum zur Kenntnis nimmt, ihn einfach unterschreibt. "Das ist alles? habe ich erstaunt gefragt. ´Das ist alles´, hat Bob lächelnd geantwortet. Dann habe ich etwas unterschrieben, und Bob machte mich darauf aufmerksam, dass ich zu niemandem darüber reden darf."

Zwar könnte man an dieser Stelle Ursulas Leichtsinn, ihre politische Naivität und Ahnungslosigkeit kritisieren, ihr insofern eine gewisse Mitschuld daran geben, dass auch die russische Seite früher oder später auf sie aufmerksam werden konnte. Doch käme ein solcher Vorwurf allzu moralisierend daher, zumal auch Ursula selbst ihr Verhalten im Nachhinein durchaus kritisch beurteilt hat.

Anfang 1950 dagegen war sie vor allem eine lebenshungrige, ehrgeizige, allerdings weitgehend großstadtunerfahrene junge

Frau - ihre abgebrochene Karriere als Solo-Tänzerin hatte 1946 in einem stark kriegszerstörten Stadtteil Münchens begonnen -, die nach vielen negativen Erfahrungen nun ihre große Chance in der gerade wieder aufblühenden, kulturell erwachenden Metropole Berlin suchte. Die Theater- und Filmstadt Berlin sollte Ursulas Sprungbrett für eine neue Karriere als (Film-) Journalistin werden; allein darauf richtete sich ihre Aufmerksamkeit. Die von ihr nebenbei erledigten kleinen Botengänge für die Engländer waren für Ursula nicht der Rede und schon gar nicht des kritischen Nachdenkens wert.

So begann nun eine erneute, vermeintlich wiederum harmlose Kuriertätigkeit zwischen West- und Ost-Berlin. In den folgenden Monaten überbrachte Ursula wieder - als Botin, nur das war ihr Auftrag - Briefe in verschlossenen Umschlägen an Adressaten im Osten. Oder sie nahm an zuvor vereinbarten Treffpunkten in Ost-Berlin Briefe oder Päckchen entgegen und stellte diese Post Empfängern im englischen Sektor Berlins zu.

Die aufstrebende Filmjournalistin Ursula Rumin konnte sich nun, da sie auf den Mietpreis nicht achten musste, eine neue Unterkunft leisten. "Die Wohnung liegt im ersten Stock, hat ein großes Wohnzimmer mit Schlafnische und Balkon, Küche und ein gekacheltes Bad mit eingebauter Wanne. Ich kann sie Anfang Mai beziehen. Ein Traum rückt näher - die erste eigene Wohnung!"

Abb. 16:

Berlin, Hohenzollerndamm 36

Bis zum 25. September 1952, dem Tag ihrer Verhaftung durch den sowjetischen Geheimdienst, blieb nun "Hohenzollerndamm 36" ihre Berliner Adresse.

Anfangs hatte Ursula mit dem charmanten Peter Bejach, der ihr die Tür zur DEFA öffnete, produktiv zusammengearbeitet, von ihm in Sachen Drehbuchschreiben auch einiges gelernt. Doch bald gab es Probleme zwischen den beiden. Der Hauptgrund waren Bejachs Versuche, seine Ko-Autorin nach Fertigstellung eines gemeinsam verfassten Drehbuchs bezüglich des Honorars finanziell zu übervorteilen. Ursula ließ sich von dergleichen aber nicht mehr beeindrucken, sie nutzte ihren Draht zur DEFA inzwischen auch unabhängig von ihrem Mentor Bejach. "Ich habe einen neuen Stoff für die DEFA entwickelt - allein, Peter weiß nichts davon. Jetzt, da ich den Kontakt habe, will ich ihn auch nutzen. 'Unter den Dächern von Berlin' ist eine Story, die das Leben der Bevölkerung sowohl im Osten wie im Westen aufzeigt. Ich bin auf diese Idee gekommen, weil ich mich oft darüber geärgert habe, dass viele Leute meinen, im Westen sei alles gut und im Osten alles schlecht." Bei den DEFA-Dramaturgen in der Ostberliner Jägerstraße zeigte man Interesse für das Exposé.

Ende 1950 bekommt Ursula ein neues Drehbuchangebot: Man bietet ihr die Mitarbeit an einem Filmvorhaben des Nationalpreisträgers und Regisseurs Slatan Dudow an. Sie soll nach dessen knapper Vorlage das Exposé schreiben und anschließend, zusammen mit Dudow, auch am Drehbuch zu "Frauenschicksale" mitarbeiten. (Ursula fällt auf, dass die Story große Ähnlichkeiten mit dem von ihr bei der DEFA eingereichten Skript ´Unter den Dächern von Berlin´ aufweist ...)

Ihr Entwurf wird angenommen und umgehend ein vor allem für Ursula lukrativer Drehbuchvertrag geschlossen.

("10.000 Mark Ost. Eine unglaubliche Summe!" kommentiert fast sechzig Jahre später Juliane Geick, die Regisseurin eines 2007 an zahlreichen Originalschauplätzen gedrehten Dokumentarfilms: „Ursula R. - Ein Frauenschicksal im Kalten Krieg.") Für

Dudow waren höhere Honorare nichts Ungewöhnliches, hatte er sich doch bereits einen Namen gemacht als ehemaliger Mitarbeiter Bertolt Brechts. Er hatte dessen Lehrstück *Die Maßnahme* inszeniert, und bei dem Film *Kuhle Wampe*, zu dem Brecht das Drehbuch schrieb, hatte er Regie geführt. - Zu Dudows Film Frauenschicksale wird auch Brecht einen kleinen Beitrag leisten: vom ihm stammt der Text zum "Lied vom Glück".

Bis Ende März 1951 soll das Drehbuch fertig sein. "Nun fahre ich jeden Tag mit der U-Bahn zur Arbeit mit Dudow in die Jägerstraße, im 'Kulturhaus steht uns ein Raum zur Verfügung, gearbeitet wird von 9-17 Uhr."

Bald wird den beiden Drehbuchschreibern ein "politischer Berater" zugeordnet, Gerhard Bengsch. Offenbar legt man großen Wert darauf, dass der Film politisch korrekt im Sinne seiner sowjetkommunistischen Auftraggeber ausfällt. "Meine beiden Mitarbeiter versuchen auch mich vom Kommunismus zu überzeugen, dabei ist ihnen jedes Mittel recht. Dudow versuchte recht bald, mich ins Bett zu bekommen. Er ist im Wesen ein netter Kerl, aber überhaupt nicht mein Typ."

Auch den politischen Berater lässt Ursula abblitzen. Offenbar ist sie gegenüber den Avancen von Männern wählerischer geworden, auch selbstbewusster.

Eine rätselhafte Bemerkung Dudows gibt Ursula allerdings zu denken. Als sie dessen hartnäckige Versuche, sie in politische Gespräche zu verwickeln, einmal mehr mit der Bemerkung zurückweist, sie interessiere sich nicht für Politik, meint Dudow: "Wenn Sie sich nicht für Politik interessieren, wird sich die Politik eines Tages für Sie interessieren." Er sollte recht behalten.

Kurze Zeit nach dem Abschuss des Rohdrehbuches zum Film "Frauenschicksale" – lt. Tagebuch am 4. Juni 1951 - lässt Ursula sich aufgrund einer mysteriösen Einladung durch einen "Herrn Schmitt" (der vorgibt, sie zu kennen) auf mehrere Treffen mit Russen ein, von denen das erste in Karlshorst stattfindet, im "Berliner Kreml". Diese von der Tagebuchschreiberin (und auch später in Ursulas Büchern) nur vage angedeutete Episode lässt besonders viele Fragen offen, die - wenn überhaupt - nur von ihr selbst beantworten werden könnten. (3)

Fest steht: Auch 1951, als sie bei der DEFA unter Vertrag war, hat Ursula neben ihren Botengängen für die Engländer (die sie ab Mitte 1952 beendete, u.a. weil sie ihre Wohnung am Hohenzollerndamm inzwischen selbst finanzieren konnte), zeitweise - vermutlich aber nur wenige Male - auch wieder für die russische Seite kleine Aufträge ausgeführt. Offenbar sah sie sich dazu gezwungen, um ihre aufgrund des Erfolges als Drehbuchschreiberin inzwischen existenzsichernde Arbeit bei der DEFA nicht zu gefährden.

In diesen Monaten ihres privaten und beruflichen Hin- und Herpendelns zwischen West- und Ost-Berlin, zwischen der vertrauten Wilmersdorfer Wohnung am Hohenzollerndamm und der Ost-Berliner DEFA-Zentrale in der Jägerstraße, wird Ursula von einer zunehmenden, schwer zu beschreibenden Unruhe erfasst: "Ich habe im Moment eine Angst in mir, Angst vor Unbestimmtem, ich kann es nicht in Worte fassen. Es ist auch eine Unruhe in der Stadt zu spüren, vor allem in politischer Hinsicht."

In solchen Augenblicken wird Ursula wieder schlagartig bewusst: "Außer in meiner Kindheit ist mein Leben immer unruhig gewesen, vielleicht sehne ich mich deshalb so nach Ruhe, nach Sicherheit. " Manchmal träumt sie sich für einen Moment in eine heile Welt hinein - und wird umgehend und unerbittlich von ihrer realen, unheilen Welt eingeholt. "Wie schön könnte es sein, im Frühjahr in einem kleinen Auto durch die Landschaft zu fahren, ohne Ziel, mit ein bisschen Geld in der Tasche. Vielleicht den Rhein entlang ganz in Ruhe und ohne Angst ... Mir ist, als hielte ich eine Sanduhr in den Händen, der Sand rinnt und rinnt. Es ist alles so schwer, verdammt schwer, und ich bin allein, mit niemandem kann ich über meine Angst und meine Zweifel reden ..."

Ursulas Tagebuch ist ihr in solch schwierigen Zeiten zur unverzichtbaren Zuhörerin, zur Gesprächspartnerin und Freundin geworden.

Bei einem Treffen mit dem DEFA-Chefdramaturgen Dr. Bortfeld schlägt dieser Ursula vor – und dieser Vorschlag wird später mehrfach wiederholt –, doch einmal darüber nachzudenken, ob sie nicht in den Osten der Stadt ziehen wolle, schon um näher an ihrem Arbeitsplatz bei der DEFA zu sein. Dann wäre auch ein Jahresvertrag mit festem Gehalt denkbar. Bei der Beschaffung einer Wohnung könne man behilflich sein. Als weiterer Vorteil biete sich an, dass sie dann auch ihren Sohn zu sich nehmen könnte. – Und ob sie nicht in die Partei eintreten wolle, das würde sicher von Nutzen für sie sein. Auch das sollte sie sich einmal durch den Kopf gehen lassen.

Noch bevor Ursula reagieren kann, zieht Dr. Bortfeld einen zweiten Dramaturgen der DEFA hinzu, Dr. Oswald. Diesem hatte Ursula zuvor schon ein von ihr verfasstes Exposé zukommen lassen, in dem es um die aktuelle Lebenssituation von Jugendlichen in der DDR geht. Aus diesem Stoff, so Dr. Oswald, könne man durchaus etwas machen, doch seien vorab einige Recherchen über den modernen Strafvollzug in der DDR notwendig. Dieses Thema stößt bei Ursula auf Interesse, und so sagt sie zu. Sie will im Rahmen einer Recherchereise, wie von Dr. Oswald vorgeschlagen, einige Jugendwerkhöfe aufsuchen, u.a. die Jugendstrafanstalt auf der Festung Königstein in Sachsen.

Vor ihrer Dienstreise bittet Ursula - etwa Ende Oktober 1951 - um einen Termin bei dem für sein Engagement in Sachen Menschenrechte bekannten Juristen Dr. Walter Linse. Der ist Vorsitzender im Westberliner "Untersuchungsausschuß Freiheitlicher Juristen". Von ihm erhofft sich Ursula eine kompetente Beratung zu der Frage, inwieweit ihre Recherchen für sie vielleicht gefährlich werden könnten. - In Nikolassee wird sie von Linse persönlich empfangen. Er rät ihr von dem geplanten Unternehmen zwar nicht ab, ermahnt sie aber, sich möglichst nicht auf politische Gespräche einzulassen.

Auch von einer zweiten Westberliner Organisation, der "Kampfgruppe gegen Unmenschlichkeit", lässt Ursula sich beraten. Möglicherweise wurde der Kontakt zur zuständigen KgU-Dienststelle schon im Gespräch mit Dr. Linse geknüpft. - Ursulas Terminplan für die anstehenden Recherche-Reisen sah nun so aus: 9. - 12. 11. Werkhof Crimmitschau (nur Mädchen); 13. - 23. 11. Bräunsdorf bei Chemnitz (Jungen und Mädchen); 24. - 27. 11. Jugendwerkhof Festung Königstein im Elbetal, südlich von Dresden (nur Jungen).

Falls es sich als notwendig erweisen sollte, würde Ursula im Dezember auch noch den Mädchen-Jugendwerkhof Strausberg besuchen können. Laut Vertrag sollte sie auf der Basis ihrer Recherche-Ergebnisse bis zum 15. Dezember 1951 ein erweitertes Exposé einreichen. Den ursprünglichen Arbeitstitel "Moderner Strafvollzug" änderte man inzwischen um in "Straße ins Leben".

Während der Recherchen wurde Ursula rasch bewusst, dass sie sich auf einen schwierigen Drehbuchauftrag eingelassen hatte. Die von ihr zu besuchenden Jugendwerkhöfe arbeiten nach unterschiedlichen pädagogischen Konzepten; keine leichte Aufgabe, diese sachgerecht zu beurteilen und für den Film das überzeugendste Modell auszuwählen.

Ihr Exposé wurde angenommen, jedoch mit Einschränkungen. Vor allem die neue, für das Thema zuständige Dramaturgin hatte Einwände:

"Es gab eine ziemlich heftige Diskussion, ich verabschiedete mich mit der Bitte um Bedenkzeit. Inzwischen habe ich erfahren, dass diese Dramaturgin ursprünglich als Mitarbeiterin an Dudows ´Frauenschicksalen` vorgesehen war, von ihm aber abgelehnt wurde. Da kann man sich einiges zusammenreimen."

Gegenüber dem Chefdramaturgen Dr. Bortfeld erklärt sich Ursula in einem weiteren Gespräch zu kleinen Änderungen bereit.

Der Film "Frauenschicksale" war inzwischen fast abgedreht. Einmal nahm Ursula die Gelegenheit wahr, sich einige Außenaufnahmen anzusehen, die unter Dudows Regie in einem großen Maschinenwerk gedreht wurden. Sie war beeindruckt.

Im Sommer 1952 werden die Telefonverbindungen von West- nach Ostberlin für einige Tage unterbrochen. Dieses wenn auch nur kurzfristige Ereignis macht Ursula deutlich, wie unsicher und möglicherweise gefährlich ihre Lebenssituation inzwischen geworden ist: "Ich verkehre sowohl mit Engländern als auch mit Russen in schon fast naiver Unbekümmertheit. Ich bin ohne Absicht in einen Strudel geraten und weiß nicht, wie ich da wieder herauskomme." Aus einer Eingebung heraus schreibt sie in diesen Tagen einen kurzen Brief an ihre Eltern und deponiert ihn im Wandsafe ihrer Wohnung am Hohenzollerndamm:

Meine Lieben! Das wird wohl der letzte Brief für längere Zeit sein, ehe ihr wieder von mir hört ... Ich hoffe, bald wieder gesund bei Euch zu sein. Bleibt auch Ihr gesund, und meinem lieben Ingo ein Küßchen. Seid innigst umarmt von Eurer Ula - Mammi

Am 8. Juli 1952 wird Walter Linse durch ein vom Ministerium für Staatssicherheit (MfS) beauftragtes Kommando nach Ost-Berlin entführt. Alle Zeitungen berichten davon. In der Nähe seiner Wohnung sei Linse von drei Kidnappern in einen als Taxi getarnten Wagen gezerrt worden. Man habe ihm, da er sich heftig wehrte, mit einer Pistole zweimal ins Bein geschossen, um seinen Widerstand zu brechen.

Ursula ist geschockt, als sie davon erfährt. Erst vor gut einem halben Jahr hatte sie Dr. Linses Rat wegen ihrer Recherchen für das DEFA-Drehbuch eingeholt. Jetzt schreiben die Zeitungen auch erstmals ausführlicher darüber, dass im Jahr 1952 schon zahlreiche ähnliche Entführungen und Entführungsversuche stattgefunden haben. Ursula wusste bisher fast nichts davon.

14. Juli 1952: Premiere des Films "Frauenschicksale" in einem Kino in Ost-Berlin. Auch für Ursula ist diese Aufführung eine Premiere: zum ersten Mal sieht sie einen Film, an dem sie selbst mitgearbeitet hat. (4)

Abb. 17:

Plakat zum Film „Frauenschicksale" (1951/1952)

Im August ist Ingo, inzwischen neun Jahre alt, in den Schulferien bei seiner Mutter zu Besuch. "Fast täglich stand er auf dem kleinen Balkon, von dem man auf den Hohenzollerndamm blickte, zählte die vorüberfahrenden Autos und informierte mich über die Autotypen, die er alle kannte. Wir hatten ein paar schöne Nachmittage im Strandbad Wannsee, fuhren mit Tante Molly und Onkel Bernhard hinaus zur Pfaueninsel ... " (5)

Ihre Verbindung mit Bob Tisher und den Engländern hat Ursula inzwischen gelöst. Nicht nur, weil Tisher sich in letzter Zeit etwas unzufrieden über ihre Kuriertätigkeit geäußert hat. Ursula will nicht länger für die Engländer als Botin zwischen West- und Ost-

Berlin arbeiten. Ihre Wohnungsmiete kann sie mit den Honoraren der DEFA inzwischen selbst bezahlen.

24. September: Ursula wird von der DEFA telefonisch zu einem Gespräch eingeladen, das am folgenden Tag stattfinden soll. Ein weiteres Drehbuch-Gespräch - oder sogar ein neues Angebot?

Abends fährt sie zu Tante Molly und Onkel Bernhard. Die drei treffen sich schon seit einiger Zeit einmal wöchentlich zum Essen.

25. September 1952: Gut gelaunt macht Ursula sich an einem schönen Herbsttag auf den Weg zur Besprechung mit der DEFA. Sie verlässt ihre Wohnung am Hohenzollerndamm und läuft die kurze Strecke zur U-Bahn-Station am Fehrbelliner Platz, fährt dann bis zum S-Bahnhof Friedrichstraße. Von dort aus ist es nicht weit bis zur Jägerstraße.

"Als ich den Bahnhof Friedrichstraße in Ostberlin verlasse, kommt ein Mann auf mich zu, spricht mich an, nennt meinen Namen ... 'Wir sollen Sie abholen und zur DEFA bringen, zur Besprechung, die Sie dort haben. Bitte, das Auto steht Ihnen zur Verfügung ...' Er weist auf eine schwarze Limousine, die am Bordstein steht." (6)

Der Mann scheint Bescheid zu wissen. Ursula hegt keinen Verdacht, steigt in das Auto ein, dessen Tür von einem weiteren Mann aufgehalten wird.

"Die Jägerstraße, in der sich die Verwaltung und die Büros der DEFA befinden, ist nicht weit entfernt, deshalb wundere ich mich, als das Auto sofort ein rasantes Tempo vorlegt. Aber als wir uns in einer anderen Richtung als der mir bekannten bewegen, kommt mir ein schrecklicher Verdacht."

Das Auto braucht etwa zwanzig Minuten, bis es vor einem großen, eisernen Tor anhält, das sofort von zwei russischen Soldaten geöffnet wird. Es ist nicht das Gelände der DEFA, sondern ein dreistöckiges Gebäude mit Holzblenden vor den Fenstern - ein Gefängnis! Es ist das Kellergefängnis der Sowjets in Berlin-Karlshorst.

"In Minuten ändert sich mein Leben. Eine Odyssee beginnt ... Ich bin in den Händen des MGB, des sowjetischen Geheimdienstes, das wird mir schlagartig klar! Ich höre auf, ein Mensch zu sein, bin nur noch eine Gefangene eines unheimlichen politischen Apparates."

Dieser Tag, der 25. September 1952, endet für Ursula in einer dunklen Gefängniszelle im sowjetisch dominierten Sperrgebiet Karlshorst.

Abb. 18: Ursulas Verhaftung in Karlshorst (25. September 1952)

Das sowjetische Gefängnis liegt in der unmittelbaren Nähe der Kommandantur, des Berliner Kreml. - Das ehemalige sowjetische Untersuchungsgefängnis Hohenschönhausen (in dem Joseph Schölmerich von Mai bis Dezember 1949 einsaß und verhört wurde) war 1951 dem neu gegründeten Ministerium für Staatssicherheit der DDR übergeben worden. Danach richteten die Sowjets im Keller des ehemaligen Antonius-Krankenhauses in Karlshorst ihre zentrale Untersuchungshaftanstalt ein.

Die etwa zehn Wochen, in denen Ursula immer wieder grausamen Verhör- und Folterpraktiken unterzogen wurde, bezeichnet sie bis heute als "die schlimmste Zeit meines Lebens".

Die gegen sie erhobene Anklage war absurd: Man bezichtigte sie der Spionage für den amerikanischen Geheimdienst. Konkret lautete einer der Vorwürfe, sie habe im Auftrag der US-Amerikaner die Festung Königstein besucht, um Jugendlichen, die wegen politischer Vergehen dort inhaftiert waren, zur Flucht in den Westen zu verhelfen. Als Beweis diente der Umstand, dass einem der jungen Häftlinge kurz nach Ursulas Recherche-Reise (im Auftrag der DEFA) die Flucht aus Königstein gelungen war.

Ursulas Verhöre (die sie später in ihrem Buch „Im Frauen-GULag am Eismeer" ausführlich schildert), fanden in der Nacht statt, so wie dies zuvor auch Joseph Schölmerich - in Hohenschönhausen - erlebt und erlitten hatte. Hier wie dort wurde gezielt, weil in hohem Maße "Erfolg versprechend", der Schlafentzug als Verhörmethode eingesetzt.

Die Gefangene wies den Spionagevorwurf entschieden und hartnäckig zurück: "Lassen Sie mich in Ruhe mit diesem Unsinn!" Erfüllt von einer Mischung aus Angst und einem, gerade in der Ausweglosigkeit wachsenden, unbändigen Lebenswillen fragte sie sich, was man mit ihr vorhabe, was auf sie zukommen würde.

Als Ursula in einer der Nächte einmal besonders wütend und heftig reagiert („Das ist ja hier der reinste Zirkus!"), bricht der Untersuchungsrichter die Vernehmung sofort ab, mit einer vieldeutigen Bemerkung: "Zirkus sagen Sie? Den sollen Sie kennen lernen."

Einige Tage später wird Ursula in ein dunkles Loch im Keller geführt, muss sich dort fast vollständig entkleiden.

"Ich befinde mich in einem leeren Raum, einem Verlies, darin nichts als ein eiserner, rostiger Ring hoch an der Wand. Der Steinfußboden ist kalt Angst schnürt mir die Kehle zu. Ich kauere an der Wand nieder, schlinge die Arme um die Knie. Da spüre ich Wasser an den Füßen, das rasch ansteigt ... Will man mich ertränken wie ein Stück Vieh? ... Ich richte mich auf und lehne mich an die Wand, über mir weiß ich den Ring, an dem ich mich festhalten kann, sollte das Wasser weiter steigen. Ich fühle es eiskalt an meinem Körper empor klettern. Jetzt reicht es schon bis zur Hüfte, und es steigt weiter. Meine Zähne schlagen aufeinander, aus Angst und vor Kälte.

Ich will beten – „Vater unser" -, aber ich komme über die ersten Worte nicht hinweg ... Wie lange ist es her, daß ich gebetet habe? ... Doch nun finde ich eigene Worte, ich rede mit Gott, dem ich in den letzten Jahren so fern gewesen bin. Ich spüre, jetzt ist er mir nahe, ich bin ihm nahe, er hört mich, er wird mich nicht verlassen.

Ein Lebenswille überkommt mich, wie ich ihn niemals zuvor gekannt habe. Plötzlich spüre ich, dass das Wasser rasch sinkt, nur mit Mühe kann ich mich von dem Ring lösen, meine Hände haben sich verkrampft ... Ich friere entsetzlich in der nassen Kleidung. Doch das Wasser steigt abermals. Ich beiße die Zähne zusammen ... Keine Ahnung wie viel Zeit vergangen ist, als diese Qualen ein Ende nehmen. Irgendwann taumele ich in meine Zelle zurück und sacke zusammen." (7)

In den Tagen danach finden zunächst keine weiteren Verhöre statt. Angestrengt durchforscht Ursula ihre Erinnerungen, um heraus zu finden, was der Grund für ihre Verhaftung durch die russische Geheimpolizei gewesen sein könnte. Von der zeitweiligen Kuriertätigkeit für die Engländer scheinen die Russen nichts zu wissen. War es ihre Weigerung gegenüber der DEFA, das Drehbuch für einen politischen Film zu schreiben? Sie fühle sich dem Stoff nicht gewachsen, hatte sie damals als Begründung angeführt. - War es ihre unentschlossene Haltung, als die DEFA sie fest anstellen wollte? Vielleicht auch ihre Ablehnung einer von der DEFA großzügig angebotenen Wohnung in Ost-Berlin? Oder war tatsächlich die Flucht eines Jugendlichen aus der Festung Königstein, die ihr nun angelastet wurde, einer der Ausschlag gebenden Gründe für ihre Verhaftung?

Dass ein flüchtiger Bekannter sie denunziert und damit den konkreten Anlass für ihre Verschleppung am 25. September geliefert haue, erfuhr Ursula erst in einem ihrer letzten Verhöre von ihrem Karlshorster Vernehmer: "Wissen Sie eigentlich, wem Sie ihre Verhaftung zu verdanken haben? Kennen Sie einen Erich Purtak? Der wurde im Osten der Stadt festgenommen und kaufte sich frei, indem er fünf Namen nannte. Ihr Name war dabei."

Aus heutiger Sicht ist denkbar, dass vor allem auch Ursulas Beratungstermin bei Dr. Linse und - vielleicht mehr noch - ihr Kontakt zur "Kampfgruppe gegen Unmenschlichkeit" (KgU) beim russischen Geheimdienst den Verdacht erweckt haben könnte, sie sei eine im Auftrag der Amerikaner handelnde Spionin: Die KgU wurde maßgeblich von der CIA finanziert, sie war eine militant antikommunistische Organisation, einer der ideologischen Hauptgegner der Machthaber im Osten.

Schlafentzug, die endlosen nächtlichen Verhöre, Wasser-, Schlamm- und Eis-Karzer als zusätzlich und gezielt eingesetzte Foltermethoden sollten die vermeintliche Spionin zermürben und dazu bringen, ihre Verbrechen endlich zuzugeben. Auch musste Ursula, wenige Tage nach dem Wasserkarzer, eine besonders entwürdigende und grausame Quälerei erleiden: den "Zirkus", den ihr der Vernehmer verheißen hatte.

"Dieses Mal schiebt mich der Posten in einen hell erleuchteten Raum. An der Schmalseite der Zelle steht eine große weiße Holztafel, von starken Lampen angestrahlt. Daneben vier Offiziere, eine Russin und ein Feldwebel.

Ehe ich begreife, was das Ganze zu bedeuten hat, tritt die Russin zu mir und fordert mich auf mich auszuziehen. Ich bin entsetzt, denn fünf Männer sind im Raum. Als die Russin mein Zögern sieht, beginnt sie, mich zu entkleiden. Resigniert lasse ich es geschehen. Ich weiß, daß es keinen Zweck haben würde, mich zu wehren. Einer der Offiziere ruft 'Wir werden Ihnen nun zeigen, was Zirkus ist!'

Die Russin schiebt mich vor die Holzwand ins Lampenlicht. Ich weiß nicht, wohin ich blicken soll, ich schäme mich entsetzlich. Einer der Männer sagt 'Stellen Sie sich ganz an die Wand und halten Sie sich ruhig.'

Mechanisch folge ich diesem Befehl. Um nicht in diese widerlich grinsenden Visagen sehen zu müssen, schließe ich die Augen. Sofort donnert eine Stimme: 'Machen Sie die Augen auf! Nun beginnt der Zirkus!' Wieder lachen sie.

Einer der Offiziere ist inzwischen an einen kleinen Tisch getreten, der am anderen Ende der Zelle steht. Er nimmt einige spitze Messer in die Hand, Messer, wie sie Cowboys im Zirkus fürs Scheibenwerfen benutzen.

Mit Entsetzen sehe ich ein Messer nach dem anderen auf mich zufliegen. Mit klatschendem Geräusch bohren sie sich neben meinem Körper in die Holzwand. Ich spüre den leichten Luftzug an meiner Haut. Nichts weiter ist zu hören als dieses Geräusch.

Diese Attacke halte ich nicht länger durch. Die Knie versagen mir, ich stoße einen Schrei aus, mir wird schwarz vor Augen, und ich breche zusammen." (8)

Eine Gefangene namens Lisa, mit der Ursula anfangs ihre Zelle teilt, hilft ihr auf Grund schon länger gesammelter Hafterfahrungen, den deprimierenden Gefängnisalltag zu überstehen. Von Lisa lernt Ursula das Morsen, das Klopfen von Zelle zu Zelle: "Klopfen ist die Sprache der Gefangenen untereinander erklärt Lisa. Man gibt das ABC in Klopfzeichen durch. Für A wird einmal geklopft, für Z sechsundzwanzig Mal. Anfangs ist es mühsam, man braucht ein wenig Übung."

Ursula lernt schnell: "Wie wunderbar ist es, morsen zu können. Plötzlich beginnen die Mauern zu sprechen. Ich lege mein Ohr an die Wand und höre die Geschichte eines Menschen, den ich nie gesehen habe ..."

Von Lisa erfährt Ursula auch, wie es für sie vermutlich weiter gehen wird nach den anfangs endlos erscheinenden Verhören.

Irgendwann setzt sie das letzte Mal ihre Unterschrift unter ein fremdsprachig verfasstes Protokoll, und auf die Karlshorster Quälereien folgt die Verurteilung durch das SMT, das sowjetische Militärtribunal in Berlin-Lichtenberg. "25 Jahre Arbeitslager" so Lisa, "ist hier das übliche Urteil, die Einheitsstrafe."

Auch auf Lisa wartet die Deportation nach Workuta. Doch wird sie, anders als Ursula, das Frauenlager am Eismeer nicht überleben. Nach mehreren Herzanfällen stirbt Lisa dort, an Entkräftung, Erschöpfung, Hoffnungslosigkeit. Ihr Grab wird der Schnee auf dem Häftlings-Friedhof in der Tundra. - Nur wenige Tage nach Lisas Tod verlässt ein erster Heimkehrer-Transport mit deutschen Gefangenen die Hölle Workuta.

Am 4. Dezember 1952 fällt das Sowjetische Militärtribunal in Lichtenberg sein Urteil über Ursula: 15 Jahre Lagerhaft und Zwangsarbeit in einem "Besserungsarbeitslager". Dass diese Haft in Workuta vollzogen wird, erfährt sie erst später - allen SMT-Verurteilten ist während ihres viele Wochen währenden Transportes der Zielort bis zuletzt unbekannt. Die Begründung des Unrechts-Urteils folgt, wie üblich, dem Wortlaut des berüchtigten Artikels 58 aus dem Strafgesetzbuch der Russischen Sozialistischen Föderativen Sowjetrepublik (RSFSR): "Spionage" und "Konspirative Zusammenarbeit mit dem Feind".

Workuta ist ein Schweigelager. Das bedeutet: Die deutschen Gefangenen werden keine Briefe an ihre Angehörigen schreiben, keinerlei Post - also auch keine Essenspakete - empfangen dürfen. Die Eltern, Ingo, Ursulas Geschwister, sie alle bleiben weiterhin völlig ahnungslos, keiner wird wissen, wo genau Ursula sich nach ihrem plötzlichen Verschwinden Ende September 1952 aufhält, wie es ihr geht, ob sie noch lebt.

Ursula, seit sechs Monaten in der Gewalt der Sowjets, wird acht Monate in einem der drei Frauenlager verbringen, das Predschachtnaja heißt. Eine Zeit voller Entbehrungen, Demütigungen und schwerster Arbeit, zu leisten in der Gluthitze der Ziegelöfen oder draußen im neun Monate währenden Winter bei eisiger

Kälte, bei extremen, schier unvorstellbaren Minustemperaturen. Doch wird Ursula, anders als Lisa, das Glück haben, aufgrund einer Amnestie - noch vor den Verhandlungen Adenauers in Moskau - zu den ersten Rückkehrern zu gehören, die im Dezember 1953 Workuta in Richtung Heimat wieder verlassen dürfen.

In einem großen Umkreis, jeweils nahe bei den Kohleschächten, befinden sich die Männerlager. Eines davon ist weniger als drei Kilometer vom Frauenlager Predschachtnaja entfernt. Hier leben und leiden Tausende Zwangsarbeiter aus verschiedenen Völkern der Sowjetunion, Ukrainer, Russen, Letten, Litauer, Esten. Außer ihnen gibt es hier auch deutsche Gefangene, darunter einen Arzt, der von seinem Mitgefangenen "Schmole" genannt wird, Jo Schmole. Sein richtiger Name ist Joseph Schölmerich.

Anmerkungen zu Kap. II („Berlin - du Stadt meiner Träume!")

(1) Rumin, Die Kraft zu leben, S. 294
(2) Rumin, Die Kraft zu leben, S. 302 und folgende Zitate
(3) "Äußerst merkwürdig! Wer war dieser 'Herr Schmitt' wirklich?" kommentiert Juliana Geick den Tagebucheintrag in ihrem Textentwurf zum Film "Ursula R." - Die Regisseurin, die zur Vorbereitung ihrer filmischen Dokumentation sämtliche Originaltagebücher ab 1944 gründlich gelesen hat, stößt noch auf einen weiteren mysteriösen Eintrag: Laut Tagebuch vom 13. Aug. 1951 stellt Ursula bei einem Besuch in Detmold einen Aufnahmeantrag - für die KPD!
(4) Im "Lexikon des internationalen Films" liest man zu "Frauenschicksale" (in Wikipedia): „Ein thematisch interessanter, problembewusster Gegenwartsfilm, der am Ende in eine Apotheose [Rechtfertigung] des sozialistischen Aufbaus mündet und seine soziale Genauigkeit gegen zeitgemäßes Pathos eintauscht. Als Zeitdokument interessant" - "Frauenschicksale ist ein DEFA-Spielfilm aus der Hochzeit des Stalinismus in der DDR. Er wurde auf dem besten Farbmaterial, das auf dem Westmarkt zu bekommen war, gedreht und erfuhr sämtliche Unterstützung von Parteidienststellen der SED. Namhafte Künstler wie Slatan Dudow, Bertolt Brecht und Hanns Eisler konnten gewonnen werden." - Im Artikel wird auch der Fall Ursula Rumin angesprochen: "Zu einem Frauenschicksal aus dem wirklichen Leben wurde der Fall der Drehbuchschreiberin Ursula Rumin ..." (https://de.wikipedia.org/wiki/Frauenschicksale)
(5) Ursula Rumin, Im FrauenGULag am Eismeer, München (Verlag Herbig) 2005, S. 26f. (künftig: Rumin, Im FrauenGULag)
(6) Rumin, Im FrauenGULag, S. 20 und folgende Zitate
(7) Rumin, Im FrauenGULag, S. 53 f.
(8) Rumin, Im FrauenGULag, S. 54 f.

III. Im FrauenGULag am Eismeer
(1952–1954)

1. Von Berlin-Lichtenberg nach Workuta

Über die ungewisse Zeit nach dem SMT-Urteil und über den Transport von Berlin nach Workuta berichtet Ursula am Ende des mit "Gefängnis" überschriebenen Teils 1 ihres Buches "Im FrauenGULag am Eismeer". (1)
Bald nach der Verurteilung durch das Militärtribunal in Lichtenberg wird sie in eine große, schon mit 18 Frauen belegt Sammelzelle gebracht. An der Schmalseite des Raumes steht eine Holzpritsche, an den Wänden gibt es Eisenbettgestelle, die nur für die Nacht heruntergelassen werden dürfen. Auf unbestimmte Zeit, für Wochen oder auch für Monate, befinden sich die Häftlinge nun auf engstem Raum zusammengepfercht. Wann ihr Abtransport stattfindet, wissen sie nicht. Das genaue Ziel kennen sie nicht. Ist eine bestimmte Personenzahl erreicht, etwa 25 bis 30 Frauen, wird ein Transport zusammengestellt, und die Zelle ist wieder frei für weitere SMT-Verurteilte.
Ursula beobachtet das Zellenleben aufmerksam, kann daher später in ihrem Buch über viele Details berichten:
Ein Neuzugang heißt Irene Holberg. Die Frauen versuchen, durch „Klopfen" deren ebenfalls verhafteten Mann ausfindig zu machen; es gelingt. Ein andres Mal organisieren sie für Sonja, die ebenso wie ihr Freund kurz vor ihrer geplanten Verlobung in Haft geriet, eine "Verlobung durch die Wand"; die Mittel dazu bestehen aus Klopfzeichen und einem in die Männerzeile geschmuggelten, aus Handtuchfäden geflochtenen Ring. Diese Aktion war Ursulas Idee.
Am 24. Dezember wird in der Sammelzelle Weihnachten gefeiert. "Hannelore geht, die Weihnachtsgeschichte deklamierend, in der Zelle auf und ab. Am Abend will sie uns die Geschichte vor-

tragen (...) Uschi formt bereits seit einigen Wochen die Krippenfiguren aus aufgespartem Brot. (...) Von der Straße her hören wir einen Bläserchor: 'O du fröhliche, o du selige ...' Kirchenglocken läuten. Wir weinen wie die Schlosshunde!"

Solche Begebenheiten und Beobachtungen, wie Ursula Rumin sie hier im Rückblick und aus ihrer Erinnerung schildert, machen ihren Bericht zu einem berührenden Dokument.

Erschütternd ist dieses Erlebnis: Magdalene, ein weiterer Neuzugang in der Sammelzelle, ist im 6. Monat schwanger. Eines Tages hören die Frauen einen Säugling schreien, wieder und wieder. Die Töne kommen vermutlich aus einer Zelle im Erdgeschoss. Wenige Tage später schreit eine Frau, zuerst laut und markerschütternd, dann geht das Schreien in Klagen über und verstummt schließlich.

"Am Nachmittag schieben sie eine Neue in unsere Zelle, eine verhärmte junge Frau. Ihre Augen blicken leer ... Am Abend bricht es aus ihr heraus: 'Sie haben mir mein Kind weggenommen!' Magdalene sitzt dabei, totenblass, und starrt vor sich hin. Als wir am nächsten Morgen aufgerufen werden, fällt es keinem auf, dass Magdalene sich als Erste zur Tür stellt. Als wir die Treppe zum Erdgeschoss hinuntersteigen, lässt sie sich plötzlich weit nach vorn fallen, stürzt über die steinernen Stufen, bleibt dort regungslos liegen ... Am Abend erfahren wir, dass Magdalene tot ist, verblutet ist, bevor ein Arzt kam."

Von Anfang Dezember 1952 bis Mitte März 1953 ist Ursula in diesem Gefängnis in Berlin-Lichtenberg inhaftiert. Eines Tages betritt der diensthabende Wachmann die Sammelzelle und verliest 23 Namen, die auf seiner Liste stehen. Ursulas Name ist dabei. "Es ist der 17. März 1953, als wir auf Reisen gehen."

[Auch die folgende Skizze findet sich in Ursulas Buch „Im Frauen-GULag am Eismeer" (2) und zeigt die insgesamt 4000 km lange Strecke dieser „Reise" von Berlin über Moskau nach Workuta. - Copyright 2005 F. A. Herbig Verlagsbuchhandlung München.]

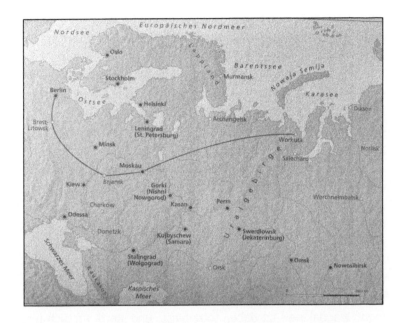

Von Berlin aus werden die Frauen, zusammengepfercht in engen Zellen, in Richtung Osten transportiert, zunächst über die Brücke bei Frankfurt an der Oder. "Während der nächsten zwei Tage ... bekommen wir nichts zu essen, nichts zu trinken". Nach vier Tagen stoppt der Zug.

Etwa zwei Wochen verbringen sie in einem Gefängnis in Brest-Litowsk, einem vergleichsweise "schönen" Gefängnis: keine Holzblenden an den Fenstern, das Gebäude wirkt sauber und hell. Im Hof gibt es große "Spazierzellen", aber auch die erste Wanze an der Zellenwand.

In Brjansk, einer Kleinstadt nordöstlich von Kiew, bleiben die Häftlinge für zehn Tage im dortigen Gefängnis. Dann transportiert sie der Gefangenenwagen (der „Stolypinski") hinter vergitterten Fenstern vom Güterbahnhof aus weiter in Richtung Moskau. Die Fahrt dauert zwei Tage und zwei Nächte.

Es folgen knapp zwei Wochen Aufenthalt im berüchtigten Moskauer Butyrka-Gefängnis. "Die Butyrka ist Sammelstelle aller in Russland eintreffenden Gefangenen. Hier werden die Verteilung und die Weitertransporte in die Arbeitslager - bis hin nach Sibirien - organisiert."

Um der Wanzen-Plage in ihrer Zelle zu entgehen, verlangen die Frauen den Gefängnisdirektor zu sprechen. Als der sich am dritten Tag endlich blicken lässt und die Verlegung in eine andere Zelle anordnet, hilft das wenig: auch die neue Gefängniszelle ist voller Wanzen.

An der Zellenwand, oberhalb der Pritschen, entdecken die Frauen eingeritzte Namen, auch der von Lisa Bauer ist dabei. "Wir empfinden sie ein wenig als Trost und als Gruß. Mit einem rostigen Nagel verewigen auch wir unsere Namen."

Zwei Neue kommen dazu. Eva Winter zeigt allen ihren knallgelben Bikini, den sie unter dem Kleid trägt. Sie war in Potsdam auf dem Weg zum Strandbad verhaftet worden.

"Es gibt keine Bücher, kein Schachspiel, womit wir uns die Zeit vertreiben können. So sind wir auf den Ausweg gekommen, Bücher zu erzählen. Jeder kann etwas dazu beitragen, vom Zappelphilipp über Schillers Glocke bis zu Gedichten von Rilke, außerdem Sprichwörter, Reime, Witze und Kinderverse. Christel singt schöne Lieder, in die wir oft einstimmen. - Und ich werde zur Filme-Erzählerin. Da ich keinen Film mit Zarah Leander, Marika Rökk oder Willy Birgel ausgelassen habe, geht mir der Vorrat nicht aus ... Es gelingt für einige Zeit die kahlen Wände vergessen zu lassen, die Frauen folgen gespannt der Handlung und leiden mit den Hauptpersonen, als beträfe es sie selbst. Manchmal sehe ich echte Tränen in ihren Augen."

Von Moskau aus geht es mit dem Schwarzen Raben zu einer außerhalb gelegenen Bahnstation, dann weiter mit dem Stolypinski - jetzt in Richtung Norden:

"Die Luft ist zum Schneiden dick, kein Fenster wird geöffnet, kein Luftzug dringt in den überfüllten Waggon. Im Nebenwaggon, dem Quartier der Wachposten ... bereitet ein Koch das Essen für die begleitenden Offiziere und Soldaten. Ab und zu erreicht uns ein verlockender Duft nach gebratenem Fleisch. Wir haben die Erlaubnis, ihn einzuatmen."

Nach etwa fünf Tagen Fahrt hält der Zug in Workuta. Es ist dunkel. Die Gittertüren werden aufgeschlossen, die Namen der Häftlinge aufgerufen. Einzeln springen die Frauen, von starken Taschenlampen geblendet, aus dem Waggon, hinein in den meterhohen Schnee. Umringt von bewaffneten Posten und von bellenden Hunden, setzt sich die Gruppe in Bewegung, in Richtung Lager.

Für einige Wochen werden die Neuankömmlinge in der Peresilka untergebracht, dem Quarantäne- und Sammellager. In der Baracke entdeckt Ursula einige Bekannte aus Berlin, auch Lisa Bauer ist darunter; sie begrüßt Ursula wie eine alte Freundin.

2. Das Straflager („Besserungsarbeitslager") Workuta

Was ist und wofür steht "Workuta"? In seinem Vorwort zu Ursula Rumins Buch "Im FrauenGULag am Eismeer" gibt der Publizist Karl Wilhelm Fricke eine kurze Erläuterung.

„Workuta - längst sind Stadt und Region dieses Namens zum Synonym für Zwangsarbeitslager in der Sowjetunion Josef Stalins geworden, ein fatales Symbol des Archipel GULAG.

Gesichert und bewacht von Truppen des MWD, des Ministeriums für Innere Angelegenheiten, haben hier in Workuta - jenseits des nördlichen Polarkreises an der Westseite des oberen Ural - seit den frühen 30er Jahren des 20. Jahrhunderts ungezählte Häftlinge unter ungeheuren Opfern großflächig Barackenlager hochgezogen, auf riesigen Holzeinschlagplätzen zur Nutzholzgewinnung geschuftet, über drei Dutzend Kohlenschächte in die Erde getrieben und leistungsstarke Ziegelbrennereien errichtet. Hier verlegten Häftlinge die Petschora-Bahn, eine fast 1850

Kilometer lange Eisenbahnstrecke von Kotlas nach Workuta. Und hier bauten Häftlinge die Stadt Workuta auf, die von einer dörflichen Siedlung zu einer Stadt mit heute etwa 100 000 Einwohnern heranwuchs. 1953, im Todesjahr Stalins, fristeten allein in den Arbeitslagern von Workuta rund eine Viertelmillion Strafgefangene, politische wie kriminelle, ihr elendes Dasein - ausgebeutet, geschunden, entrechtet, eine Existenz zum Sterben. Wer nennt die Zahl derer, die nicht überlebt haben?" (3)

Das Internet-Portal Workuta.de ist den etwa 35.000 Deutschen gewidmet, die zwischen 1945 und 1953 in der SBZ/DDR verhaftet, von einem Sowjetischen Militärtribunal zu meist 25 Jahren Arbeitslager verurteilt und nach Workuta deportiert wurden. Dieser Lagerkomplex wird auf der Website so beschrieben:

Abb. 20: Das Lager Workuta Website (www.gulag-memorial.de)

"Hier entstanden etwa 30 Lager, die sich in einem großen Ring vor Workuta erstreckten. In jedem Lager, das mit Stacheldraht und Wachtürmen umzäunt war, standen 25 bis 30 Baracken, die jeweils mit ca. 160 Häftlingen belegt waren. In jedem Lager lebten demnach 4.000 - 4.500 Gefangene unter erbärmlichsten Bedingungen. Wegen der extremen Kälte war es notwendig die Lager einzeln und immer in Nähe der Kohleschächte zu errichten, weil es nicht möglich gewesen wäre, die Gefangenen über weite Strecken durch Schnee und Eis ins Kohlebergwerk zu treiben. Lager und Schacht lagen etwa 1,5 bis 2,5 km voneinander entfernt.

Workuta - das ist ewiges Eis, permanenter Frost, todbringende Kälte. Der Winter dauert hier von September bis Ende April. Im Dezember beginnt für ca. fünf Wochen die sonnenlose Polarnacht. Mitte Januar, wenn in der Mittagszeit die Sonne wieder etwas über dem Horizont auftaucht, beginnt die härteste Kälteperiode mit mittleren Temperaturwerten von etwa minus 25° C und Kältewellen, die nicht selten minus 50° Grad C erreichen. Berüchtigt ist die Purga, der Schneesturm, der mit rasender Geschwindigkeit Massen von Schnee-Eiswolken vor sich hertreibt. Das Atmen in solchen Schneestürmen fällt schwer, die Sichtweite begrenzt sich auf kaum einen Meter. Wer auf dem Weg vom Lager zum Schacht das zur Orientierung gespannte Seil losließ, war rettungslos verloren.

In den Lagern, die zum Lager-Komplex Workuta gehörten, mussten Häftlinge aus allen sowjetischen Völkerschaften und den Staaten des Ostblocks Zwangsarbeit leisten. Die meisten von ihnen waren aus politischen Gründen inhaftiert worden. Auch Frauen wurden nach Workuta deportiert; fünf von ihnen stellen sich auf diesem Portal vor [darunter auch Ursula Rumin].

Die weiblichen Häftlinge aus drei Lagern arbeiteten in der Ziegelei oder beim Straßenbau, während die Männer in den Bergwerken unter Tage schufteten und unter primitiven, oftmals lebensgefährlichen Arbeitsbedingungen (Methangasexplosionen, Stolleneinsturz etc.) Kohle fordern mussten. - Für die Industrialisierung der Sowjetunion, die Stalin in gigantischem Ausmaß vorantrieb, war die Steinkohle als Energielieferant unerlässlich. Die

Häftlinge in Workuta sahen sich deshalb ständig mit immer höher geschraubten Planvorgaben für die Kohleförderung konfrontiert. Diese aber waren nicht einzulösen, auch wenn an die Erfüllung der Arbeitsnorm die Zuteilung der täglichen Essensration gekoppelt war. Wer die Norm nicht erfüllte, bekam entsprechend weniger zu essen.

Jeder Häftling weiß von dem täglichen Hunger, der Fehl- und Unterernährung und dem damit verbundenen Kreislauf zu berichten, der sich immer wieder aufs Neue in Gang setzte. Auf dem Workuta-Portal sind Zeitzeugen vertreten, denen es während ihrer jahrelangen Haft nicht ein einziges Mal gelungen ist, die Arbeitsnorm zu erfüllen und die "volle" Essensration zu erhalten. Richtig satt werden konnte man aber auch nicht bei Zuteilung der vollen Ration, weil diese tagein tagaus nur aus einem größeren oder kleineren Stück hartem Brot und der obligatorischen Wasser- oder Kohlwassersuppe bestand. Die wenigen Fleischstücke, die in den "Suppenkübeln" schwammen, hatten sich ohnehin schon die Blatnois, die Kriminellen, die in jedem Lager das Sagen haben, gesichert. Wer es wagte, sich den Blatnois entgegenzustellen und eine etwas gerechtere Fleischverteilung einzufordern, riskierte sein Leben ..." (4)

Völlig unerwartet und im Rückblick von überregionaler, vielleicht sogar von (welt-) historischer Bedeutung war ein Streik der Häftlinge, der im Sommer 1953, wenige Monate nach dem Tod Stalins und nur Wochen nach dem DDR-Volksaufstand des 17. Juni, in Workuta und in einigen anderen Lagern des GULag ausbrach.

<ins>Der Häftlingsstreik in Workuta</ins>
(Hörfunkbericht „Vor 50 Jahren", von Karl Wilhelm Fricke):

„Und ausgerechnet hier, wo Terror und Tod zu Hause waren, ausgerechnet in Workuta brach 1953 ein Massenstreik aus, der in den letzten Julitagen Tausende von Häftlingen ergriff und der am 1. August zu einem blutig niedergeschlagenen Aufstand eskalierte.

Einzelne Arbeitsverweigerungen waren bereits in den ersten Juli-Tagen zu registrieren. Am 21. Juli legten die Häftlinge in Schacht 10 die Arbeit nieder. Bald erfasste der Streik weitere zehn Kohlenschächte, darunter Schacht 29. Als hier in den letzten Julitagen Verhandlungen des Lagerstreikkomitees mit einer eigens aus Moskau angereisten Untersuchungskommission ... gescheitert waren, erging am Vormittag des 1. August an die auf der Lagerstraße und einem angrenzenden Sportplatz versammelten streikbereiten Häftlinge die ultimative Aufforderung den Streik abzubrechen und unverzüglich in den Schacht zur Arbeit einzufahren. Ohne Erfolg. Zu diesem Zeitpunkt hatten inzwischen mobilisierte Sicherheitstruppen des MWD das von einem Stacheldrahtzaun und Wachtürmen umsäumte Lager bereits umstellt. Als in dieser hochgespannten Situation ein tödlicher Pistolenschuss aus der Richtung des von den Häftlingen von innen verbarrikadierten Lagertors fiel, wirkte er wie ein fatales Signal ...

Die schreckliche Bilanz: 64 Tote und mehr als doppelt so viel meist schwer Verletzte. Der verzweifelte Massenprotest der Geschundenen u. Ausgebeuteten war im Blut erstickt worden.

Eine Erklärung dafür, warum gerade Workuta Schauplatz des dramatischen Geschehens wurde, ergibt sich primär aus den unmenschlichen Bedingungen, unter denen die Haftlinge in Workuta - Männer wie Frauen - arbeiten und vegetieren mussten ...

Als hochexplosiv wirkte sich zudem die Zusammensetzung der Häftlingsgesellschaft in Workuta aus. Hier waren gemeinsam mit kriminellen Strafgefangenen in den so genannten Regime-Lagern mit strengem Reglement politisch bewusste Häftlinge zusammengepfercht, deponierte Wolga-Deutsche und deutsche Kriegsgefangene, ferner Zivilgefangene aus Ost- und selbst aus Westeuropa - außer Russen, Ukrainern und Georgiern hauptsächlich Litauer, Letten und Esten, Polen, Tschechen und Slowaken ... Ungarn, Rumänen und Bulgaren - und nicht zuletzt Deutsche:

Verschleppte aus Ostpreußen und Schlesien, Internierte aus den Speziallagern des MWD in der sowjetischen Besatzungszone und Verurteilte sowjetischer Militärtribunale aus der späteren DDR ...
In Workuta fand 1953 der erste organisierte Häftlingsaufstand statt, aber nicht der einzige. Auch die Straflagerregion Norilsk, eine Zwangsarbeitskolonie ebenfalls jenseits des Polarkreises in der Mündung des Jennessei, erlebte Streik und Aufstand. Hier wurde die Häftlingsrevolte am 4. August ebenfalls mit Waffengewalt niedergeschlagen. Workuta hatte indes das Fanal gesetzt ...
Nicht von ungefähr wurde der Häftlingsstreik in Workuta im Schicksalsjahr 1953 Ereignis. Bedingt durch den Tod Stalins am 5. März, die Volkserhebung vom 17. Juni in der DDR und den Sturz Lawrentij Berijas, seines obersten Polizeischergen, am 26. Juni verstanden sich Streik und Aufstand in Workuta als Symptome einer inneren Krise des sowjetischen Imperiums. So betrachtet, reiht sich der Häftlingsaufstand in Workuta in den Kontext jener historischen Momente ein, in denen sich Menschen ohne Gewalt gegen die Diktatur des Stalinismus erhoben. Aus geschichtlicher Perspektive war er der Anfang vom Ende des GULag-Systems - und damit des Sowjetsystems überhaupt." (5)

3. Ursula Rumins Lagerhaft (April bis Dezember 1953)

Am 13. April 1953 erreicht Ursulas Transport Workuta. Schon während der Quarantäne-Zeit in der Peresilka wartet Schwerarbeit auf die Gefangene. Sie muss sechs Tage lang schwere Säcke mit nassen Sägespänen zum Kühlhaus transportieren, die Latrine leeren, im Bereich der Lagerstraße und der Zugänge Schnee schippen.
Nach vier Wochen Peresilka teilt man Ursula zunächst noch nicht dem größten Frauenlager Predschachtnaja zu, wo sie später den überwiegenden Teil ihrer Lagerzeit verbringen wird. Da es an Platz mangelt, schläft Ursula auch nach ihrer Quarantänezeit zunächst weiter in der Peresilka. Neben Predschachtnaja mit

etwa 3000 Gefangenen gibt es noch zwei kleinere Frauenlager, die erste und die zweite Ziegelei, in denen ausschließlich Lehmziegel für die Stadt Workuta hergestellt und gebrannt werden; diese Lager sind mit 1200 beziehungsweise 600 weiblichen Gefangenen belegt.
Nach Ablauf der Quarantänezeit werden Häftlingsnummern verteilt.

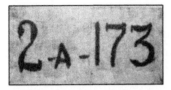

Abb. 21:

Aus Ursula Rumin wird an diesem Tag die Nummer 2A -173.

Es ist April, in Workuta herrscht noch der Winter, deshalb besteht die Lagerkleidung anfangs aus Wattejacke („Buschlat"), Weste, Wattehose und Filzstiefeln.

In einer Arbeitsbrigade arbeiten etwa 25 Frauen aus den verschiedensten Nationen; auch hier sind es mehrheitlich Ukrainerinnen. Ursula wird gleich zu Beginn einer Brigade zugeteilt, die auf dem schlimmsten Arbeitsplatz Frondienste leisten muss: am Brennofen der Ziegelei, im gefürchteten Roten Ofen. Auch Lisa Bauer gehört zu dieser Brigade. Ursula beschreibt die Arbeit in der Ziegelei so:

"Es ist schwer, in der Geschichte der Sklaverei Erschütternderes zu finden als diese schweißtriefenden und verrußten Frauen in den Ziegeleien von Workuta. Die Brennöfen sind schlimmer als die Kohlenschächte der Männer. Wenn nach dem Brand die Öfen entleert werden, beträgt die Hitze darin 60 bis 70 Grad Celsius. Wer hier längere Zeit verbringen muss, ist mit seiner Gesundheit bald am Ende. In den „kirpitschnjye sawodi", in denen die Frauen Ziegel brennen, verbrennen sie gleichzeitig ihr Leben. Die Brennöfen zehren ihre Körper aus.

Am Abend liege ich auf meiner Nare (Holzpritsche) und kann vor Müdigkeit nicht einschlafen. Meine Haut ist aufgesprungen von der starken Hitze. Beim Waschen werde ich nicht sauber, der feine Ruß hat sich in allen Poren festgesetzt, Augen und Lippen sind dick angeschwollen.

Vier Wochen muss ich in der Ziegelei aushalten, dann werde ich zum Lehmstechen, Formen und Stapeln eingesetzt." (6)

Ganz plötzlich ist der Sommer da, denn einen Frühling gibt es in Workuta nicht. Doch dieser Sommer beginnt nicht mit Sonnenschein, sondern mit einem nicht enden wollenden Regen: "Bei Regen verlassen wir das Lager, bei Regen kehren wir zurück ... Es ist kein warmer Sommerregen, sondern eine kalte, eisige Nässe, vor der sich niemand schützen kann ... Unsere Kleidung trocknet nachts nicht mehr, obwohl die „suschilka" - der Trockenraum - heiß ist wie ein Ofen ..."

Zu Beginn des "Sommers" wird Ursula in das Frauenlager Predschachtnaja transportiert. Zusammen mit Lisa und einigen andern deutschen Frauen teilt man sie der Baracke 9 zu, die überwiegend mit Frauen aus der Ukraine, aus Polen und Lettland belegt ist.

Zum Schlafen wird ihr ein Platz auf einer Pritsche zugewiesen, zwischen zwei "feindseligen" Ukrainerinnen. Die protestieren lautstark, denn wo sich bisher zwei Frauen das Schlaflager teilten, kommt nun noch eine dritte hinzu. Auch Ursula ist entrüstet, sie will mit den deutschen Frauen zusammen liegen. Doch diese werden ebenso auf irgendwelche Pritschen gequetscht wie sie. Proteste bleiben ungehört.

In der ersten Zeit wird Ursula von den zwei Ukrainerinnen "schikaniert ... mit Worten und Taten beleidigt, wie und wann es möglich ist. " Erst allmählich schließen Paulina und Olga mit der deutschen Frau in ihrer Mitte Frieden. Mit einer der beiden wird Ursula sich später sogar ein wenig anfreunden. (7)

Ursula gehört zunächst einer Brigade an, der noch kein fester Arbeitsplatz zugewiesen ist, die vielmehr kurzfristig hier und da eingesetzt wird. Ihre Brigadierin, die Leiterin der Einheit, heißt Galina. (Das ist aus einem besonderen Grund erwähnenswert:

Ursula wird Jahrzehnte später, als 80-Jährige, ihrer ehemaligen Brigadierin Galina noch einmal in Workuta begegnen.)

Später wird sie der "Holzbrigade" zugeteilt. Die umfasst neun Deutsche, Ukrainerinnen, Russinnen, insgesamt 22 Frauen. Die Arbeit auf dem Holzplatz zehrt auf andere Weise an den Kräften als die in der Ziegelei: Es geht um das Abladen der Baumstämme von den Waggons, das Stapeln der zentnerschweren Stämme, das Abschälen der Rinde mit dem klobigen Wiegemesser. Achtzehn Stämme, das ist die vorgeschriebene Tagesnorm. Ursula schafft höchstens sechs.

Abb. 22: Zeichnung von Ursula Rumin: Auf dem Holzplatz (so - im Mai 1954 - abgedruckt in der westfälischen Tageszeitung „Neue Presse", Bielefeld)

Am Morgen ist es auf dem Holzplatz so kühl, dass alle Frauen ihren Buschlat, die Wattejacke, tragen. In den Mittagsstunden dagegen zeigt das Thermometer an der Bürobaracke 39 Grad. "Die Luft zittert vor Hitze, kein Baum spendet etwas Schatten, ununterbrochen sind wir den sengenden Strahlen einer unbarmherzigen Sonne ausgesetzt."

Manchmal arbeitet Ursula mit Lisa Bauer zusammen, die während der ersten Tage in Karlshorst ihre Zellengefährtin war und die ihr das Morsen beigebracht hatte.

Im Lager von Predschachtnaja und bei der gemeinsamen Arbeit in der Brigade lernt Ursula Erica Wallach kennen, mag sie bald recht gern – und erfährt nach und nach deren unglaubliche Geschichte. (8)

Als Ursula im Dezember 1953 aufgrund einer Amnestie mit dem ersten Heimkehrertransport nach Hause fahren darf, sind die beiden Frauen zu Freundinnen geworden. Ursula verspricht der Zurückbleibenden, sich in Deutschland um einen Kontakt mit Ericas Familie zu bemühen.

Ende Juli 1953 kommen in Workuta erste Gerüchte über einen geplanten Streik auf. Man diskutiert auch im Frauenlager darüber: Sollen, können wir uns daran beteiligen? Doch "im Gegensatz zu den Männerlagern mangelt es im Frauenlager an politischem Bewusstsein, auch an Zusammengehörigkeitsgefühl ... Wir kommen zu dem Ergebnis, dass ein offener Streik im Frauenlager nicht durchführbar ist, weil die meisten Frauen dagegen sind." (9)

Die weiblichen Häftlinge reagieren vermutlich auch deshalb negativ, weil es dem neuen Lagerchef (er heißt Liebermann) gelingt, eine hier und da vielleicht doch vorhandene Streikbereitschaft durch gezielte Gewährung von Hafterleichterungen und anderen Vergünstigungen im Keim zu ersticken.

Die letzten Wochen des nur drei Monate währenden Sommers haben begonnen; der neun Monat lange Winter wird sie abrupt beenden.

Nach Auflösung der Holzbrigade gehört Ursula zu einer ausschließlich aus deutschen Frauen bestehenden Brigade. Deren Aufgabe ist das Roden der Tundra - für das Großprojekt Eisenbahnbau. Juniagar heißt der Einsatzort.

Als im Oktober der erste Schnee fällt, wird Winterkleidung ausgegeben. Auch Lisa Bauer, obwohl zunehmend entkräftet, muss auf Juniagar arbeiten. Ihre Herzanfälle häufen sich.

Ein ungewöhnliches, angesichts der deprimierenden Realität eines sowjetischen Straflagers fast unwirklich erscheinendes Ereignis findet in diesen Wochen im Frauenlager statt: Ursula tanzt! In einem aus ausgedienten Kleidungsstücken zusammengenähten schwarzen Kostüm, mit weiß geschminktem Gesicht, auf dem Kopf eine schwarze Mephisto-Mütze - so tanzt Ursula auf einer kleinen Bühne in einem Ess-Saal von Predschachtnaja! Ihre Partnerin Sylvia, auch sie eine Gefangene und ehemals Tänzerin, tritt in einem hellen, aus aufgetrennten weißen Stoffteilen gefertigten Kostüm auf.

Die russische "Kulturbeauftragte" des Frauenlagers hatte Sylvia gefragt, ob sie beim nächsten, üblicherweise mit einem bescheidenen Chor und einem Ballett aufgeführten "Konzert" im Lager einen Tanz zeigen würde, und Sylvia hatte ihr zu verstehen gegeben, dass sie, wenn überhaupt, dann nur mit einer Partnerin, mit Ula, auftreten würde.

Der daraufhin von Ursula und Sylvia unter schwierigen Bedingungen (d.h. über viele Wochen in der äußerst knapp bemessenen arbeitsfreien Zeit) vorbereitete und eingeübte Tanz wird im Rahmen des nächsten Konzerts der Kulturgruppe auf der kleinen, von Scheinwerfern beleuchteten Bühne des Ess-Saales aufgeführt: In einem tänzerisch dargestellten "Spiel zwischen Tag und Nacht" tanzt Ursula die "Nacht", ihre Partnerin gibt den "Tag" - nach einem Präludium des russischen - und im Lager daher erlaubten - Komponisten Rachmaninow. Am Klavier werden die beiden Tänzerinnen von der Estin Mirza begleitet, die das Präludium ohne Noten meisterhaft zu spielen versteht.

Dieser ungewöhnliche Auftritt - ungewöhnlich im Blick auf die engagierte Vorbereitung und auf die unerwartet starke Reaktion der Zuschauer ("... Das Publikum springt vor Begeisterung von den Plätzen ... Papierblumen fliegen auf die Bühne ...") - zeigt einmal mehr Ursulas Kämpfernatur, ihre Entschlossenheit niemals die Hoffnung, niemals sich selbst aufzugeben: Dieses Tanzprojekt ist Ursulas stummer Protest gegen die totale Freiheitsberaubung in einem Zwangsarbeitslager wie Workuta, das den Häftlingen nicht nur die äußere Freiheit, sondern jeden Raum, jedes Eigene nimmt, sie vielmehr zu willenlosen Befehlsempfängern macht. Mit ihrer Initiative und ihrem eigenwilligen Tanz erkämpfen sich Ursula und Sylvia ein Stück Freiheit. (10)

Doch der unerbittliche Alltag holt sie bald wieder ein. - An einem Arbeitstag in der von Menschenhand noch völlig unberührten Tundra muss Ursula ein Bündel Holzlatten transportieren, die als Markierungspunkte für die Eisenbahnstrecke dienen sollen. An diesem Tag wird sie von einem Schneesturm überrascht, der gefürchteten Purga. Eindringlich beschreibt sie, wie sie gegen die Naturgewalt um ihr Leben kämpft:

"Der Wind wird heftiger, immer wieder reißt er mir die Latten von der Schulter. Schneekristalle wirbeln mir scharf und schneidend ins Gesicht. Der Himmel verschwindet unter einer dunkelgrauen, tiefhängenden Wolkendecke.

Eine der entgegenkommenden Frauen bleibt bei mir stehen: 'Sieh zu, dass du bald dein Zeug los wirst.'

Doch die Purga tut mir nicht den Gefallen, bis zum Abend zu warten. Plötzlich ist sie da, mit einer Wucht, die mich in der ungeschützten Tundra in die Knie zwingt. Ich schaffe es gerade noch, meine Hölzer an der vorgegebenen Stelle abzuwerfen und den Rückweg anzutreten, als der Schneesturm mit voller Stärke auf mich losfaucht. Auf der ganzen Welt scheint es nur dieses höllische Pfeifen zu geben.

Die Purga nimmt zu, wirft mich mehrmals in den hohen Schnee. Ich weiß, dass ich schnell wieder aufstehen muss, sonst wäre es mein Tod. Ich sage mir immer wieder: 'Zurück! Zurück zum Waggon!' Doch ich kann keine zwei Schritte weit sehen, kaum die Augen offenhalten. - Schützend reiße ich die Arme vors Gesicht, kämpfe mich in geduckter Haltung vorwärts, Schritt für Schritt.

Noch befinde ich mich auf dem Pfad, der aber mehr und mehr zuweht. Es ist fast dunkel, Verzweiflung überkommt mich, ich stolpere und stürze. Einen Augenblick spüre ich das Bedürfnis, liegen zu bleiben. Müdigkeit überkommt mich, die Glieder werden schwer, die Augen fallen mir zu.

Mit letzter Anstrengung reiße ich mich hoch. Ich muss weiter! Hinein in die schwarze Wand, die mich drohend umgibt.

Das Atmen tut mir weh, ich mache nur kurze, kleine Züge, die nicht bis in die Lunge gehen. Ein Gefühl der unendlichen Verlassenheit überkommt mich, ich bin der einzige Mensch in dieser teuflischen weißen Einöde ...

Die spitzen, harten Kristalle, die mit ungeheurer Wucht auf mich einschlagen, mich vernichten wollen, ich taste mich vorwärts in diese weiße Dunkelheit ..." (11)

Die Ankunft eines neuen Transportes mit vierzehn Frauen aus Deutschland macht die zeitweise schon aufgekeimte Hoffnung auf eine vielleicht bald mögliche Heimkehr zunichte. Trauer und Depression befällt die Frauen von Predschachtnaja, zumal sie, nach dem blutigen Misserfolg des Streiks der Männer im Juli, nun von den Neuankömmlingen im Detail erfahren müssen, dass und wie auch der Aufstand vom 17. Juni in der DDR gescheitert ist, dass er von sowjetischen Panzern niedergewalzt und von MG-Salven der DDR-Volkspolizei niedergeschossen wurde.

"Große Niedergeschlagenheit macht sich unter den deutschen Frauen breit. Lisa Bauer verliert angesichts dessen ihre letzten Kraftreserven, die in ihrem ausgemergelten Körper noch stecken. Sie erleidet einen weiteren Herzanfall. Zwei Tage später ist sie tot." (12)

Eines Tages befindet Ursula sich wieder auf einem Arbeitseinsatz in der Tundra. Dieses Gebiet sei zuvor noch niemals von einem Menschen betreten worden, bemerkt einer der Ingenieure, die den Einsatz begleiten.

"Wir treten den Rückweg an, schnell wird es dunkel Am Himmel beginnt es plötzlich zu flimmern und zu leuchten. Ein Polarlicht!

Es entwickelt sich zu unglaublicher Schönheit und Intensität, der ganze Himmel scheint hin und her zu wogen.

Wir stehen wie starr vor dem seltenen Schauspiel; selbst die Ingenieure halten inne. Ich wage kaum zu atmen. Dass es in dieser erbarmungslosen Landschaft so etwas Schönes geben kann!" (13)

Abb. 23: "Polarlicht". - Ein von Ursula Rumin in späteren Jahren gemaltes Aquarell dieses in Workuta erlebten Naturschauspiels

Anfang Dezember 1953 verstärken sich die Gerüchte über eine möglicherweise nun doch bevorstehende Amnestie, auch von einem Heimtransport deutscher Gefangener ist die Rede. Lilo, eine frühere Brigadierin, verrät einigen deutschen Frauen in der "Flüsterecke" der Baracke, sie habe das von einem Mädchen aus dem Lagerbüro erfahren.

Mitte Dezember wird es konkret: 28 deutsche Frauen aus den drei Lagern sollen in ihre Heimat zurückkehren! Die meisten können es nicht fassen, bleiben bis zuletzt misstrauisch: Wird man sie vielleicht nur in ein anderes Lager verfrachten?

Es gibt noch eine weitere hoffungsvolle Neuigkeit: Die Deutschen dürfen wieder, einmal im Monat, ihren Angehörigen schreiben! Auch können sie, was zuvor verboten war, Post und Pakete empfangen! Haben die politischen Entwicklungen nach Stalins Tod und die Verhaftung des Geheimdienst-Chefs Berija dies alles bewirkt? Vor allem die unerwartete, aber jetzt offenbar konkret bevorstehende Amnestie?

In den Tagen vor dem Heimtransport erneuert Ursula ihr Versprechen gegenüber Erica. Diese gibt ihrer Freundin noch den Hinweis, sich in Berlin zuerst an das amerikanische Hauptquartier in der Clayallee zu wenden, dort werde man ihr am ehesten weiterhelfen können.

Dann endlich - der Tag der Abreise! Ein LKW bringt die Frauen zu einem abseits gelegenen Gleis, auf dem drei Waggons stehen, einer ist für die weiblichen Häftlinge bestimmt. Nachdem die Frauen den Wagen erklettert haben, werden die Türen von außen zugeschoben und verriegelt. Eis bedeckt die Wände. Am Nachmittag können die Frauen hören, dass die beiden anderen Waggons mit Männern beladen werden.

Ursula Rumin und Joseph Schölmerich gehören im Dezember 1953 zu den einhundertachtundzwanzig Gefangenen, die mit dem ersten Rückkehrer-Transport aus Workuta nach Hause fahren dürfen.

Die allererste Begegnung zwischen Ursula und Joseph findet im Durchgangs-Lager Almasnaja im Donbas (Ost-Ukraine) statt. Tag um Tag waren ihre Transportwaggons, angehängt an irgendwelche Kohlen- oder Holzzüge, auf der eingleisigen Strecke nach Süden gerollt. Almasnaja ist das Sammellager für alle in Russland Internierten, die für den Heimtransport vorgesehen sind, sowohl für Kriegsgefangene als auch für politische Häftlinge.

Im Lager kommt Ursula mit einem deutschen Kriegsgefangenen ins Gespräch, der sich als Hauptmann Müller vorstellt. Ihn bittet sie darum, ihre Eltern in Hiddesen zu benachrichtigen, falls er vor ihr in Deutschland ankommen würde. Hauptmann Müller verspricht es ihr, und er wird Wort halten. (14)

Während des Gesprächs steht ein etwa 40-jähriger Mann in der Nähe der beiden, der die hübsche junge Frau mit den blonden Zöpfen unverwandt anblickt. Als Ursula zu ihm hinüberschaut, lächelt er ein wenig verlegen. Gerade hat Vera einen Leidensgenossen, Bernd Förster, wiedererkannt, mit dem sie im Gefängnis Lichtenberg Klopfzeichen tauschte und im selben Transport die Reise nach Workuta durchlitt. Sie fällt ihm freudig um den Hals.

Am nächsten Tag, als Ursula mit Vera am Lagerzaun steht, winkt Bernd ihnen zu. Neben ihm winkt ein zweiter Mann, der Ursula schon am Tag zuvor aufgefallen war. Bernd stellt ihn vor: "Das ist Jo, Joseph Schmole, ein Freund." ("Schmole" war im Lager Josephs Spitzname.)

"Dieser Jo streckt mir durch den Maschendraht drei Finger entgegen, die ich mit zwei Fingern berühre. Er macht einen sympathischen Eindruck. Er hat zwar wie alle Gefangenen ein eingefallenes Gesicht, aber gute, spöttische Augen, die mich prüfend ansehen." (15)

Bernd lädt die beiden Frauen zum Kinobesuch ein. Kurz darauf sitzen Ursula und Joseph im Kinosaal des Lagers nebeneinander, wo ein sowjetischer Spielfilm ("ein schrecklicher Schinken ...") gezeigt wird. Herr Schmole wagt es noch nicht, den Arm um Ursulas Schulter zu legen.

Wer war dieser Jo Schmole alias Joseph Schölmerich? - Der 1913 geborene und in Kasbach bei Linz am Rhein aufgewachsene Röntgenarzt hatte sich seit seinem Bonner Medizinstudium im kommunistischen Widerstand engagiert. Im Sommer 1944 wurde er als Mitglied der im Raum Leipzig agierenden „Schumann-Gruppe" verhaftet und in Dresden von einem Senat des Volksgerichtshofes zu einer mehrmonatigen Gefängnisstrafe verurteilt. In den frühen Nachkriegsjahren bekleidete er eine leitende Position innerhalb der Zentralverwaltung für das Gesundheitswesen der Sowjetischen Besatzungszone. In dieser Zeit distanzierte er sich aufgrund einschlägiger Erfahrungen mehr und mehr vom stalinistischen Kommunismus und wurde dadurch für die Machthaber im Osten zu einem Saboteur, einem Spion und Verräter. 1948 wurde Schölmerich vom russischen Geheimdienst verhaftet. Nach mehrmonatiger, äußerst brutaler Untersuchungshaft im MGB-Gefängnis Hohenschönhausen (das bald nach Gründung der DDR vom Ministerium für Staatssicherheit übernommen wurde), verurteilte ihn ein sowjetische Militärtribunal per Fernurteil aus Moskau wegen „Spionage und Sabotage" zu 25 Jahren Zwangsarbeit, abzuleisten in Workuta.

Wegen bei ihm bereits bestehender Vorerkrankungen (einem schwachen Herz), aber auch aufgrund geschickter Vortäuschung weiterer gravierender Gesundheitsrisiken, gelang es Schölmerich, sich im Lager von allzu strapaziösen Arbeitseinsätzen - etwa in einem der Kohlenschächte - fernzuhalten. So hatte er viel Zeit und auch ein großes Interesse an vor allem politischen Gesprächen und Diskussionen mit anderen Häftlingsgruppen im Lager. Er wurde so zu einem aufmerksamen Beobachter. Besonders interessierte ihn der zunehmende Widerstand der Häftlinge, der im Sommer 1953 zu einem - dann allerdings blutig niedergeschlagenen - Aufstand im Lager Workuta geführt hatte. Dennoch empfand Joseph Schölmerich diesen Streik als die große und bleibende „Lehre" aus Workuta ...

Das Weihnachtsfest und den Jahreswechsel verbringen Ursula und ihre Lagerkameradinnen noch in Almasnaja. Dann endlich geht der Transport weiter, in zwei vollgestopften Viehwaggons mit Holzpritschen und Strohsäcken für 93 Frauen und fünf Kinder - aber jetzt in Richtung Heimat!

Bei einem der vielen Zwischenstopps zögert und ziert sich Joseph angesichts einer Einladung zu einem "Fünf-Uhr-Tee" im Frauenwaggon. Eingeladen haben drei "echte Damen", zu denen auch Ursula gehört.

Joseph selbst beschreibt in seinem Workuta-Buch sein Zögern so: "Ich habe wenig Lust, mit den Damen Tee zu trinken. Das mönchische Leben und die Abkehr von der Welt haben ihre Vorzüge. Man kann sich dem reinen Geist widmen, Frauen lenken ab. Das Wiedersehen mit dem Abendland wird turbulent genug sein ..." (16) Doch lässt er sich schließlich überreden. Im Waggon der drei Frauen schenkt Joseph Ursula mit einer spontanen Geste eine russische Mütze aus grau-weißem Persianer. Die hatte er von einem Offizier in Workuta als Gegenleistung für ärztliche Dienste bekommen. "Nehmen Sie nur", sagt er. „Die wird sie zu einer Großfürstin machen." Als Ursula die Schapka aufsetzt, stimmen die anderen sofort zu und taufen die Großfürstin auf den Namen "Katharina die Große" beziehungsweise (so steht es später in Scholmers Workuta-Buch) auf den Namen "Anastasija".

(Aus mehreren Gründen - und auch ganz ohne die großfürstliche Kopfbedeckung - empfindet Joseph die Bezeichnung "Großfürstin" für Ursula offenbar als zutreffend, vermutlich vor allem im Blick auf ihr einerseits selbstbewusstes, zupackendes, manchmal aber auch etwas konventionell-damenhaftes Auftreten. Eine gewisse Ambivalenz, sowohl respektvolle Anerkennung als auch eine leicht spöttische Distanzierung, scheint in dieser Bezeichnung mitzuschwingen.)

21. Januar 1954, Ankunft in Deutschland, im Entlassungslager Fürstenwalde. Etwa fünfhundert Workuta-Heimkehrer werden auf einzelne Baracken verteilt, unter Ihnen auch Ursula und Joseph.

Über Lautsprecher bittet man alle in den Speisesaal: "Im Namen der Deutschen Demokratischen Republik begrüße ich Sie auf das herzlichste!" Die Regierenden der DDR schauen aus Großfotos von den Wänden und betrachten ihre soeben heimgekehrten Söhne und Töchter. "In einer Stunde beginnt Ihre Einkleidung. Sie erhalten eine vollständige Garnitur ... Zuerst werden die Berliner eingekleidet und entlassen."

Joseph steht in einer Ecke des Speisesaals. "Die Komplikationen des Lebens beginnen. Ich muß mich entscheiden zwischen einem grauen und einem braunen Anzug. Ich soll meine Kragenweite angeben, aber ich habe meine Kragenweite längst vergessen ... Die Frauen vollziehen ihren Verwandlungsprozeß mit Leidenschaft (...)

Eine Viertelstunde später erscheint die Großfürstin in einem Kleid aus blauem Baumwollstoff. Die Zöpfe sind in einen fraulichen Knoten verwandelt. Die Fußlappen sind mit Strümpfen vertauscht. Aus der unansehnlichen Verpuppung einer workutanischen Holzarbeiterin ist ein europäischer Schmetterling geschlüpft. Befangenheit breitet sich über meine Seele ..."

Anmerkungen zu Kap. III (Im Frauen-GULag am Eismeer)

(1) Ursula Rumin, Im FrauenGULag, S. 98 ff. (und folgende Zitate)

(2) Kartenskizze auf vorderer und hinterer Einbandseite im Buch von Ursula Rumin

(3) Karl Wilhelm Fricke, Vorwort zu Ursula Rumin, Im Frauen-GULag am Eismeer, München (Verlag Herbig) 2005, S. 9

(4) Internet-Portal www.workuta.de - Diese Website vertritt die Interessen der Lagergemeinschaft Workuta/GULag Sowjetunion und will die Erinnerung an deren Leid bewahren. Die Lagergemeinschaft ist Mitglied im Dachverband der Union der Opferverbände Kommunistischer Gewaltherrschaft (www.UOKG.de).

(5) Karl Wilhelm Fricke in Deutschlandfunk: Vor 50 Jahren. Der Häftlingsaufstand in Workuta. 29.7.2003 (https://www.deutschlandfunk.de/geschichte-aktuell-100.html)

(6) Ursula Rumin, Im FrauenGlJLag, S. 156f.

(7) Dass die zahlreichen Ukrainerinnen im Lager den Deutschen gegenüber feindselig eingestellt sind, hat nachvollziehbare Gründe: Die Ukraine war im Zweiten Weltkrieg einer der Hauptkriegsschauplätze. Nach Hitlers Überfall auf die Sowjetunion 1941, von vielen Ukrainern anfänglich begrüßt, wurden unzählige ukrainische Frauen und Männer zur Zwangsarbeit ins Deutsche Reich deportiert. Wie alle Völker der Sowjetunion wurden auch die Ukrainer von den Nazis als recht- und würdelose "Untermenschen" betrachtet. Während des Zweiten Weltkrieges waren ca. 2,75 Millionen so genannte Ostarbeiter "im Reich" als Zwangsarbeiter beschäftigt. (s. Website www.bundesarchiv.de/zwangsarbeit/geschichte/auslaendisch/russlandfeldzug)

(8) Als Erica Glaser wurde sie 1922 geboren. Ihre Eltern emigrierten 1936 nach Spanien. Nach dem Sieg der Franco-Truppen wurde die Familie Anfang 1939 im französischen Lager Le Boulou interniert, wo Erica schwer erkrankte. Bei einem Besuch der Völkerbundkommission konnten sie und ihre Mutter fliehen. Die

mittellose Tochter kam in die Obhut des in Genf lebenden amerikanischen Ehepaars Noel und Herta Field, die sie später adoptierten.

Sie heiratete den amerikanischen Offizier Robert R. Wallach und bekam zwei Kinder. Als Noel Held 1949 in Ungarn verhaftet wurde, reiste sie nach Ost-Berlin, um nach ihm zu suchen. Im August 1950 wurde sie daraufhin selbst verhaftet. Sie kam zunächst in das Untersuchungsgefängnis des DDR-Staatssicherheitsdienstes und im April 1951 nach Berlin-Karlshorst. Im August verlegte man sie nach Hohenschönhausen, wo sie über ein Jahr in Isolationshaft war.

Im September 1952 wurde sie erneut nach Karlshorst gebracht. Um sie zu belastenden Aussagen zu zwingen, wurde sie durch Schlafentzug, Kälte und Schläge gefoltert. An Heiligabend 1952 verurteilte sie das sowjetische Militärtribunal in Berlin-Lichtenberg wegen Spionage zum Tode. Wenig später wurde sie in das Moskauer Butyrka-Gefängnis verlegt, wo sie sechs Monate allein in einer Todeszelle verbrachte. Nach Stalins Tod wurde sie im Juli 1953 zu 15 Jahren Lagerhaft „begnadigt", die sie im Straflager Workuta als Zwangsarbeiterin beim Eisenbahnbau verbringen musste.

(9) Ursula Rumin, Im FrauenGULag, S. 224

(10) Eindrucksvoll wird die Autorin U. Rumin diese Episode in ihrem 2005 erscheinenden Buch "Im FrauenGULag am Eismeer" beschreiben. (Im Tagebuch hatte sie ihre Erinnerungen bereits 1954 ausführlich festgehalten, unmittelbar nach der Rückkehr aus dem Lager:

"Langsam öffnet sich der Vorhang, die Bühne ist fast dunkel, ein mit blauem Stoff verhängter Scheinwerfer gibt ein gespenstisches Licht; die Musik setzt ein. Ruhig, mit großen Schritten und Sprüngen, geht die Nacht ihr Gebiet ab; sie erwartet den Tag, der schon auf dem Wege ist ... Plötzlich wirbelt der Tag heran, die Scheinwerferflammen auf die Musik geht über in perlendes, flirrendes Spiel. Wie schwerelos wirbelt der Tag mit einigen

Pirouetten und Sprüngen über die Bühne. Die Nacht hält es nicht länger im Versteck, mit einem großen Sprung ist sie in der Mitte der Bühne und erschreckt mit Ungestüm den jungen Tag ... Doch nicht lange, dann springt der Tag freudig hinzu und gemeinsam tanzen sie einen Reigen im aufstrahlenden Licht. Während sie in der Umarmung verharren, verlöscht langsam das Licht, die Musik verklingt, der Vorhang schließt sich. - Langes Schweigen. Doch dann bricht fast orkanartiger Beifall aus. Das Publikum springt von den Plätzen, wir werden stürmisch gefeiert. Papierblumen fliegen auf die Bühne ...

Hinter der Bühne steht Mirzas Freundin und drückt uns ergriffen die Hände, sie hat Tränen in den Augen und sagt mit bewegter Stimme: 'Zehn Jahre habe ich in Gefangenschaft zugebracht, weder vorher noch in dieser Zeit habe ich so etwas Schönes gesehen. Ich danke Ihnen!' Das ist für uns der schönste Dank, die größte Anerkennung des Abends. Mühe, Anstrengung und Schlafverzicht sind vergessen. - Als wir in die Garderobe kommen, werden wir mit eisigem Schweigen empfangen." (S. 253)

(11) Ursula Rumin, Im FrauenGULag, S. 255 f.

(12) Ursula Rumin, Im FrauenGULag, S.259

(13) Ursula Rumin, Im FrauenGULag, S. 265 f.

(14) In Hiddesen werden Dora, Richard und Ingo Ruhm am 1. Januar 1954 ein Telegramm in Händen halten: „Ursula lebt, ist gesund und kommt bald nach Haus. Hauptmann Müller."

(15) Ursula Rumin, Im FrauenGULag, S. 283

(16) Joseph Scholmer, Die Toten kehren zurück, Köln 1954, S. 271

IV. Kalter Krieg und Trauschein ohne Ehe
(1954–1956)

"Die Großfürstin lehnt in einer Ecke des Abteils. Sie ist blaß und schweigsam und zittert. Der Zug fährt durch den Sowjetsektor Berlins. Eine Station nach der anderen rollt vorüber.

Berlin-Lichtenberg! Hier haben wir fast alle gesessen und auf den Abtransport in die Sowjetunion gewartet. Stalinallee, Alexanderplatz, Friedrichstraße, Lehrter Bahnhof. Englischer Sektor. Wir sind gerettet! Wir gratulieren uns gegenseitig. Ich küsse die Großfürstin. Sie nimmt meine Hand und drückt sie stumm ...

Wir nehmen unser Gepäck und klettern aus dem Waggon ... Wir stehen da mit unseren verdreckten Reisesäcken, die sechstausend Kilometer Transport hinter sich haben, umbrandet vom hastenden Verkehr des Bahnhofs. Endlich entschließen wir uns zögernd, durch die Sperre zu gehen.

Joseph Scholmer, Die Toten kehren zurück, S. 281f.)

So schildert Joseph Scholmer auf den letzten Seiten seines Workuta-Buches die Ankunft der Heimkehrer-Gruppe. Seine Darstellung wirkt wie der Beginn einer Liebesgeschichte. Ganz ähnlich erzählt Ursula davon in ihrem Tagebuch, sie hat diese Augenblicke offenbar ähnlich erlebt wie Joseph. In ihrem Bericht vom letzten Stück Strecke im Zugabteil heißt es: "Ich sitze stumm in der Ecke des Abteils ... Tränen kullern mir über die Wangen. Herr Schmole rutscht nahe zu mir heran und legt seine Wange an meine. Das tut gut, ich spüre, dass er mich versteht und dass er ebenso empfindet." (1)

Kann aus dieser binnen weniger Wochen und unter ungewöhnlichen Umständen entstandenen Beziehung eine haltbare Liebe wachsen? Oder deutete sich vielleicht schon in der ersten Begegnung, in der flüchtigen Berührung ihrer Fingerspitzen am Lagerzaun, eine nur für kurze Zeit gemeinsame Geschichte dieser beiden Heimkehrer an? - Das Buch eines Historikers, der intensiv über Gefangenenschicksale geforscht hat, so auch über Gulag-Häftlinge nach der Entlassung, trägt den Titel "Die Gezeichneten". (2)

Was erwarten die beiden, was wünschen sie sich für die Jahre, die nun vor ihnen liegen?

Ursula möchte nach den Erfahrungen von Karlshorst, Lichtenberg und Workuta vor allem ihre wieder gewonnene Freiheit genießen, endlich leben, will eine glückliche Frau an Jos Seite sein. Joseph dagegen will nach seinen Erlebnissen in den Männerlagern, insbesondere unter dem Eindruck des Streiks vom Sommer 1953, vor allem eine politische und literarisch-publizistische Lebensaufgabe meistern: Er will einem selbst erteilten Auftrag gerecht werden, den er nun, nach Workuta, als noch drängender empfindet: schreiben, aufklären, öffentlich über seine Erfahrungen berichten, seine in vielen Gesprächen gewonnenen Erkenntnisse diskutieren, politisch etwas bewirken.

Wie haben sich die politischen Verhältnisse in Berlin und in Westdeutschland entwickelt, seit Joseph Schölmerich im April 1949 verhaftet wurde und fast fünf Jahre lang von der Außenwelt, von seinem früheren Lebensumfeld, völlig abgeschnitten war?

Im Verlauf der Berliner Blockade wandelten sich die westlichen Siegermächte USA, England und Frankreich in befreundete Schutzmächte Westberlins. Ernst Reuter, Oberbürgermeister, später Regierender Bürgermeister der West-Stadt, hatte die USA zur Errichtung der Luftbrücke bewegen können. In seiner berühmten Rede vom September 1948 appellierte er an "die Völker der Welt" und forderte, "diese Stadt und dieses Volk" nicht preiszugeben. Er galt seitdem als die Stimme der Freiheit Berlins. Das zunächst nur als Provisorium gedachte Rathaus im Berliner Bezirk Schöneberg wird für die folgenden 40 Jahre zum Westberliner Regierungssitz und zu einem weltweiten Symbol des Freiheitswillens der geteilten Stadt. Der Zugang nach West-Berlin bleibt auf Dauer eingeschränkt: Bis zur Wiedervereinigung 1990 dürfen nur die von östlicher Seite festgelegten Transitstrecken und die von den Alliierten schon zu Kriegszeiten vereinbarten Luftkorridore benutzt werden.

Im Oktober 1949 wird aus der ehemals sowjetischen Besatzungszone eine Deutsche Demokratische Republik mit Ost-Berlin als Hauptstadt. Seit Juli 1950 ist dort Walter Ulbricht als Generalsekretär der SED der mächtigste Mann. Er baut Ostdeutschland zu einem stalinistischen System sowjetischer Prägung aus und macht das Ministerium für Staatssicherheit (MfS) zum geheimdienstlichen Instrument, mit dem die SED systematisch die Überwachung und Unterdrückung des eigenen Volkes betreibt und mit dem sie ihren Machtanspruch durchsetzt.

Die westdeutsche Politik zu Beginn der 1950er Jahre wird vom strikten Antikommunismus und einer ausschließlichen Westorientierung Konrad Adenauers geprägt. Seit September 1949 als Bundeskanzler, seit März 1951 in Personalunion auch als Außenminister, drückt Adenauer der jungen Bonner Republik seinen konservativ-christdemokratischen, auch von rheinisch-katholischer Mentalität beeinflussten Stempel auf. Doch gebührt ihm gleichwohl Anerkennung, denn er macht (West-) Deutschland zu einem in Europa und der Welt geachteten, demokratisch verfassten Staatswesen.

Wie hätte sich Joseph Schölmerich, nach seiner Abkehr vom Stalinismus, in den frühen 1950er Jahren politisch positioniert und engagiert, wäre er 1949 nicht verhaftet und nach Workuta deportiert worden? Wäre er in Berlin geblieben? Nach Kasbach zurückgekehrt? Hätte er sich parteipolitisch betätigt?

Die einerseits Hoffnung weckenden, andererseits deprimierenden Nachrichten über den Volksaufstand vom 17. Juni waren, durch Augenzeugen-Berichte neu ankommender Häftlinge, den Gefangenen in Workuta bekannt. Dass sich auch innerhalb der sowjetischen Arbeitslager eine antistalinistische Opposition herausbilden konnte, die sogar fähig war, einen Streik wie den in Workuta zu organisieren, diese politische Erfahrung hatte Joseph Schölmerich aus dem Lager mitgebracht. Jene Lehre aus Workuta beherrschte ihn geradezu, und die sich daraus ergebenden Chancen wollte er nun öffentlich machen, vor allem politisch wirksam.

Für Ursula stand weniger die große Politik im Vordergrund als vielmehr die Heimkehr in den Alltag, die Freude über die wieder gewonnene Freiheit. Sie wollte endlich leben - vor wenigen Wochen erst war sie 30 Jahre alt geworden. Am liebsten wollte sie an der Seite dieses Mannes leben, den sie gerade kennen gelernt hatte. Mit diesem Joseph Schölmerich vielleicht sogar glücklich werden.

Am ersten Tag ihrer Freiheit macht sich Ula auf den Weg zu ihrer früheren Friseuse in der Lietzenburger Straße, sie möchte ihre Zöpfe loswerden. Den Fellmantel aus Workuta hat sie sich über den Arm gehängt, will ihn den Damen im Friseursalon vorführen. Unterwegs kommt sie an einem Fotogeschäft vorbei, geht kurz entschlossen hinein. Der Fotograf sieht Ursula einigermaßen erstaunt an, als sie sich den unansehnlichen Fellmantel überzieht und die Pelzmütze aufsetzt: "Ja, so sollen Sie mich fotografieren!" Kurze Zeit später fallen die Zöpfe.

Abb. 24

Das Foto entstand unmittelbar nach Ursula Rumins Heimkehr aus dem Lager, Januar 1954.

Dieses Foto wird, fünf Jahrzehnte später, in großen Zeitungen und Zeitschriften abgedruckt werden. Und es wird das Titelbild eines 2005 erscheinenden Buches sein: Ursula Rumin: Im Frauen-GULag am Eismeer.

In den ersten Tagen kann Ursula bei Tante Molly wohnen. Sie schickt ein Telegramm nach Detmold, kurz darauf auch einen ausführlichen Brief an die Eltern und an Ingo, kündigt ihre baldige Heimkehr nach Hiddesen an.

In den folgenden Tagen sind viele Formalitäten zu erledigen: Beim Roten Kreuz wird ein Heimkehrerausweis ausgestellt, und alle Rückkehrer aus Russland erhalten ein bescheidenes Geschenkpaket. Beim Sozialamt bekommt Ursula zunächst 200 DM, ein Drittel der insgesamt 600 DM, die den Spätheimkehrern zustehen. Dann muss sie das Gesundheitsamt aufsuchen; ein Arzt bescheinigt das Vorliegen einer "Osteochrondrose der gesamten Wirbelsäule", das heißt: durch Abnutzung der Bandscheiben bedingte knöcherne Veränderungen im Bereich der Wirbelsäule. Dieser Befund geht einher mit einer dringenden ärztlichen Empfehlung, der Ula aber, wie viele Heimkehrer, nicht sofort folgt, sondern die sie erst einmal beiseitelegt. Die Anweisung lautet: ´Auf Grund der Osteochrondrose und auf Grund der erfahrungsgemäß zu erwartenden typischen depressiven Reaktionen der Russlandheimkehrer ist ein mindestens vier- bis sechswöchiger

Sanatoriums- oder Kuraufenthalt ärztlicherseits dringend erforderlich.´

Am dritten Tag nach der Rückkehr sind Joseph und Ursula bei drei Freundinnen Jos in Gatow eingeladen. Die beiden Heimkehrer treffen dort nicht nur auf Menschen, die Ursula völlig fremd sind; auch eine üppige Kaffeetafel und ein mehrgängiges Abendessen erwartet sie. Der Besuch bei den vornehmen Damen scheint Joseph besonders wichtig zu sein. Ula fühlt sich unwohl in dieser, zumal für eine Russland-Heimkehrerin, ungewohnten Umgebung. Die vielen an sie gerichteten Fragen, von allem von Seiten einer sehr distanziert wirkenden Dame, empfindet Ula "wie ein Verhör".

Auch Frau Müller, die Hausherrin, stellt viele Fragen, ist Ula aber sympathisch. Liesel Müller, genannt "Lies", hat als Jüdin dreieinhalb Jahre im KZ Theresienstadt überlebt. Sie und Marianne, eine ihrer Nichten, werden später zu Ursulas Freundinnen. - Die zweite, auf Ula distanziert wirkende Dame, ist die Ärztin Dr. Barbara von Renthe-Fink, Josephs ehemalige Kollegin aus der Zentralverwaltung. Sie war dort bis 1948 eine der leitenden Mitarbeiterinnen und ging anschließend nach West-Berlin. Ihre bohrenden Fragen machen Ula jedes Mal verlegen.

Die dritte Dame, sie ist Schriftstellerin und Malerin, verunsichert Ursula eher dadurch, dass sie nur aufmerksam beobachtet, aber keine Fragen stellt. Sie heißt Erika von Hornstein und hat ein Jahr zuvor beim Kölner Verlag Kiepenheuer und Witsch ihr erstes autobiographisches Buch veröffentlicht. Offenbar misst Joseph ihr wegen seiner schriftstellerischen Ambitionen große Bedeutung bei, denn Erika von Hornstein ist nicht irgendeine junge Debütantin im Verlag Kiepenheuer und Witsch, sondern eine überaus geschätzte Gesprächspartnerin des Verlegers. „Joseph Caspar Witsch pflegte zu Erika von Hornstein eine besonders enge Beziehung und private Korrespondent" (3) schreibt Frank Möller, ausgewiesener Kenner der Geschichte des Verlages und seines engagierten Verlegers. Durch Erika von Hornstein (verheiratete Erika Bausch) sollte Dr. Witsch schon bald auch Joseph Schölmerich und dessen Workuta-Bericht kennen lernen.

Vierter Tag: Ursulas Verabredung mit Jo fällt aus: Joseph und Deszö, ein guter Freund aus dem Lager, ziehen eine Kneipentour durch das nächtliche Berlin vor.

Die nächsten Tage sind ausgefüllt mit Behördengängen: Es geht um Anträge, Bescheinigungen, Ausweise. Ursula erhält einen neuen Personalausweis. "Ich habe nun wieder einen Namen, bin nicht mehr die 2-A-173."

Februar 1954: Joseph hat mit anderen Heimkehrern im "Hotel am Zoo" einen großen Raum für eine Pressekonferenz gemietet. Das Medieninteresse an Berichten der ersten Workuta-Heimkehrer ist groß. Ein Journalist veröffentlicht Fotos, auch von Ursula und Joseph. Dessen Foto entsteht vor einer geeigneten Kulisse - einem Maschenzaun nahe beim Olympiastadion.

Abb. 25:

Die Workuta-Heimkehrer Joseph Schölmerich und Ursula Rumin nach der Pressekonferenz in Berlin, im Februar 1954

Zeitgleich zur Pressekonferenz besucht Ursula die amerikanischen Alliierten in der Clayallee. Sie will, wie sie ihrer Freundin Erica Wallach in Workuta versprach, nach den Adressen von Ericas Mutter und von ihrem Ehemann fragen. Doch statt ihr Auskunft zu erteilen oder wenigstens bei der Lösung des Problems zu helfen, verdächtigt man Ursula eine russische Agentin zu sein. Sie, die soeben aus sowjetischer Lagerhaft Heimgekehrte, wird sogar an einen Lügendetektor angeschlossen! Ursula ist empört, wütend gibt sie auf dreißig Fragen bewusst dreißig falsche Antworten.

Erst ihr Hinweis auf die soeben stattfindende und von wichtigen Medienleuten besuchte Konferenz bewirkt, dass man ihr die erbetenen Auskünfte in Aussicht stellt und sie umgehend ("mit einem Mercedes", wie Ursula zufrieden anmerkt) zum Hotel am Zoo chauffiert.

In den ersten Tagen nach der Rückkehr sucht Ursula auch die britische Dienststelle in Wilmersdorf auf, bittet als Russland-Heimkehrerin und ehemalige Mitarbeiterin um eine Starthilfe. Anschließend kann sie endlich zu ihren Eltern und zu Ingo nach Hiddesen reisen. Zur Vorsicht fährt sie nicht per Bahn durch die DDR, sondern nutzt von Berlin-Tempelhof nach Hannover ein Flugzeug.

Endlich gibt es ein glückliches Wiedersehen mit den Eltern und mit dem inzwischen zwölfjährigen Ingo, nach fast zwei Jahren des Wartens und der Ungewissheit auf beiden Seiten! Dora berichtet von ihren Such-Aktionen nach dem 25. September 1952. Sie hatte unzählige Briefe an Behörden geschrieben, sich an offizielle und inoffizielle Stellen gewandt, bei der DEFA nachgefragt - ohne Erfolg. Das „Hilfskomitee für politische Häftlinge der Sowjetzone" wusste ihr bei der verzweifelten Suche nicht zu helfen. Desgleichen die „Kampfgruppe gegen Unmenschlichkeit", die ihr im Februar 1953 nur mitteilen konnte, "bisher leider noch keine näheren Anhaltspunkte über das Verschwinden Ihrer Frau Tochter" zu besitzen.

Ebenso hatten Freunde aus Hannover nach Ursulas Verschwinden versucht, ihr Schicksal aufzuklären, auch mittels Recherchen in Berlin und intensivem Schriftverkehr mit Behörden - alles vergebens.

An den Wänden von Ingos Zimmer entdeckt Ursula zahlreiche Bilder, die Ingo von seiner Mama malte und zeichnete. Eine der Zeichnungen zeigt sie mit einer Krone auf dem Kopf. Dora hatte Ingo erzählt, Ursula sei von Freunden einmal scherzhaft als „Großfürstin" betitelt worden.

Auch Joseph kommt für ein paar Tage nach Hiddesen, fährt dann aber weiter nach Kasbach zu seiner Mutter. Dort will er sein Workuta-Buch, an dem er schon in Berlin intensiv arbeitete, vollenden. Er nahm bereits Kontakt mit dem Verlag Kiepenheuer & Witsch in Köln auf. Joseph hat auch Ursula geraten, alles Erlebte schriftlich festzuhalten: "Schreib dir alles von der Seele."

Und noch etwas - von Ursula möglicherweise schon Erwartetes - hat er gesagt: "Jo möchte mit mir zusammenleben, das freut mich ... Ja, ich liebe diesen Mann. Doch was ein Zusammenleben betrifft, da kommt für mich nur eine Heirat infrage, das habe ich ihm auch gesagt. Doch hat er sich nicht dazu geäußert." (4)

Zwar noch nicht gegenüber Ursula, aber gegenüber seinem Neffen hat Joseph sich durchaus schon geäußert. An den sechsjährigen Sohn seines in Marburg lebenden Bruders Paul schickt er einen Brief, um einen geplanten Besuch anzukündigen, und darin heißt es auch: "Eine Frau habe ich schon. Ich habe sie in Russland kennen gelernt. Wir sind zusammen zurückgefahren. Sie ist 30 Jahre alt, sehr klug und liebt mich sehr. Wir werden heiraten, sobald wir können, und ich hoffe sehr, dass wir dann auch Kinder haben werden."

Barbara von Renthe-Fink, schon mehr eine gute Freundin als nur eine ehemalige Kollegin, schreibt am 20. Februar einen ausführlichen Brief an Paul Schölmerich:

„Lieber Paul, ... Inzwischen hat Jo sich akklimatisiert, sieht leidlich gut aus und findet sich einigermaßen mit der bürgerlichen Welt ab, in die er geraten ist. Er wohnt seit einigen Tagen bei uns, was ihm offenbar am liebsten war und wo er auch ganz gut arbeiten und schreiben kann ... Seine Absicht ist, schriftstellerisch zu arbeiten, und davon läßt er sich nicht abhalten. Offenbar hat er das Gefühl, dass in Workuta viele Dinge in ihm gereift sind, die er zu Papier bringen muss, und dass nun nach diesen Jahren der Einsamkeit und Abgeschlossenheit endlich sein alter Traum, zu schreiben, in Erfüllung gehen muss ... Ich kann es gut verstehen und halte es auch für ebenso falsch wie aussichtslos, ihm dies auszureden ... Wir können nur hoffen, dass er die nötige Vorsicht walten läßt, und ich glaube, dass er das tun wird ...

Ich habe nicht den Eindruck, dass er sich lange oder auch nur Wochen erholen wird, die Dinge drängen ihn so sehr, dass er nur schreiben will ..." (5)

Anfang März 1954: Die Briten stellen Ursula "als erste Hilfeleistung" eine kleine Mansardwohnung in Dahlem zur Verfügung, doch nur für kurze Zeit, wie es heißt. Wenige Tage später bitten sie ihre ehemalige Mitarbeiterin um ein Gespräch.

Seit Anfang März ist Ursula nicht nur mit dem Niederschreiben der eigenen Erinnerungen beschäftigt, sondern intensiv auch damit, Nachforschungen anzustellen über die noch in Workuta befindlichen ehemaligen Mithäftlinge und deren Angehörige. Die Ergebnisse der Recherchen stellt sie dem Suchdienst des Internationalen Roten Kreuzes zur Verfügung, dessen Zentrale in Hamburg tätig ist. Bereits in der ersten Märzwoche kann Ursula dem Roten Kreuz eine Liste mit den Namen von 57 Häftlingen schicken, mit denen sie im Gefängnis oder im Lager zusammen war. Zu jedem Namen liefert sie neben persönlichen Angaben wie Geburtsdaten und Wohnort in Kurzform auch die jeweiligen Häftlingsschicksale: Verhaftungsgrund, bisherige Gefängnis- und Lageraufenthalte und dergleichen mehr, soweit sie sich daran erinnern oder ihr Wissen durch Nachforschungen vervollständigen kann. Daraufhin bekommt sie, die durch ihre Arbeit mehr und mehr zu einer wichtigen Informantin für das Rote Kreuz geworden ist, auch direkte Anfragen von Angehörigen, und oft kann sie ihnen, schon aufgrund ihrer eigener Lagererfahrungen, einen Rat geben und weiterhelfen.

Bereits im März druckt die angesehene Zeitschrift DER MONAT unter dem Titel "Der Streik in Workuta" Textteile von Josephs Workuta-Buch; erstmals erscheint der Autorenname „Joseph Scholmer" in der Öffentlichkeit. Kurz darauf wird Joseph vom Verleger Dr. Witsch zu einem Gespräch eingeladen.

Abb. 26:

Diese einflussreiche Kultur-Zeitschrift ist das deutsche Sprachrohr einer 1950 in Berlin gegründeten Vereinigung, die sich "Kongress für die Freiheit der Kultur" nennt. Ihre Zentrale ist unter der Bezeichnung "Congress for Cultural Freedom" (CCF) in Paris ansässig.

Seit dem 20. März 1954 wohnt Ursula in der Erdgeschosswohnung eines Zweifamilienhauses in Solingen, die ihr von der britischen Dienststelle in Detmold zur Verfügung gestellt wurde. Einzige Auflage: Die Wohnung im ersten Stock ist, je nach Bedarf, für "Gäste" der Engländer reserviert, und Ursula soll sie bewirten und für sie kochen.

Ende März, bei einem Besuch in Solingen, macht Jo Ula einen Heiratsantrag. "... Wir wollen uns bei unserem nächsten Besuch in Berlin das Jawort geben. Nun werde ich doch noch aus Liebe heiraten..."

Die standesamtliche Hochzeit findet am 1. April 1954 im Rathaus von Berlin-Schmargendorf statt. Trauzeugen sind Liesel Müller und Rolf, der Freund aus dem Lager.

Abb. 27:

Diese Aufnahme entsteht kurz nach der Hochzeit im April 1954

Nach einer kleinen Hochzeitsfeier in Dahlem beginnt auch Ursula mit der Arbeit an ihrem Workuta-Bericht. Arbeitstitel: "Weinen verboten."

Weinen verboten - das hatte einst ein offenbar zu Mitgefühl fähiger Posten des Kellergefängnisses in Karlshorst zu Ursula gesagt, als sie einmal schluchzend und allein auf ihrer Pritsche saß. "Potschemu plakatje?" (Warum weinen Sie?) - "Plakatj nelsja!" (= Weinen verboten!) - "Weinen nix gut ... "hatte er noch hinzugefügt. Und dass sie doch "nach paar Jahren wieder nach Hause zu Kinderchen" zurückkehren werde - so hatte er die junge Gefangene zu trösten versucht. In Erinnerung an diese Episode machte Ursula das Trostwort des russischen Postens nun zum Titel ihres geplanten Buches.

Auch Joseph muss unterdessen – „dringend", betont Ursula - an seinem Buchmanuskript weiterarbeiten, denn dieses werde "in London bereits erwartet".

Zu Ostern 1954 schreibt Joseph Scholmer seiner Ehefrau spätabends einen launigen, anspielungsreichen Brief, den ersten Liebesbrief, unterschrieben mit "TM", das bedeutet "Twoi Muschtschina" (Dein Ehemann).

"Meine sehr geliebte Uli, aus später Nachtstunde sende ich Dir sehnsuchtsvolle Größe. Wie sehr fehlst du mir, jetzt und immer. Wie vermisse ich Deine ordnende Hand als Hausfrau, Deinen Sinn für Blumen, Deine sanfte, jedoch zielstrebige Energie, mit der Du Dein und mein Leben gestaltest, und die Wärme Deines Herzens ... Weißt Du, was ich am liebsten schreiben möchte? Ein Lied von dem Mädchen, das heimlich tanzen lernte, in Schweden war, Tanzabende gab, Filmmanuskripte schrieb und eine Ausflugsreise nach Workuta machte, um sich in die Abenteuer einer Ehe mit Herrn Schmole zu stürzen. Ich umarme Dich nach einem anstrengenden Arbeitstag mit den Resten meiner Leidenschaft. TM." (6)

Ein umfangreicher mehrteiliger Artikel von Ursula Rumin erscheint - anonym - ab Mai 1954 in der Bielefelder Tageszeitung *Freie Presse* unter dem Titel „Lebendig begraben. Frauen im Kerker der NKWD." In dieser Serie werden zur Veranschaulichung auch einige Zeichnungen verwendet, die Ursula unmittelbar nach der Rückkehr angefertigt hatte. [Dieser Artikel ist vermutlich überhaupt der erste in einer westdeutschen Tageszeitung erschienene Bericht einer Frau, die Gefangene in Workuta war.]

Abb. 28:

Zeichnung von Ursula Rumin: Marsch ins Lager (in „Freie Presse", Mai 1954)

Die ZEIT druckt kurz darauf ebenfalls einen (zweiteiligen) Aufsatz von ihr, geschrieben unter dem Pseudonym Juliane Romberg "Ich war in Workuta gefangen - Bericht einer Berlinerin". Pro Folge bekommt Ursula 350 DM Honorar. "Das reicht für ein paar Kleidungsstücke."

Noch ist ein öffentliches Interesse an Gefangenenschicksalen und Heimkehrer-Berichten vorhanden, doch lässt dies in den folgenden Jahren, schon ab Anfang 1956, stark nach. Die Westdeutschen möchten die Erinnerungen an Krieg, an Nachkriegselend und Gefangenschaft beiseiteschieben, verdrängen, wollen den Blick lieber nach vorn richten, auf das beginnende Wirtschaftswunder im Zeichen der von Ludwig Erhard propagierten „freien Marktwirtschaft".

Ende 1955, anlässlich der großen Rückkehrerwelle, werden das Interesse und Mitgefühl der Öffentlichkeit zwar noch einmal einen Höhepunkt erreichen. Doch wird die Anteilnahme fast ausschließlich den heimkehrenden Kriegsgefangenen gelten, die nach den Verhandlungen Bundeskanzler Adenauers in Moskau freikommen, kaum dagegen den ebenfalls heimkehrenden politischen Häftlingen aus den sowjetischen Straflagern. - Im Gegenteil: Die vor allem aus politischen Motiven (meist wegen ihrer oppositionellen Haltung) Verurteilten sehen sich nicht nur häufig mit Desinteresse, sondern oft auch mit Unverständnis, Misstrauen, mit unterschwelligen oder sogar offen geäußerten Schuldvorwürfen konfrontiert: "Umsonst ist auch bei denen keiner eingesperrt worden", lautet einer dieser gedankenlosen, die Betroffenen tief verletzenden Kommentare. Selbst auf Ämtern müssen sich ehemalige politische Häftlinge solche Sätze anhören wie: "Sie sind ja selbst schuld ... !"

Das Gespräch zwischen dem 'Verleger Dr. Witsch und Joseph Schölmerich hat inzwischen stattgefunden. Dr. Witsch ist vom Autor und dessen betont nüchternem Bericht über Workuta beeindruckt: Er will und wird dieses wichtige Buch verlegen.

„Das Gespräch ... hatte ihn sichtlich beeindruckt ... Im Juni 1954 schrieb er Erika Bausch nicht ohne Selbstkritik: 'Ich hoffe sehr, daß er nicht - wie wir es alle mehr oder weniger getan haben - nach einem Jahr des strengen Eifers resigniert und die Bemühungen in diesem Bereich als zwecklos aufgibt. Der Eifer und die Anstrengungen in dieser Sache sind bei ihm größer als seine muntern Reden es wohl vermuten lassen. Ich glaube, daß ... sein Bericht eben mehr wird als eine bloße, und sei es auch noch so ergreifende Reportage.'" (7)

Der vertrauliche Briefwechsel zwischen Dr. Witsch und Erika Bausch gibt noch weiteren Aufschluss darüber, wie beide den Autor Scholmer einschätzten: Erika Bausch betont vor allem dessen literarisch-publizistischen Fähigkeiten. Er sei „der Einzige von den Workuta-Leuten, der schreiben kann." Zwar sei Scholmer als Autor - anders als etwa Heinrich Böll - ausschließlich von seinem Intellekt geprägt, doch gerade diese Fähigkeit würde dem Workuta-Buch zugutekommen: Sie sei „für ein solches Buch das einzig Richtige."

Witsch betont, die früheren Erfahrungen Scholmers im Widerstand und später im Stalinismus hätten ihn offensichtlich zu „einem reinen Zyniker gemacht"; auch zu einem Menschen, mit dem „nicht leicht umzugehen" sei. Doch ungeachtet des zur Schau getragenen Zynismus sei dieser Autor darum bemüht „das, was er weiß, anderen Leuten mitzuteilen und sie ... zu Korrekturen und richtigen Handlungen zu bewegen."

Im MONAT war das Workuta-Buch bereits angekündigt worden. Vor allem aus politischen Gründen (ein sowjetkritisches Buch war aus Bonner Sicht zu diesem Zeitpunkt nicht opportun) sollte das Buch zuerst in England erscheinen. Dr. Witsch hatte das Manuskript daher zunächst dem Londoner Verlag überlassen, aber vertraglich bereits vereinbart, dass der Verlag Kiepenheuer & Witsch das Buch später von Weidenfeld & Nicolson "übernehmen" und zur Frankfurter Buchmesse im Oktober 1954 die deutsche Fassung herausbringen würde.

"Wir telefonieren fast täglich miteinander," freut sich Ursula, auch wenn sie viel lieber mit Joseph zusammenleben würde. Allerdings habe dieser seiner Mutter noch nichts von der standesamtlichen Trauung mitgeteilt, ihr Ursula noch gar nicht als Schwiegertochter vorgestellt.

Pfingstmontag 1954: Joseph und Ursula sind bei Dr. Witsch zum Kaffee eingeladen. Auch der Übersetzer des Londoner Verlages ist dabei. Auf Wunsch des englischen Verlegers soll als Autorenname nicht Schölmerich, sondern Joseph Scholmer auf dem Cover stehen. Am Kaffeetisch, so Ursula, sei dann gemeinsam an einer geeigneten Titelformulierung gebastelt worden. "Die Toten kehren zurück" habe schließlich allgemeine Zustimmung gefunden.

Ein für diese und auch für die kommende Zeit typischer Tagebucheintrag: „Jo war am Wochenende bei mir in Solingen ..."

Auch Ursula nimmt im Sommer 1954 einen Termin bei Dr. Witsch wahr, wegen eines dem Verlag angebotenen Hörspiels. Sie freut sich über das Lob des Verlegers, bekommt aber keine Zusage; das Hörspiel wird von Dr. Witsch an den WDR weiter gereicht.

Im Sommer 1954 lädt Joseph den inzwischen 13-jährigen Ingo und den etwa gleichaltrigen Sohn eines Bonner Freundes (= Jürgen Rühle) nach Kasbach ein. Für die beiden Jungen organisiert er in seiner ihm vertrauten heimatlichen Umgebung einige erlebnisreiche Ferientage. Ingo bleibt vor allem eines in Erinnerung: wie sie nach der Besteigung der Erpeler Ley „von der Höhe auf die im März 1945 zerstörte Brücke von Remagen hinabschauten und wie Jo uns die spannende Geschichte der Brücke erzählte." Jo wusste auch über den fast 400 Meter langen Tunnel unter der Erpeler Ley eine Geschichte zu erzählen, so Ingo, hatte dieser Tunnel doch während der Kriegszeit der Bevölkerung von Kasbach und Erpel als ein sicherer Luftschutzbunker gedient. (8)

20. Juli: Ein "wundervoller Brief von Jo" erreicht Ula. Beim Lesen empfindet sie ihn als "halb spaßig, halb ernst":

„My Darling,

ich unterbreche meine Arbeit für das Auto, um Dir zu versichern, dass ich Dich liebe. Meine Liebe ist groß und unaussprechlich, unerschütterlich. Sie erfüllt mein Leben, Du mein einziges Geschöpf. Ich werde Dich stets auf Händen tragen, solange meine Kraft ausreicht. Mit meinem letzten Atem werde ich Deinen Namen hauchen: Ursula. Du bist mein letzter Gedanke, wenn ich einschlafe, und mein erster, wenn ich erwache ..." Den letzten Satz schreibt Jo auf Russisch: "Kak ja ljubju tebja! Twoi muschtschina." [Wie sehr ich Dich liebe! Dein Ehemann.] (9)

Nach drei gemeinsam verbrachten Tagen in Hiddesen überrascht Joseph seine Ehefrau mit einer Ankündigung: „Jo will mich seiner Mutter vorstellen, ich freue mich." Doch nimmt der Besuch in Kasbach einige ungewöhnliche Wendungen.

"Wir fuhren mit dem Zug von Köln bis Remagen, bestiegen dort eine Fähre, die uns über den Rhein nach Linz brachte. Während der Überfahrt gestand mir Jo folgendes:

Er hat seiner Mutter gesagt, dass er seine Freundin mitbringt, aber nicht, dass wir geheiratet haben. Deshalb sein Wunsch: Ich solle bitte den Ehering vom Finger nehmen, solange wir bei der Mutter sind. Er hat es nicht übers Herz gebracht, ihr von der Heirat zu erzählen, damit sie nicht glaubt, dass ich ihr den Sohn wegnehme. Ich habe Jo bei dieser Eröffnung nicht sehr freundlich angesehen. Es geschah, wie er es sich ausgedacht hatte: Jo stellte mich Katharina als seine Freundin vor, und ich war tapfer und ließ es zu. Er hat die Krankheit seiner Mutter - sie hat Leberkrebs - als Begründung angeführt, er wollte sie, sagte er, nicht belasten. Katharina hat mich sehr frostig aufgenommen. Jo und ich haben dann in einem Gasthof in Kasbach übernachtet und sind am nächsten Tag nach Köln zurückgefahren." (10)

So verlief Ursulas erste Begegnung mit Katharina, auch ihr erster Aufenthalt in dem von Joseph so überaus geliebten Kasbach. Es war für Ursula zugleich der letzte.

In Köln haben Jo und Ula sich inzwischen, auch auf Anraten von Dr. Witsch ein möbliertes Zimmer genommen. Vor allem Joseph hat jetzt häufiger in Köln zu tun. In dieser Zeit drängt er darauf, Ursula solle die ersten 30 Seiten ihres Manuskripts

'Weinen verboten' möglichst bald vollenden und beim Verlag einreichen. - Josephs Freund Deszö, der mit Frau und Tochter in demselben Gasthof wohnt, in dem auch Jo sich ein ruhiges Arbeitszimmer gemietet hat, schreibt nun ebenfalls an einem Buch über seine Gefangenenerlebnisse. Joseph hat ihn dazu animiert, und er unterstützt seinen Freund kollegial und großzügig. Dr. Witsch zeigt Interesse auch an Deszös Manuskript. (11)

Ula und Jo reisen für drei Tage nach Berlin. (Die Dahlemer Wohnung steht ihr nun doch noch weiterhin zu Verfügung.) Joseph hält einen Vortrag in der Jüdischen Gesellschaft, bekommt 300 Mark Honorar.

"Meine Ehe mit Jo läßt sich gut an, obwohl wir keine Ehe im üblichen Sinne führen. Wir sehen uns immer nur für ein paar Tage ... Jo ist ein gutmütiger Bursche, ich glaube, dass er niemals ausfällig, verletzend oder wütend werden kann. Etwas Sorgen macht mir nur sein Verhältnis zum Geld. Wenn er welches hat, gibt er es mit vollen Händen aus oder verteilt es an seine Freunde." (12)

Ursula versucht sich in ihren eigenartigen Ehemann einzufühlen, indem sie sich an das erinnert, was er ihr von Workuta erzählte: Er habe in den beiden letzten Lagerjahren, über einen längeren Zeitraum also, die Nächte damit verbringen können, in einer Baracke des Lagers „das Feuer zu bewachen - und nachzudenken".

Joseph habe das ereignisarme Leben eines Feuerbewachers am Ofen der Lagerbaracke in Workuta kennen und schätzen gelernt, habe dort ungestört seinen Gedanken nachhängen können, so dass er heute, folgert Ursula, einfach Ruhe zum Denken haben und irgendwann 'Das Buch seines Lebens' schreiben will.

Oktober 1954, Herbstbuchmesse: Der Verlag hat Joseph Schölmerich (alias Scholmer) und Ursula Rumin nach Frankfurt eingeladen. Das Buch "Die Toten kehren zurück" wird vorgestellt, frisch aus dem Druck. Untertitel: "Bericht eines Arztes aus Workuta".

Abb. 29:

Original-Cover des Buches „Die Toten kehren zurück" (1954)

Der Klappentext, vermutlich von Dr. Witsch formuliert, lautet (in Auszügen):

"Der Berliner Arzt Joseph Scholmer wird 1949 unter der haltlosen Beschuldigung Spionage getrieben zu haben, von den Sowjets verhaftet und durch ‚Fernurteil' des Moskauer Tribunals zu 25 Jahren Zwangsarbeit verurteilt. Er geht den Weg, der über endlose Verhöre, grausame Foltern, sinnlose Beschuldigungen und sinnlose Geständnisse zum Gefangenentransport in die Sowjetunion und zur Zwangsarbeit in der Arktis führt.

Dieses Leben in einem Reich des Grauens, der Not und der menschlichen Entwürdigung, aber auch die Gefährten, die es gleich ihm erdulden mußten, schildert Scholmer, der ein Teilnehmer des Streiks der Strafgefangenen in Workuta war -, jenes Streiks, mit dem die Macht der Ohnmächtigen offenbar wurde und der die Legende von der Unverwundbarkeit des stalinistischen Systems im gleichen Maß zerstörte wie der Aufstand vom 17. Juni 1953 in der Sowjetzone. Was sich während des Streiks der Strafgefangenen in Workuta abspielte, was ihm voraus-gegangen war und wie er endete, hat Scholmer in einem erschütternden und packenden Bericht aufgezeichnet. Ein Bericht, der sich nicht in der uferlosen Flut menschlicher Leiden verliert, sondern sie mit sarkastischer Überlegenheit, ja oft mit Zynismus zu bändigen sucht. Ein Bericht, der keine Klage enthält und doch zur Anklage wird."

Zwar wird das Buch in der Öffentlichkeit interessiert aufgenommen, denn es ist der erste Zeitzeugenbericht eines deutschen Nachkriegshäftlings über ein Lager des sowjetischen Gulag-Systems. Doch sind Besprechungen, die nicht nur den "packenden Bericht" loben, sondern auch Scholmers Auffassung über die Bedeutung des Streiks teilen, eher selten. Häufiger sind Rezensionen, die seiner These mit Skepsis begegnen, wie etwa die folgende: "Dr. Scholmer unterliegt der menschlich verständlichen Tendenz, das Sowjetsystem gewissermaßen von den Zwangsarbeiterlagern her aus den Angeln heben zu wollen ... "Der Autor sieht "die weltpolitische Situation zu sehr aus dem Gesichtswinkel von Workuta." (13)

Schon kurz nach seiner ersten Veröffentlichung arbeitet Joseph bereits an einer neuen Publikation, doch scheint das Interesse seines Verlegers an der GULag-Literatur nach der Veröffentlichung von "Die Toten kehren zurück" merklich nachgelassen zu haben, zumal der Verlag bereits zwei Jahre zuvor ein ähnliches, sehr erfolgreiches Buch von Margarete Buber-Neumann publiziert hatte: "Als Gefangene bei Stalin und Hitler". (14)

Am 2. Dezember 1954, zu Ursulas 31. Geburtstag, taucht Jo für einen Tag in Solingen auf - mit zwanzig roten Rosen.

Ende 1954, nach dem Eingang von Vorschüssen des Londoner Verlages, wird als Weihnachtsgeschenk für beide ein gebrauchter VW Käfer angeschafft; den Führerschein besitzt bis Anfang 1956 jedoch nur Ursula. - Den Jahreswechsel 1954/55 verbringt das Paar gemeinsam in Berlin.

Das folgende Zitat aus Ulas Niederschriften beschreibt vermutlich eine Schlüssel-Szene aus ihrer Ehe mit Jo:

"Ich habe mich wieder an mein Manuskript ´Weinen verboten´ gemacht Die ersten 30 Seiten liegen jetzt beim Verlag Kiepenheuer & Witsch in Köln, nächste Woche habe ich eine Besprechung. An meinem Manuskript muss noch viel gefeilt werden. Jo hat versprochen, mir dabei zu helfen. - Ich bin nicht so sicher im Umgang mit der Sprache, wenn es um Belletristik geht. Es ist doch ein großer Unterschied zur Arbeit an einem Drehbuch, denn da kommt es nur auf den Dialog an, die Geschehnisse werden auf der linken Seite des Buches angegeben, müssen aber nicht in Sprache umgesetzt werden.

Jo meint, dass ich mit der Zeit schon noch ‚dahinter kommen´ werde. Ich hoffe das auch und will ihm gern glauben, denn mich plagen gewaltige Komplexe deswegen, und das ist eklig, ich habe doch so viel zu sagen! - Als ich Jo von meiner Absicht erzählte, über unsere Gefangenenzeit einen Film zu schreiben, war er sofort davon angetan. Ich denke dabei an einen realistischen Bericht, der auf Jos und meinen Erlebnissen basiert, also Männer- und Frauenlager zeigt. Als Steigerung der Geschehnisse und starken Höhepunkt sehe ich den Aufstand der Gefangenen, und dessen Zusammenbruch samt Chaos danach bildet den Schluss. Wozu habe ich schließlich bei der DEFA das Drehbuchschreiben gelernt, wenn ich es jetzt nicht nutze." (15)

Dieses etwas ausführlicher wiedergegebene Selbstgespräch ist deshalb von großer Bedeutung, weil es einen sich anbahnenden Konflikt andeutet:

Ursula weiß: Ihre Stärke ist eher das Drehbuchschreiben. Auch Dr. Witsch hatte das anerkannt und sie dafür gelobt. Das belletristisch-literarische Schreiben dagegen ist ihre Schwäche. Joseph, der auch über ein beachtliches literarisch-kreatives Talent verfügt und stilistisch elegant zu formulieren versteht, kennt Ursulas Schwäche nur zu gut. Er könnte ihr helfen, sie ermutigen, so wie er es bei Freunden, etwa bei Deszö, bereitwillig und uneigennützig tut. Doch die Ehefrau, die er seinen Briefen zufolge so "unaussprechlich und unerschütterlich" liebt, lässt er weitgehend allein mit ihren schriftstellerischen Skrupeln, ihrer Unzufriedenheit.

Ursulas Drehbuchidee greift er zwar sofort auf, schreibt an seinen Londoner Verlag und bietet ihm die Filmrechte an, dies unter der ausdrücklichen Bedingung, dass er selbst und seine Ehefrau das Drehbuch verfassen. Als sich jedoch abzeichnet, dass sich dies mit dem Verlag Weidenfeld & Nicolson nicht realisieren lässt, verliert Joseph offensichtlich mehr und mehr sein Interesse an den Schreibprojekten seiner Frau, nicht nur am Workuta-Drehbuch, sondern auch an Ursulas fast fertig gestelltem Buchmanuskript "Weinen verboten".

Ursula ist enttäuscht: "Ich arbeite jetzt am letzten Kapitel, zwölf sind es geworden, dann ist es geschafft. Jo hat das Manuskript nicht mehr angeguckt."

Eine Freundin, Sabine Rühle-Brandt, wird später das Manuskript lesen und wohlwollend-kritisch kommentieren. Von ihr - nicht von ihrem Ehemann - wird Ursula auch künftig beim Schreiben unterstützt und beraten.

Warum tut Jo das nicht? Ist er zu intensiv und ausschließlich mit eigenen Projekten beschäftigt? Oder beurteilt er Ursulas Schreibweise mittlerweile so negativ (vor allem im Sinne von "zu unpolitisch"), dass er in ihr nicht mehr die Autorin und Kollegin sieht, sondern nur noch eine tüchtige Schreibkraft, seine künftige Privat-Sekretärin? Was ist aus der "großen, unaussprechlichen Liebe" geworden - ist die schon auf der Strecke geblieben? Der Verdacht drängt sich auf, dass Joseph vor allem Ursulas "ordnende Hand als Hausfrau" begehrt, ihren Sinn für Blumen, ihre zielstrebige Energie, mit der sie auch sein oft unstetes, umtriebiges, planloses Leben gestaltet.

Noch immer wohnt Ursula in der Solinger Wohnung, die ihr die Engländer zur Verfügung stellten. Polizeilich gemeldet ist sie aber in Detmold, als ihre offizielle Adresse gilt die Wohnung der Eltern im Detmolder Stadtteil Hiddesen.

Während der letzten Wochen hat sich Beunruhigendes zugetragen: In Hiddesen wurde Ingo auf der Straße und in Abwesenheit der Großeltern nach seiner Mutter ausgefragt. Auch in der Berliner Wohnung am Hohenzollerndamm erkundigte man sich nach ihr, wie ein ehemaliger Nachbar mitteilte. Und seit einiger Zeit erreichen sie im Solinger Haus „fast täglich mysteriöse Telefonanrufe". Ursula befürchtet, der ostdeutsche Geheimdienst, das Ministerium für Staatssicherheit, habe sie möglicherweise "gefunden" und Agenten auf sie angesetzt. Sie beschließt, die Solinger Unterkunft, in deren oberer Etage sie bisher nur selten einen Gast der Engländer bewirten musste, bald aufzugeben.

Am liebsten aber würde Ula mit Jo nun doch nach Amerika auswandern. Unmittelbar nach der Rückkehr der beiden aus Workuta, nach der großen Berliner Pressekonferenz, bot eine amerikanische Stelle dem versierten Russlandkenner Schölmerich die Einreise in die USA und sogar die amerikanische Staatsbürgerschaft an. Doch Joseph hatte andere Pläne.

Wie in diesem Fall, so achtet er auch in anderer Hinsicht Ursulas Wünsche und Bedürfnisse gering, kümmert sich fast ausschließlich um seine Interessen und Projekte. Noch sieht Ursula darin keine Beeinträchtigung ihrer ehelichen Beziehung. Sie ist vielmehr stolz auf das Renommee und die publizistischen Erfolge ihres Mannes. Ursula weiß, wie wichtig ihm seine Projekte sind. Sie möchte Jo nicht mit eigenen Wünschen und Erwartungen bedrängen. Zugleich hofft sie, dass es bald einmal anders werden möge, dass sie mehr Zeit miteinander verbringen könnten.

Fast ein wenig beschönigend wirkt Ursulas Tagebucheintrag vom 15. April 1955. An diesem Tag taucht Jo mit einem großen Strauß roter Nelken bei ihr auf, doch bleibt er auch dieses Mal nicht lange. "Jo hat unseren Hochzeitstag nicht vergessen", freut sich Ursula. "Wie schnell verging doch dieses erste Jahr! Wenn die nächsten 24 Jahre ebenso harmonisch verlaufen, könnte ich mir nichts Besseres wünschen. Kein Zank, kein Streit, nur Über-

einstimmung, Liebe und gegenseitiges Aufeinander-Einstellen. So sollte es bleiben. "Dann ergänzt sie:
"Doch heute musste er schon wieder weg."

Sie ist zwar enttäuscht darüber, dass Jo sich weiterhin ausschließlich auf seine Vorhaben konzentriert. Dennoch hat sie ihm (anfangs) nur selten eine böse Absicht unterstellt, selbst dann nicht, als ihre Beziehung schließlich doch mehr und mehr unter Josephs Abwesenheit zu leiden begann. Sein Lebensmittelpunkt war und blieb Kasbach. In Ursulas Augen war Jo nun mal so gestrickt, so fest von sich und seiner Sache überzeugt, dass er - ohne Absicht oder bösen Willen – alles Ablenkende und Störende ausblenden musste. Dazu gehörte für ihn auch Ursulas Wunsch nach mehr Zweisamkeit.

Im Frühjahr 1955 wird Joseph von Heinrich Böll zu einem längeren Gespräch in dessen Haus eingeladen. Ula begleitet ihn. Von seinem Verleger Dr. Witsch hatte Böll den Kontakt zu dem vier Jahre älteren Autoren- (und Verlags-) Kollegen Joseph Scholmer vermitteln lassen.

Im Frühjahr 1953 war Bölls erstes bei Kiepenheuer und Witsch verlegtes Buch "Und sagte kein einziges Wort" erschienen, 1954 dann "Haus ohne Hüter". Dr. Witsch hatte den zu dieser Zeit nur literarischen Insidern bekannten Autor zwei Jahre zuvor mit einem großen Vertrauensvorschuss (und mit literarischem Gespür) unter Vertrag genommen. Ab Mitte der 1950er Jahre wird Heinrich Böll dann mehr und mehr - und für lange Zeit - zum wichtigsten Autor des Kölner Verlages werden.

"Der Mann war mir sympathisch" schreibt Ursula über den Besuch, "und was er schrieb, hat mir gefallen. " Sie habe später alle seine Bücher gelesen. Doch bei dem eigentlichen Gespräch im Frühjahr 1955 war sie gar nicht dabei:

Heinrich Böll hatte seine Gäste an der Gartentür begrüßt, man hatte Kaffee getrunken und sich den Apfelkuchen schmecken lassen, den Bölls Ehefrau Annemarie gebacken hatte. "Dann folgte ein langes Gespräch zwischen den Männern, worum es ging, weiß ich nicht. Frau Annemarie zeigte mir inzwischen den Garten mit den Gemüsebeeten."

Mitte April 1955 wird Joseph Taufpate. Bei seinem Bruder Paul, der mit seiner Familie in Marburg wohnt, kam der dritte Sohn zur Welt. Kurz darauf erlebt Ursula ähnliches: Ihr Bruder Jochen, den sie viel seltener sieht als Horst, da dieser inzwischen in der Nähe von Hiddesen wohnt, wurde zum dritten Mal Vater. Für die kleinen Anke wird Ursula zur Taufpatin bestimmt.

Das erste Halbjahr 1955 ist von wichtigen deutschlandpolitischen Entwicklungen und Entscheidungen geprägt.

Ende 1954 wurden die von der Adenauerregierung ausgehandelten Pariser Verträge unterzeichnet. Sie sollen das Besatzungsstatut Westdeutschlands beenden und die Bundesrepublik zu einem Mitglied der NATO machen.

Bevor sie aber ratifiziert und damit wirksam werden können, versuchen Gegner der Wiederbewaffnung, mittels mehrmonatiger Protestveranstaltungen und mit einem "Deutschen Manifest" gegenzusteuern: Am 29. Januar 1955 wird in der Frankfurter Paulskirche der Grundstein für die erste organisierte außerparlamentarische Aktion der jungen Bundesrepublik gelegt. Träger der sogenannten "Paulskirchenbewegung" sind die SPD, die Gewerkschaften, die evangelische Kirche, vertreten unter anderen vom SPD-Vorsitzenden Erich Ollenhauer, von Gustav Heinemann und Helmut Gollwitzer. Viele Künstler, Schriftsteller und Wissenschaftler beteiligen sich. Die Kundgebung in der Frankfurter Paulskirche ist der letzte verzweifelte Versuch, das Inkrafttreten der Pariser Verträge zu verhindern. Das Hauptargument lautet: Die Aufstellung deutscher Streitkräfte in der Bundesrepublik würde die Militarisierung auch der Sowjetzone zur Folge haben, würde "die Chancen der Wiedervereinigung für unabsehbare Zeit auslöschen und die Spannung zwischen Ost und West verstärken." Eine westdeutsche Aufrüstung sei kein Weg zur Wiedervereinigung und zur Gestaltung Europas.

Doch die Proteste nützen nichts. Adenauers CDU hat im Bundestag die absolute Mehrheit. Am 27. Februar 1955 erfolgt, unter dem Schutz von Polizeikordons mit Wasserwerfern, die Ratifizierung der Verträge. Im Mai 1955 werden sie wirksam, die Bundesrepublik ist nun Mitglied der NATO.

Noch im selben Monat findet die Gründung des Warschauer Paktes statt; auch der Ostblock hat nun eine militärische Beistandsvereinbarung.

Im Mai 1955 gibt Ursula ihre Wohnung in Solingen endgültig auf. Das junge Ehepaar besitzt, abgesehen von dem kleinen Zimmer in Köln, keine gemeinsame Unterkunft. Jo lebt, wenn er nicht unterwegs ist, weiterhin bei der Mutter in Kasbach oder in seinem Arbeitszimmer im Gasthof.

Also hat Ursula ab jetzt keine eigene Wohnung in Westdeutschland, und dies wird fast zwei Jahre lang so bleiben. Sie wird also häufig zwischen Hiddesen, Köln und Berlin hin- und herpendeln müssen. - Zumindest ihre kleine Dahlemer Wohnung darf sie weiter benutzen.

Mitte 1955 kommt Ursula ein großes Stück voran bei dem Bemühen, ihrer noch in Workuta gefangenen Freundin Erica Wallach zu helfen, vor allem einen Kontakt zur Mutter und zum Ehemann herzustellen. Über das Rote Kreuz in Berlin erhielt sie einen Brief von der Mutter, Frau Glaser, die vom amerikanischen Konsulat einen Hinweis auf Ursula bekommen hatte. Ende 1954 konnte Ula mit der in England lebenden Therese Glaser Kontakt aufnehmen. Zuvor erfuhr sie über ein Mitglied des Schweizer Roten Kreuzes die Adresse von Bob, Ericas Ehemann in Amerika. - Im Februar 1955 bedankt sich Erica für die erfolgreiche Kontaktvermittlung:

"Hab tausend Dank für all Deine Mühe ..." und sie fügt hinzu: "Du bist die Einzige, an die ich mich wenden und auf die ich mich verlassen kann ..."

Mitte 1955 lädt Frau Glaser Ursula zu einem Treffen nach Paris ein. Auch Mrs. Doop, eine Schwester Noel Fields, kommt hinzu, die Ursula unbedingt sprechen möchte. Sie will von ihr etwas über das Schicksal von Noel und Herta Field erfahren, den Adoptiveltern Erica Wallachs. Doch kann Ursula ihr kaum befriedigende Auskünfte geben. Erica hat im Lager nur andeutungsweise über die Fields gesprochen, und umgekehrt kann und will Mrs. Doob "nicht viel verraten".

Über die komplizierte so genannte "Field-Affäre" (Noel Field war als „erfundener Spion" - so der Titel eines aufwändig recherchierten Dokumentarfilms - zu einer Schlüsselfigur im Zusammenhang mit stalinistischen Schauprozessen geworden) konnte Ursula in Workuta nur Bruchstückhaftes erfahren, weil Erica selbst von den Ereignissen um Field unmittelbar betroffen war und daher nur wenig davon erzählt hatte.

Im Herbst 1955 häufen sich entsprechende Berichte in den großen Zeitungen. Erst sie vermitteln Ursula nähere Erkenntnisse über die Field-Affäre, die kurze Zeit später eine überraschende Wendung nimmt.

Im Herbst 1955 unternehmen Ula und Jo zwei Reisen, im September nach Mailand, im Oktober nach Wien. Angesichts ihrer eher als Fernbeziehung zu bezeichnenden Ehe erscheinen diese beide Unternehmungen als besondere Highlights ihrer Beziehung, auch wenn es für Joseph zugleich Dienstreisen sind. Zum Vortrag in Mailand hat ihn der "Kongreß für die Freiheit der Kultur" (CCF: Congress for Cultural Freedom) eingeladen. Auf einer internationalen Tagung unter dem Motto "Die Zukunft der Freiheit" hält Joseph ein Referat zum Thema "Opposition und Resistance in der Sowjetunion" - allerdings mit einer deutlich geringeren Resonanz, als er sie erwartet hat.

Insbesondere Jos zentrale Auffassung von der politischen Bedeutsamkeit des Streiks in Workuta wird offenbar - auch unter den Mitgliedern des Kongresses - nur von wenigen in einem ähnlichen Ausmaß geteilt. Der politische Publizist Joseph Scholmer war schon mit seinem Mitte Juni 1955 in der Süddeutschen Zeitung erschienenen Bericht "17. Juni 1953: Was in Berlin begann - ging in Workuta zu Ende" auf eine eher schwache Resonanz gestoßen, ebenso später in seinem großen Artikel für die ZEIT ("Das deutsche Beispiel wirkte in Workuta". In: Die Zeit vom 6. Oktober 1955). Jedenfalls hatte Jo insgesamt deutlich mehr Zustimmung und Unterstützung für seine Sichtweise und seine politischen Schlussfolgerungen erwartet.

Ula allein - nur sie besitzt einen Führerschein - steuert den VW-Käfer auf der Fahrt nach Mailand und auf dem etwas geruhsameren Rückweg. Wegen der braunen Lackierung hat Jo das Auto "Zartbitter" getauft. - Die Reise nach Italien ist lang und anstrengend, insbesondere die noch nicht durchgängig gut ausgebaute Strecke über die Alpen. Glücklicherweise bleibt nach Jos "Kongress" - Vortrag aber noch Zeit für kleine Urlaubsfreuden:

Die Eheleute genießen die Sehenswürdigkeiten in Mailand, übernachten in einem der vornehmsten Hotels der Stadt. Auch gönnen sie sich bei der Rückfahrt einige nun eher touristische Aufenthalte am Comer See, in Lugano und Bellinzona, schließlich in Konstanz am Bodensee.

Abb. 30 u. 31:

Ula und Jo am Comer See, September 1955

In München wird Joseph wieder dienstlich erwartet: Man hat ihn für eine mehrteilige politische Sendung des Bayerischen Rundfunks engagiert. Das bedeutet eine kleine Einnahme von 100 Mark pro Tag.

Die Fahrt nach Wien im Oktober, wieder hunderte Kilometer mit dem PKW, ist von vornherein mehr eine Dienst- als eine Urlaubsreise: Joseph erhielt von der „Deutschen Korrespondenz" in Bonn den Auftrag, die ersten österreichischen Heimkehrer in Wien zu treffen und zu interviewen. Folglich gibt es eine Unzahl von Gesprächen und Verabredungen; von den Sehenswürdigkeiten der Stadt bekommt Ula nicht viel mit.

Dennoch haben diese beiden Reisen Jo und Ula, denen sonst nur wenige Tage Gemeinsamkeit vergönnt waren, offensichtlich gutgetan, haben sie einander wieder nähergebracht. Das kann man auch den entspannt wirkenden Gesichtern auf den Fotos entnehmen.

Im September 1955 steht die Moskau-Reise Konrad Adenauers im Fokus der deutschen Medien. Dieses Ereignis wird bis heute in der bundesdeutschen Öffentlichkeit etwa so beschrieben:

"1955 reist Konrad Adenauer überraschend nach Moskau und verhandelt dort über die Freilassung der 10.000 deutschen Gefangenen in sowjetischen Arbeitslagern wie Workuta ... Die Deutschen kommen frei, dafür wird die Bundesrepublik entgegen ihrer bisherigen Haltung diplomatische Beziehungen zur Sowjetunion aufnehmen. Adenauer befindet sich auf dem Höhepunkt seiner Popularität ..." (16)

Allerdings konnten viele deutsche Kriegsgefangene und politische Häftlinge nicht mehr nach Hause zurückkehren. Sie hatten die Lager der Sowjetunion nicht überlebt. Deren Angehörige empfanden die Begrüßung der Heimkehrer in Friedland als bittere Enttäuschung. Inzwischen gibt es auch aus anderen Gründen gegensätzliche Sichtweisen zum Thema "Adenauer und die Heimkehr der Zehntausend". (17)

14. Oktober 1955, ein Telegramm aus Moskau: Erica kommt frei! Man hat das Todesurteil gegen sie völlig überraschend aufgehoben! - Erica wurde aus Workuta entlassen, nach längerem Aufenthalt in Moskau nach Berlin zurückgebracht und in den Westteil der Stadt abgeschoben.
Ursula beschreibt es so: "Eines Tages ist Erica wieder da! - Als sie die Ereignisse schildert, die zu ihrer Entlassung geführt haben, hören wir atemlos zu: 'In Moskau wurde ich zu einem Hotel gebracht, ein Einzelzimmer war für mich reserviert. Ich wurde neu eingekleidet, bekam Karten für Theater und Bolschoi-Ballett, wurde gut verpflegt. An dritten Tag erschienen Offiziere bei mir im Hotel und erklärten, alles beruhe auf einem großen Irrtum. Sie entschuldigten sich für die fünf Jahre Haft, für das Todesurteil, es sei alles ein Versehen gewesen.' (18)
Der Hintergrund für diese unglaubliche Geschichte ist die außergewöhnliche, in den Details sehr komplizierte so genannte Field-Affäre:
Erica Wallach, geb. 1922, war die letzte von vier Angehörigen der Field-Familie, die man nach mehrjähriger Haft (und an unterschiedlichen Orten) wieder freigelassen hatte. - Im Mai 1949 wurde der in der Schweiz aufgewachsene US-amerikanische Diplomat Noel Field, ein engagierter Kommunist und Ericas Adoptiv-Vater, vom ungarischen Geheimdienst in Prag verhaftet, als vermeintlicher "Superspion" der CIA zur Schlüsselfigur stalinistischer Schauprozesse auserkoren, in Ungarn fünf Jahre lang in Einzelhaft gefangen gehalten und schwer gefoltert. Der Gefangene diente währenddessen als Ausgangspunkt für die Konstruktion absurder Verschwörungstheorien, mit deren Hilfe Machtkämpfe in den kommunistischen Parteien Osteuropas ausgetragen und

Sündenböcke präsentiert wurden. Zahlreiche missliebige Parteiführer wurden so inhaftiert, wobei stets ein bloßer auch nur zeitweiliger Kontakt zu Field als Verhaftungsgrund "ausreichte". Viele dieser Kommunisten wurden zum Tode verurteilt und hingerichtet. (19)

Als Noel Field, von Einzelhaft und Folter schwer gezeichnet, 1955 entlassen, teilweise rehabilitiert und finanziell entschädigt wurde, zeigte sich die Weltöffentlichkeit irritiert angesichts der Entscheidung Fields, in Ungarn zu bleiben, wo er bis zu seinem Tod 1970 als nach wie vor überzeugter Kommunist in Budapest lebte. - Auch Erica Wallach äußerte sich betroffen und irritiert, als sie viele Jahre später (kurz vor ihrem Tod) Dokumente las, in denen Field seine Entscheidung begründete und rechtfertigte: "Das ist nicht der Noel Field, den ich gekannt habe ..." (20)

Ende 1955 besucht Ursula ihre Freundin in Frankfurt. Die US-Behörden hatten Erica die Einreise in die USA zunächst verweigert, unter anderem wegen ihrer anfangs ungeklärten Staatszugehörigkeit - und weil man sie zeitweise verdächtigte, eine sowjetische Agentin zu sein.

Abb. 32:

Ursula Rumin und Erica Wallach
in Frankfurt

Erst nachdem Erica Wallach im März 1958 vor dem berüchtigten "Ausschuss für unamerikanische Umtriebe" ausgesagt hatte, durfte sie zu ihrer Familie nach Virginia zurückkehren. Bis zu ihrem Tod 1993 arbeitete sie als

Lehrerin in Warrington. - Um sich in der McCarthy-Ära nicht antikommunistisch vereinnahmen zu lassen, hatte sie sich dafür entschieden ihr autobiographisches Buch "Light in August" erst 1967 zu veröffentlichen. Eine deutsche Übersetzung erschien 1969 unter dem Titel "Licht um Mitternacht". (21)

Im Dezember 1955 nimmt Ursula mit Freude und ein wenig Verwunderung deutliche Gesten nicht nur der Zuneigung, sondern auch der liebevollen, sogar familiären Verbundenheit seitens ihres Ehemannes wahr. Zu ihrem 32. Geburtstag schenkt Joseph seiner Frau nicht nur, wie im Jahr zuvor, etwas Blühendes - statt Rosen oder Nelken dieses Mal einen Weihnachtskaktus ("Weil die Blumen so schnell verwelken, meinte er ..."). Sogar einen Geburtstagstisch hat er für Ursula aufgebaut. Und zum Silvesterabend in Hiddesen besorgt Jo vom Bauern nebenan zwei dicke Gänse. Er scheint tatsächlich Spaß daran zu haben, mit seiner Frau, den Schwiegereltern und Ingo Silvester zu feiern: „Ich habe Jo noch nie so ausgelassen erlebt, er hat, was er sonst selten tut, mit mir getanzt."

Am meisten jedoch hat Joseph seine "bezaubernde Gattin" (wie er sie in Briefen gerne anspricht) schon Anfang Dezember mit folgender Idee überrascht: Er macht den durchaus ernst gemeinten Vorschlag, in der Kölner Südstadt eine 4-Zimmer-Neubauwohnung zu mieten. Die beiden suchen umgehend den Makler auf. Im 5. Stock des geplanten Hochhaus-Neubaus würden sie neben Küche, Diele, Bad über zwei große und zwei kleine Zimmer verfügen, sogar über einen Balkon. Die Wohnung soll laut Planung im Mai 1956 bezugsfertig sein. (Ula: "Das wäre herrlich ...!") Allerdings ist es ihnen aus finanziellen Gründen nicht möglich, bereits nach zehn Tagen, wie vom Makler gefordert, den Mietvertrag zu unterschreiben. Sie können die 3000 Mark Vermittlungsgebühr nicht aufbringen, trotz eines im November an Joseph gezahlten Vorschusses von 2.500 Mark für ein neues Buch.

Finanzielle Schwierigkeiten und Engpässe waren schon lange ein häufig wiederkehrendes, auch zunehmend konfliktträchtiges Thema zwischen den beiden. Dies besonders, weil Ursula Grund zu der Annahme hatte, Jo zeige sich, insbesondere nach dem Eingang größerer Vorschuss- beziehungsweise Honorarzahlungen, gegenüber "klammen" Freunden zeitweise allzu freigebig - und liefe dabei Gefahr, sich erheblich zu verschulden. So stellten sich in den Folgemonaten dem hoffnungsvoll begonnenen Kölner Neubau-Projekt wieder finanzielle Schwierigkeiten in den Weg, außerdem Probleme, die allein auf Seiten der Baufirma lagen. Zwar konnte Joseph Anfang 1956 den Vertrag mit dem Immobilienmakler abschließen, den Anspruch auf die Wohnung somit verbindlich machen. Die Besichtigung der Baustelle verlief aber enttäuschend: Statt eines fertigen Rohbaus, der Ende Januar stehen sollte, fanden Ula und Jo nur ein großes Bauloch vor.

Ein anderes Problem, das zu einem langfristig schwelenden, sich manchmal auch zuspitzenden Konflikt zwischen den Eheleuten führte, waren Ursulas diverse Manuskripte und sonstigen Schreibprojekte. Jo nahm sie mehr und mehr unfreundlich, fast widerwillig zu Kenntnis, ganz so, als sei es ihm lieber, wenn Ursula das literarisch-dokumentarische Schreiben ganz aufgeben würde und sich stattdessen auf vergleichsweise einfache, jedenfalls nicht literarisch ambitionierte Schreibtätigkeiten beschränkte. „Jo sieht es nicht gern, dass ich schreibe. Er sagte mir wörtlich: 'Du störst damit meine Kreise" Und trotzig fügt Ursula hinzu: "Nun zeige ich ihm nichts mehr von meinen Aufzeichnungen." (22)

Jo hatte ein von Ula begonnenes Manuskript ("Laska"), in dem es um eine couragierte junge Frau im München der frühen Nachkriegszeit geht, zunächst gelobt und Ula ausdrücklich zum Weiterschreiben ermutigt: "Das wird mal ein Buch!" Später jedoch, nach anfänglichen Versuchen, seine Ehefrau beim Schreiben zu unterstützen, beurteilte er das Skript wesentlich kritischer. Er fände keinen Zugang, sagte er, keinen Kontakt zu den Personen im Romanentwurf.

Ulas Enttäuschung und Verärgerung über solche und ähnliche Bemerkungen sind verständlich, auch ihr wachsendes Bedürfnis, Jo früher oder später zu beweisen, dass nicht nur er, der renommierte Publizist und begabte Schriftsteller, sondern auch sie Wichtiges mitzuteilen hätte. "Es sieht so aus, als ob er mich am Schreiben hindern will. - Aber ich werde nicht aufgeben! Ich erhebe ja nicht den Anspruch, große Literatur zu schaffen, aber auch ich habe viel zu sagen." Insbesondere hofft Ursula weiterhin, nicht nur ihr fast fertiges Workuta-Buch "Weinen verboten" würde bald veröffentlicht, sondern sie könnte vielleicht auch noch das Film-Drehbuch zu Workuta schreiben, in dem der Streik vom Sommer 1953 eine wichtige Rolle spielen soll. Ein Exposé mit dem Titel "Sklaven in Eismeer" hat sie bereits verfasst und an mögliche Interessenten verschickt, so auch an die Bonner *Bundeszentrale für Heimatdienst* (Vorläufer der Bundeszentrale für politische Bildung).

Sie wird noch zu einem anderen Projekt angeregt, das sich vermutlich aber erst in ferner Zukunft realisieren ließe. Jo hat ihr zu Weihnachten Das Tagebuch der Anne Frank geschenkt. Auch Ursula führte von ihrem 16. Lebensjahr an, also seit 1939, regelmäßig Tagebuch und wird es weiterhin tun. Die ältesten Aufzeichnungen hat sie allerdings bei der Vertreibung aus Schlesien zurücklassen müssen. Aber ihre Niederschriften ab 1944 besitzt sie noch, lückenlos. Anne Franks Tagebuch habe sie sehr ergriffen, sagt sie. Ob sie ihre eigenen Aufzeichnungen später auch einmal veröffentlichen wird?

Seit Anfang 1956 benutzt auch Jo den gemeinsam erworbenen VW. Er erwarb inzwischen ebenfalls einen Führerschein. Jetzt plant er mit Mutter Katharina eine Fahrt zu Verwandten.

Für die Staaten des Ostblocks ist das Jahr 1956 mit großen Erschütterungen verbunden. In der DDR sind die Nachwirkungen des Volksaufstandes von 1953 erst knapp überwunden, da geschieht in Moskau, auf dem XX. Parteitag der KPDSU, Unglaubliches: In einer sensationellen "Geheimrede", gehalten vor ausgewählten Delegierten, bricht Chruschtschow am 25. Februar 1956 ein lang gehütetes Tabu: Er stürzt den drei Jahre zuvor verstorbenen und in einem feierlich-pompösen Staatsakt bestatteten Stalin vom Sockel. Schonungslos prangert er nun dessen skrupellosen Verbrechen an, insbesondere die von Stalin angeordneten Schauprozesse und "Säuberungen" in den 1930er Jahren, denen unzählige in den Augen des Diktators nicht linientreue Kommunisten zum Opfer gefallen waren.

Viele Menschen im Ostblock empfinden die Demaskierung des grausamen Machthabers als eine Erlösung; sie erhoffen und erwarten nun grundlegende Reformen und das Ende der Denkverbote und Tabus, dies nicht nur im Kreml, sondern im gesamten kommunistischen Europa.

In Ost-Berlin sammelt der Philosoph Wolfgang Harich gemeinsam mit Walter Janka, dem Leiter des Aufbau-Verlages, eine Gruppe von marxistischen Intellektuellen um sich, die auf einen Wandel drängen. Sie wenden sich gegen den bisherigen von Ulbricht durchgesetzten Stalinismus und propagieren eine wahrhaft sozialistische Umgestaltung der DDR. Die DDR-Justiz nennt sie "Harich-Gruppe" und sieht in ihnen Staatsfeinde und Konterrevolutionäre. Die oppositionelle Gruppe fordert vor allem Meinungsfreiheit, eine Kulturpolitik ohne staatliche Reglementierung und Bevormundung.

Nicht nur in der DDR, auch in Polen und in Ungarn entstehen nach dem Paukenschlag Chruschtschows innersozialistische Reformbewegungen.

Doch findet diese Phase der Entstalinisierung, später als "Tauwetter" bezeichnet, im Verlauf des Jahres 1956 schon wieder ihr Ende - durch Schauprozesse, willkürliche Verurteilungen und mittels militärischer Gewalt. So wie im Juni 1953 in der DDR. Und wie in Workuta.

Ende Juni findet Ursula in ihrem Briefkasten ein Schreiben der Bundeszentrale für Heimatdienst. Man beauftragt sie offiziell, nach dem Vorbild ihres Exposés "Sklaven am Eismeer" ein Treatment auszuarbeiten. Als Honorar wird ein Betrag von 5000 DM vereinbart, fällig nach Ablieferung und Annahme der Arbeit. Ursula darf sich nun gute Chancen ausrechnen, nach diesem ersten Treatment auch ihr schon lange geplantes Film-Drehbuch über den Streik in Workuta realisieren zu können! (23) - Ihr Laska-Manuskript hat sie inzwischen noch einmal überarbeitet und auf den Weg geschickt. Ihre Berliner Freundin Lies hat es gelesen. "Sie war begeistert und meinte, es könnte ein Bestseller werden. Na, schön wäre es!"

Schlechte Nachrichten erreichen Ursula aus Kasbach: Jo muss Katharina nun täglich nach Bonn fahren, zur Bestrahlung. Katharina ist an Krebs erkrankt. Ursula beginnt sich zu fragen, ob die für Juli geplante Reise nach Schweden, die sie mit Jo unternehmen möchte, gefährdet ist. Falls er nicht mitkäme, wegen Katharina oder wegen anderer, tatsächlich oder vermeintlich wichtigerer Vorhaben, würde sie allein fahren.

Ein weiteres Schreiben der Bundeszentrale, das Ursula noch vor Antritt der Schwedenreise erreicht, macht ihr Hoffnung. Über die Ausarbeitung des Treatments zu einem Drehbuch werde man ihr bald Nachricht geben.

Die Urlaubsreise im Sommer 1956 muss Ursula, wie von ihr schon befürchtet, allein unternehmen. In ihrem Buch berichtet sie ausführlich über eindrucksvolle Erlebnisse und Begegnungen. Nach ihrer Rückkehr Ende August schreibt sie: "Es war mir ein großes Bedürfnis, die Erlebnisse gerade dieser Reise festzuhalten, hatte ich sie doch lange geplant und mich unendlich darauf gefreut. Schade nur, dass ich sie allein machen musste, Jo hätte sie sicher auch gefallen."

Zurück aus dem Urlaub, macht sich Ursula auf die Suche nach einer Alternative zu der noch immer im Bau befindlichen Kölner

Hochhaus-Wohnung. Die ist ihr und Jo inzwischen endgültig verloren gegangen, aus Geldmangel. Sie findet eine Zweizimmerwohnung in einer guten Gegend von Köln, Ende November soll sie bezugsfertig sein. Ursula hofft, bis dahin ihr Drehbuch abgeschlossen zu haben, denn ohne das zugesagte Honorar würden weder sie noch Jo die Miete aufbringen können, auch wenn die neue Wohnung deutlich kleiner ist.

Ihren wie üblich vielbeschäftigen Ehemann konnte Ula auch nach ihrem Urlaub nicht oft sehen. Einmal trafen sich die beiden in Köln mit einem Ehepaar, das zu Jos Freunden zählte: Auch Eva und Jochen Müthel erlebten Gefangenenschicksale, nicht in Workuta, sondern in Zuchthäusern der DDR, in Bautzen und Hoheneck.

Abb. 33:

(v. links): Joseph, Eva und Jochen Müthel, Ula

Auf Anraten und mit Unterstützung von Joseph hat Eva begonnen, ebenfalls ein Buch über ihre Gefangenenzeit zu schreiben. Sie und ihr Freund wurden 1948 in der Ostzone verhaftet, der Spionage beschuldigt und zu 25 Jahren Gefängnis verurteilt. Nun erzählt sie das unter dem Titel "Für Dich blüht kein Baum". Ihr Buch wird 1957 im S. Fischer Verlag erscheinen und ein beachtlicher Erfolg werden.

Für eine gemeinsame Wohnung in Köln scheint Joseph zunehmend weniger Interesse und Bereitschaft aufzubringen. Er äußerte mehrfach den Wunsch, nicht in der Stadt, sondern irgendwo auf dem Land zu leben, vielleicht in einer alten Mühle oder auf einem Bauernhof. Dort möchte er, so Ula, "in völliger Abgeschiedenheit das 'Buch seines Lebens' schreiben ..."

Ursula verwirft dies nicht prinzipiell, es ist ja eine mögliche Alternative zu einer relativ teuren Stadtwohnung. Aber sie kann Jos Vorstellung nicht allzu viel abgewinnen, vor allem deshalb, weil er insbesondere das einfache, anspruchslose Leben und die Abgeschiedenheit, die gewollte Einsamkeit betont. „Ich habe durchaus nichts gegen ein Leben auf dem Land, aber nicht unter seinen Bedingungen, mit Verzicht auf wenigstens ein bisschen Zivilisation, auf Radio, Fernsehen, Auto." (24)

Ula erfährt, dass Jo weder die Miete für das möblierte Zimmer in Köln-Bayenthal noch die Telefonrechnung bezahlt hat, obwohl er, wie sie weiß, erst kürzlich eine von sechs fälligen Raten von einem Frankfurter Verlag bekam. Sie stellt ihn zur Rede - und erhält die vage Antwort, er habe auch noch "andere Verpflichtungen". Ursulas Bereitschaft, für solche weder näher erläuterten noch genauer begründeten Verpflichtungen Verständnis aufzubringen, sinkt rapide:

"Wir wissen nicht, wovon wir leben sollen, und Jo verschenkt Geld! ... Seinen Freunden hilft er uneigennützig und spontan, er gibt immer, solange er etwas in der Tasche hat... Da Jo offenkundig nicht die Absicht hat, für ein gemeinsames Heim zu sorgen, sondern nach seinen Wünschen und Neigungen zu leben, muss ich allein für mich sorgen ... Es würde mir sehr weh tun, sollte unsere Ehe aus diesen Gründen auseinandergehen ... Doch auf Jo ist kein Verlass; ich muss mein Leben selbst in die Hand nehmen."

Anmerkungen zu Kap IV. (Kalter Krieg und Trauschein ohne Ehe)

(1) Ursula Rumin: Ins Leben zurück. Berlin 2009, S. 17 (künftig: Rumin: Ins Leben zurück)
(2) Meinhard Stark. Die Gezeichneten. Gulag-Häftlinge nach der Entlassung, Berlin (Metropol Verlag) 2010. - Meinhard Stark, geb. 1955, ist Publizist und Historiker. Ihn interessiert vor allem die Frage, wie das Schicksal der GULag-Häftlinge deren weiteres Leben geprägt hat. Für seine Forschungen hat er mehr als einhundert ehemalige Gulag-Häftlinge in Russland, Kasachstan, Polen, Litauen und Deutschland aufgesucht und interviewt.
(3) Frank Möller. Das Buch Witsch. Das schwindelerregende Leben des Verlegers Joseph Caspar Witsch. Köln 2014, S. 371. - In diesem Buch skizziert Möller auch die Verbindungen von Joseph Schölmerich und Ursula Rumin zum Verlag Kiepenheuer und Witsch und zu dem von Dr. Witsch dominierten Kölner „Kongress für die Freiheit der Kultur".

In einer zweiten Monographie (2015) widmet sich Möller dem K&W-Verlagsprogramm. Die beiden Bände basieren auf der Auswertung von Verlagsakten, die heute größtenteils nicht mehr existieren: „Durch den Einsturz des Kölner Stadtarchivs am 3.3.2009 wurde ein großer Teil des Verlagsarchivs ... zerstört"; so zu lesen in der Chronik des Verlages Kiepenheuer und Witsch.

(4) Rumin: Ins Leben zurück, 5. 39 und folgendes Zitat
(5) Rumin: Ins Leben zurück, S. 41/42
(6) Rumin: Ins Leben zurück, 5. 45/46
(7) Frank Möller. Das Buch Witsch, Köln 2014, 5. 377. - Die Autorin einer 2009 erschienenen Monographie über die Anfangsjahre des Kölner Verlages gibt Dr. Witschs Eindruck nach der Lektüre des Manuskriptes und nach dem Gespräch mit dem Autor Joseph Schölmerich ähnlich wieder. Birgit Boge, Die Anfänge von Kiepenheuer und Witsch. Joseph Caspar Witsch und die Etablie-

rung des Verlages. Otto Harrassowitz Verlag, 2009, S. 475, Anmerkung 84

(8) Erinnerung von Ingo Ruhm (im Mai 2016 dem Verfasser zur Verfügung gestellt). - Der Tunnel unter der Erpeler Ley wird heute als Veranstaltungsort für Theateraufführungen genutzt ("Theater im Tunnel"). Informationen auf Website www.ad-erpelle.de

(9) Rumin: Ins Leben zurück, S. 55

(10) Rumin: Ins Leben zurück, S. 58

(11) Deszö Arvays Buch "Du darfst nicht lieben, wen du willst" erscheint 1957 im "Verlag der Sternbücher', Hamburg. So wird es vom Verlag beschrieben: „Niemals ist das Rußland von heute - das gefürchtete Rußland der Sträflinge und ihrer Bewacher - realistischer und farbiger geschildert worden als in diesem fesselnden Roman eines jungen Ungarn, der fünf Jahre als Zwangsarbeiter in der Sowjetunion verbracht hat ..."

(12) Rumin: Ins Leben zurück, S. 60 und folgendes Zitat

(13) Herbert v. Dirksen: Eine politische Buchbesprechung. In: Schweizer Monatshefte, Zeitschrift für Politik, Wirtschaft, Kultur. Band 34 (1954/1955)

(14) Diesem Gesinnungswandel bei Dr. Witsch fiel 1955 offenbar auch Rumins Manuskript "Weinen verboten" zum Opfer: "Nach der Veröffentlichung von Schölmerichs Workuta-Bericht hatte sich die Thematik für Witsch allerdings weitgehend erschöpft. Ein weiteres Manuskript über das Frauenlager Workutas, verfasst von der Ehefrau Schölmerichs, lehnte er 1955 ebenso ab wie ein Jahr zuvor ein Angebot Susanne Leonhards, der Mutter Wolfgang Leonhards, ein Buch über ihre zwölfjährige Gefangenschaft in der Sowjetunion zu veröffentlichen." Frank Möller. Das Buch Witsch, Köln 2014, S. 378

(15) Rumin: Ins Leben zurück, S. 75 und folgende Zitate

(16) http://www.br.de/br-fernsehen

(17) "Akten zeigen nun: Jahrelang blockierte der Kanzler Gespräche mit Moskau." Adenauer habe "seine Politik der Wiederbewaffnung und der Eingliederung in den Westen ohne Rücksicht

auf die deutschen Geiseln in der Sowjetunion durchgesetzt."
www.zeit.de/1993/01/heimkehr-fuenf-jahre-zu-spaet

(18) Rumin, Im FrauenGULag, S. 301f.

(19) Ausführlich thematisiert in: Bernd-Rainer Barth / Werner Schweitzer: Der Fall Noel Field. Schlüsselfigur der Schauprozesse in Osteuropa, 2 Bände. Berlin (BasisDruck) 2005/2007

(20) Aussage E. Wallachs in dem Film "Der erfundene Spion". (Film von Werner Schweizer in Kooperation mit ARTE Deutschland TV GmbH, 1996.) Frau Wallach kommentiert gegen Ende des Films Noel Fields "Brief an die Partei" mit den Worten: "Er ist nur noch der kalte Parteityp ... Das Menschliche ist vollkommen verschwunden ... Hat ihn die jahrelange Haft derart verhärtet? Das ist nicht der Noel Field, den ich gekannt habe." - Wenige Wochen nach dem Interview starb Erica Wallach in Warrington/Virginia. Der Film "Der erfundene Spion" ist ihr gewidmet.

(21) Erica Wallach: Licht um Mitternacht. München (Piper Verlag) 1969

(22) Rumin: Ins Leben zurück, S. 104 und folgendes Zitat

(23) Den Weg vom Exposé zum Drehbuch erklärt Ursula so: "Die Entwicklung eines Drehbuchs beginnt damit, dass ein Exposé von 10-16 Seiten erarbeitet wird. Danach entsteht das Treatment mit bis zu 60 Seiten, und daraus entwickelt sich dann das Drehbuch, das bis zu 260 Seiten und mehr haben kann, je nach Stoff und Ausarbeitung." Rumin: Ins Leben zurück, S. 125

(24) Rumin: Ins Leben zurück, S. 139 ff. (und folgendes Zitat)

V. „Auch ich habe viel zu sagen!"
(1956–1959)

Am 14. November 1956 hält Ursula den lang erwarteten Drehbuchauftrag der Bundeszentrale in Händen: "Nach vorliegender Genehmigung durch das Bundesinnenministerium", steht dort, "beauftrage ich Sie hiermit mit der Erstellung eines Drehbuchs entsprechend dem von Ihnen vorgelegten Treatment." (1)
Ablieferungstermin ist der 15. Januar 1957. Die Bundeszentrale schlägt vor, für die Ausarbeitung des Drehbuchs einen zweiten Dialogschreiber, Herrn Buchholz, hinzuzuziehen; Ursula ist einverstanden. In den folgenden Wochen ist sie nun wieder in Berlin tätig.

Beflügelt vom Honorar für das Treatment und einem mit dem Vertragsabschluss fälligen ersten Honorar für die jetzt anstehende Arbeit, beschäftigt sie sich mit der "Ausfeilung" der Dialoge und der endgültigen Fertigstellung ihres Streik-Drehbuchs. Die Zusammenarbeit mit Buchholz ist aus ihrer Sicht erfreulich unkompliziert: "Sie funktioniert ganz gut, er ist vom Fach und weiß Bescheid."

Von den literarischen Aktivitäten seiner Ehefrau in Berlin weiß Jo kaum etwas, und das ist, findet Ursula, auch gut so. Der Kontakt des Noch-Ehepaares beginnt sich Ende 1956 - und dann für lange Zeit - auf den Austausch von Briefen zu beschränken, im Schnitt einmal monatlich, und auf gelegentliche, eher kurze Telefongespräche.

Vielleicht hätten die nun nahezu unausweichlichen Folgen gar nicht eintreten müssen, vielleicht hätte Ursula mehr Verständnis für Jo aufbringen können, wenn dieser ihr gegenüber offener und gesprächsbereiter gewesen wäre. Er musste doch sein durchaus nicht-egoistisches, vielmehr uneigennütziges, von Hilfsbereitschaft und Solidarität bestimmtes Leben in Kasbach nicht vor ihr quasi verheimlichen, er hätte ihr doch mehr Anteil einräumen können an seinem Engagement im "Kasbacher Kreis". So nannte man später diesen Treffpunkt und Rückzugsort, dieses Refugium für oppositionelle, politisch desillusionierte DDR-Emigranten und -Flüchtlinge, das er ins Leben gerufen und organisiert hatte.

Ihr aber bleiben zu viele Fragen unbeantwortet: Womit ist Jo beschäftigt, wenn er sich in Kasbach aufhält? Was genau tut er dort? Warum hat er, obwohl sie seit April 1954 miteinander verheiratet sind, so wenig Zeit für seine Ehefrau? - Vor allem seit dem Sommer 1956, als Ursula nach Schweden reiste, sehen die beiden sich kaum noch, im Jahr 1957 kein einziges Mal. Anfang April 1957 lässt Ursula sich, unter Vorlage ihres Flüchtlingsausweises, in Berlin-Schöneberg eine Wohnung zuteilen. (Zwei Jahre später wird ihre Ehe mit Jo nach nur fünfjähriger Dauer in Berlin geschieden werden.)

Die Publizistin Carola Stern, in den 1960er Jahren Lektorin bei Kiepenheuer und Witsch, beschreibt den Kasbacher Kreis, dem sie sich auch selbst mehr oder weniger zugehörig fühlte, recht anschaulich:

"Am rechten Ufer des Rheins, zwischen dem mittelalterlichen Städtchen Linz und der Erpeler Ley, liegt Kasbach, ein auf Landkarten kaum vermerktes kleines Dorf. Hierhin will der Mann, der an einem Novembertag des Jahres 1959 in Linz den Zug verläßt und mit seinem Koffer den Bahndamm entlang auf den Ort zuwandert ... Vor ein paar Wochen erst ist er als Flüchtling aus der DDR gekommen ... Seit seiner Jugend war er überzeugter Kommunist und kam am Ende in ein kommunistisches Zuchthaus ... Wolfgang Leonhard hat ihm gesagt: Geh zu Jo, dem Arzt, das ist ein früherer Genosse, der lange in Workuta war und im Dorf zu Hause ist. Und da sind auch noch zwei, drei andere aus der DDR, die in Kasbach ein Refugium fanden. So kam Heinz Zöger an den Rhein." (2)

Ausschließlich aufgrund der Initiative Joseph Scholmers ist dessen Geburtsort in den späten 1950er Jahren zu einem Treffpunkt, einem Refugium für geflüchtete DDR-Oppositionelle geworden, für antistalinistische Kommunisten, die einen „dritten Weg" anstreben zwischen westlichem Kapitalismus und dem im Ostblock vorherrschenden stalinistischen Kommunismus. „Der dritte Weg" heißt dann auch die 1959-1964 vom Kasbacher Kreis herausgegebene Zeitschrift, an der Jo maßgeblich mitarbeitet.

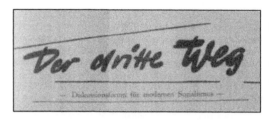

Abb. 34:

„Der dritte Weg". Zeitschrift und Diskussionsforum

Zur Kasbacher Gruppe gehören neben Jo Scholmer und Heinz Lippmann (gemeinsam mit Scholmer hat vor allem er die oppositionelle Zeitschrift geplant und gegründet) auch Hermann Weber (ein enger Freund von Jo - und später ein renommierter Kommunismusforscher) und dessen Frau Gerda, Wolfgang Leonhard (Autor des 1955 bei K&W erschienenen Bestsellers „Die Revolution entläßt ihre Kinder"), Gerhard und Inge Zwerenz, Heinz Zöger und Carola Stern, der Lyriker Peter Jokostra, zeitweise auch Jürgen Rühle und Ursulas Freundin Sabine Brandt-Rühle.

So unterschiedlich deren politische Meinungen im Einzelnen auch sind, schreibt Carola Stern, im Stalinismus sehen sie „eine Verfälschung des Marxismus." Was sie verbindet, ist „die Hoffnung auf die Reformierbarkeit des Kommunismus und seine Umwandlung in einen Sozialismus mit menschlichem Antlitz."

Über Josephs Engagement in Kasbach, das ab 1956 zum absoluten Schwerpunkt seiner Tätigkeit und daher zunehmend arbeits- und zeitintensiver für ihn wird, erfährt Ursula wenig, konkret: fast nichts. - Es ist nur sehr schwer verständlich, gerade vor dem Hintergrund ihrer gemeinsamen Erfahrungen als Opfer stalinistischer Politik (in Karlshorst, Hohenschönhausen und Workuta), warum Joseph seiner Ehefrau so wenig über seinen Einsatz für geflüchtete DDR-Oppositionelle mitteilte, warum er ihr seine besondere, unersetzliche Rolle als Initiator und Organisator des später so genannten Kasbacher Kreises nicht genauer erklärte und nahebrachte. - Meinte er, Ursula sei politisch ohnehin kaum interessiert an der aus seiner Sicht eminent wichtigen Frage nach einem nicht-stalinistischen Weg zum Sozialismus, einer Verbindung von Demokratie und Sozialismus? Fürchtete Jo ihre Kritik daran, dass er seine anfangs wohnungs- und mittellosen politischen Weggefährten zeitweise auch materiell und finanziell unterstützte, sich dadurch oft verschuldete? Dass er damit die ohnehin schwierige und ungesicherte finanzielle Basis seiner Ehe noch weiter destabilisierte, gefährdete?

Ursula erfuhr kaum etwas über Jos in Wahrheit uneigennütziges, von Solidarität und Hilfsbereitschaft bestimmtes Engagement in Kasbach. Deshalb drängte sich ihr die Einschätzung auf, er handele ausschließlich aus egoistischen Motiven und ihm sei die Zukunft seiner Ehe zunehmend gleichgültiger geworden.

Ende 1956 äußert Ursula ihre große Enttäuschung darüber, bereits das dritte Weihnachtsfest ohne Jo verbringen zu müssen. Seit Oktober hat sie ihn nicht mehr gesehen, und es ist ungewiss, ob und wann sie einander wieder einmal begegnen werden. "Bin ich ihm so gleichgültig geworden? ... Oder ist Jo ein so großer Egoist, daß er nur nach seinen Wünschen und Neigungen leben möchte, auch auf die Gefahr hin, daß daran unsere Ehe zerbricht?" (3)

Vielleicht mehr noch als die kleinen, eher unbedeutenden, aber häufig wiederkehrenden Unstimmigkeiten, die sie zuletzt nur noch in Briefen benannten und austrugen, war wohl die zunehmende Entfremdung der Grund dafür, dass die Ehe zwischen Ursula und Joseph schon bald keine Zukunft mehr hatte. Dies zeigte sich vor allem nach der sechzehnmonatigen Trennung ab Oktober 1956.

Infolge der Trennung und wegen Jos Desinteresse an den Schreibprojekten seiner Ehefrau bemühte sich Ursula nun stärker auf eigene Faust um Publikationsmöglichkeiten. Sie suchte sich

Unterstützung von anderer Seite. In Berlin traf sie sich hin und wieder mit Sabine Brandt-Rühle, die ihr schon einmal eine zwar etwas kritische, aber doch auch verständnisvolle und hilfreiche Rückmeldung zum Manuskript "Weinen verboten" gegeben hatte. - Sie und ihren Mann Jürgen Rühle hatte Ursula durch Jo kennen gelernt. Die beiden Journalisten waren vor Jahren bei einer Ostberliner Zeitung beschäftigt, wohnten in Westberlin und wurden von der DDR-Staatssicherheit beobachtet. Sie wollten beide möglichst bald nach Westdeutschland übersiedeln. (Jürgen Rühle kam schon Ende 1956 nach Köln, seine Frau folgte ihm mit dem gemeinsamen Sohn Anfang 1958.) - Die Bekanntschaft mit Sabine entwickelte sich für Ursula in den folgenden Jahren zu einer wichtigen und dauerhaften Freundschaft.

Abb. 35:

Ursulas Freundin Sabine Brandt
(So ihr Geburts-Name, den sie auch als Journalistin bzw. Autorin beibehielt.)

Ihre Beziehung zu Jo sieht Ursula ab Ende 1956 zunehmend nüchterner, illusionsloser: "Ich weiß nicht, wie es mit Jo weitergehen soll. Er ist ständig unterwegs. Immer wieder trifft er irgendwo mit irgendwelchen Gleichgesinnten zusammen. Ich habe mich nun entschlossen, mein weiteres Leben selbst in die Hand zu nehmen, denn von Jo habe ich nichts zu erwarten, er geht weiterhin nur seinen Dingen nach." (4)

Erstaunlich ist, dass Joseph für die Beziehung mit Ursula offenbar durchaus noch eine Chance sieht, ihre Ehe noch nicht als endgültig gescheitert betrachtet. Im Gegenteil: In einem sehr langen Brief, dem längsten, den Ursula je von ihm erhielt, versucht er im März 1957, der fernen Ehefrau, die er noch immer mit "Darling" anspricht), seine Sicht der Dinge und seinen Traum von einem gemeinsamen Leben zu erläutern. Er will sie von den Vorzügen eines einfachen Lebens auf dem Land überzeugen, sie für einen Weg gewinnen, für den er sich, so jedenfalls klingt es im Brief, bereits definitiv entschieden hat. Vor allem schreibt Joseph sehr eindrücklich davon, wie wichtig es ihm ist, endlich ungestört an einem großen literarischen Werk arbeiten zu können.

"Du fragst nach meinen weiteren Plänen ... Ich werde aufs Land gehen, und das bald. Als ich vor mehr als drei Jahren Workuta verließ, hatte ich die Absicht ... mich dem Geist und der Literatur zu verschreiben, ein einfaches Leben (zu leben) ohne äußere Ansprüche, ohne die Ablenkungen der Zivilisation einer Großstadt.

Ich weiß heute, dass es falsch war, das nicht zu tun ... Ich bin jetzt 43 Jahre alt, und ich habe vielleicht noch 15 produktive Jahre, wenn mein Herz nicht schon vorher einen Strich durch diese Rechnung macht ...

Ich könnte Bücher schreiben, die Geld bringen und eine ‚bürgerliche Existenz' ermöglichen. Aber diese Texte sind schrecklich und schlecht, und ich kann das auf die Dauer nicht machen, ohne meine ganze literarische Begabung und meinen Stil zu ruinieren ... Und ich bin entschlossen, das nicht zu tun.

Ich werde also aufs Land gehen, wo man billig und ohne Ansprüche leben kann - ohne Auto, ohne Radio, Fernsehen und alles, was von der Arbeit ablenkt.

Ich suche seit einiger Zeit nach einem Objekt, hier in der Nähe. Ich fand einen kleinen Bauernhof ... Dort könnte man Hühner und ein Schaf oder eine Ziege halten. Leider hat er nicht an mich, sondern an einen anderen vermietet ... Jetzt suche ich was Ähnliches.

Ich habe ein sehr großes literarisches Projekt, das mindestens drei, wenn nicht mehr Jahre in Anspruch nimmt, das aber besser ist als Hemingway, allerdings ohne Garantie, dass sich jemals damit Geld verdienen lässt ... Aber ich brauche dort für mich allein nicht mehr als 150 Mark, zwei Menschen würden mit 250 auskommen.

Ich weiß, dass all das Dich bekümmert, weil Du andere Vorstellungen von unserem Leben hattest, aber ich sehe keine andere Möglichkeit für mich. Mein Leben hat nur einen Sinn, wenn ich eine große Leistung schaffen kann, und die ist unter anderen Bedingungen nicht möglich. Ich weiß sehr gut, was ich leisten kann, und es ist unerträglich für einen Mann (und er fühlt sich zu Recht um den Sinn seines Lebens gebracht), zu wissen, dass er unter dieser Leistung bleibt.

Ich weiß, welche Abneigung Du gegen ein Leben auf dem Lande hast - aber vielleicht reizt es Dich doch, dort zu leben? ... Keine Hast, keine Unruhe, kein hektisches Leben, kein Finanzamt. Herzliche Grüße, Jo." (5)

Zwar würde es, schreibt Ursula, eine Weile dauern, um diesen inhaltsschweren Brief verarbeiten und darauf antworten zu können. Ihre spontane Reaktion ist jedoch eindeutig: Jo komme wohl gar nicht auf den Gedanken, dass er sie mit seinen Wünschen zu einer Wirtschafterin degradiert, zu einer Dienerin, ja, zu einer Magd. "Er sieht meine Aufgabe darin, bei Ziegen, Hühnern und Gemüseanbau für das tägliche Wohl zu sorgen ..."

Und sie geht noch einen Schritt weiter, macht Ernst mit ihrem Vorhaben, ihr Leben nun selbst zu gestalten. Anfang April bezieht sie eine Wohnung in Schöneberg, in der Aschaffenburger Straße 16a, nahe dem Bayerischen Platz.

"Zwischen den Häuserblöcken hindurch kann ich den Turm des Schöneberger Rathauses sehen ... Endlich habe ich ein eigenes Zuhause, wie ich es mir seit langem wünsche, und so schnell wird mich niemand wieder aus meiner schönen Wohnung vertreiben." (6)

Regierender Bürgermeister von West-Berlin war bis 1953 Ernst Reuter (SPD), einst Mitbegründer der KPD, ein Mann, der Lenin, Stalin und Trotzki noch persönlich gekannt hatte. Ab Oktober 1957 wird Willy Brandt Reuters Nachfolger und neuer Hausherr im Schöneberger Rathaus. Das wird er bleiben bis zu seinem Eintritt 1966 in die Bundesregierung, als Außenminister einer großen Koalition unter Bundeskanzler Kiesinger.

Seit Ende 1955 fanden in Berlin-Dahlem regelmäßig Zusammenkünfte ehemaliger Häftlingsfrauen aus Workuta und anderen sowjetischen Arbeitslagern statt. An diesen Treffen beteiligte sich auch Ursula, zunächst gelegentlich, in den Jahren 1956/57 häufiger. "Bis zu 70 Frauen trafen sich dort Monat für Monat und besprachen ihre Erfahrungen und Probleme oder holten sich Rat bei der Organisatorin bzw. bei ihren Leidensgefährtinnen." (7)
Man versammelte sich im Gemeindehaus nahe der St. Annen-Kirche. Initiatorin dieser Gemeinschaft war Susanne Dreß, jüngste Schwester Dietrich Bonhoeffers, den die Nazis zehn Jahre zuvor im KZ Flossenbürg ermordet hatten. Ihr Ehemann, seit 1938 Pfarrer der evangelischen Kirchengemeinde Dahlem, war Nachfolger des von der Gestapo verhafteten Martin Niemöller. (8)

<u>Abb. 36:</u>

Ein Treffen im Dahlemer Gemeindehaus Ende der 1950-er Jahre
(2. von links ist Ursula Rumin)

Ende März 1957 hatte Joseph seiner Frau in einem Brief zugesichert, sie auch dann finanziell zu unterstützen, wenn sie nicht mit ihm aufs Land ziehen würde. "Solltest Du nicht mitgehen, so werde ich Dir natürlich finanziell behilflich sein, auf eigenen Füßen zu stehen. Das heißt: ich werde das Laska-Buch schreiben, damit Du was zu leben hast."

Nicht nur in dieser Angelegenheit hält sich Ulas Vertrauen in Jos Zuverlässigkeit und Loyalität ihr gegenüber in Grenzen. Auch in Sachen Drehbuch spürt sie zunehmend Misstrauen. Sie argwöhnt, seine Kritik, geäußert in einem Brief von Anfang März, könne ihr geschadet haben. In diesem Verdacht bestätigt fühlt sich Ursula, als sie kurz darauf eine denkbar schlechte Nachricht von der Bundeszentrale erhält: Das Filmvorhaben "Sklaven am Eismeer" werde erst einmal "zurückgestellt". Ursula schluckt ihren Ärger herunter ("Diese Enttäuschung! Monatelange Arbeit!") und schickt das Drehbuch an andere potentielle Interessenten.

Seitdem sie wieder in Berlin wohnt, hat sie auch in Liesel Müller, die im April 1954 ihre Trauzeugin war, eine gute Freundin gefunden. Liesel steht, was Jos Verhalten betrifft, ganz auf Ursulas Seite. Durch sie erfährt Ursula zum ersten Mal von Josephs Ehe mit Gertrud, geschlossen 1941. Jo hatte ihr gegenüber seine erste Frau nie erwähnt, ebenso wenig deren nicht-eheliche Tochter Eva, die von ihm adoptiert worden war.

In ihrer Schöneberger Wohnung fühlt sich Ursula inzwischen ganz und gar zu Hause. Sie komme langsam zur Ruhe, vertraut sie ihrem Tagebuch an, habe sich gefangen und lebe ohne Rücksicht auf Joseph, da die Situation für sie nun geklärt sei. "Ich habe ihn seit sieben Monaten nicht mehr gesehen, ab und zu gibt es kurze Telefongespräche."

Zu Paul Schölmerich, der mit seiner Frau Gerda und den drei Söhnen noch in Marburg wohnt, hält Ursula Briefkontakt. Auch ihm fällt es schwer, die unsolide und unstete Lebensweise seines Bruders zu verstehen und gut zu heißen. Insbesondere dessen Tendenz, sich aus sozialen Bezügen, oft für längere Zeit, völlig zurück zu ziehen, missfällt Paul. Er schreibt an Ursula: "Jo zieht sich wieder - wie früher schon einmal in Berlin - vollkommen aus üblichen Bereichen zurück. Ich habe ihn seit August 1956, also seit fast einem Jahr, nicht mehr gesehen und auch damals nur sehr kurz ... Vor wenigen Wochen war ich in Kasbach, das er aber in Erwartung meines Besuchs einen Tag vorher verlassen halte, unter dem Vorwand, er müsse einen Artikel fertigstellen etc. Er weicht mir offensichtlich aus, wie er allen früheren Freunden entflieht. Vielleicht, weil nun wieder einmal alles schief gegangen ist, was er angefangen hat, nicht zuletzt die Ehe mit Dir.

Was mir Sorge macht, ist die Tatsache, dass es ihm offenbar nicht gelingt, auch nur irgendwie solide Fuß zu fassen, die Bücher werden nicht fertig, Geld fehlt offenbar chronisch. Ich vermute immer, dass er verschuldet ist ... und wenn er Geld hat, absolut nicht damit ein bisschen haushalten kann. Aber wie soll man das ändern?

Jo tut mir leid, seit Jahren bedauere ich ihn, da es ihm nicht gelingt, auch nur ein wenig Beständigkeit oder Glück zu gewinnen ..." (9)

Im Sommer 1957 plant Ursula eine längere Reise: zunächst nach Hiddesen, dann zu Paul und Gerda nach Marburg, und schließlich zu Ingo, der in Lüdenscheid eine Lehre absolviert. Für einige Tage will sie sich auch mit Joseph treffen, durchaus in der Hoffnung, ihre Beziehung zueinander könne sich wieder etwas verbessern. Doch es kommt anders. Der schon lange schwelende Konflikt wegen des Drehbuchs eskaliert im Juli 1957:

Joseph schickte Ursula ein Telegramm mit der Bitte nicht zu kommen. Erst zwei Wochen später teilte er ihr den Grund dafür mit: Er sei nach München gereist, um mit einem bekannten Drehbuchautor an einem Skript über den Streik zu arbeiten - "mit unserem Buch als Grundlage".

Am 30. Juli erklärt er in einem Brief: "Ich musste plötzlich und sehr eilig nach München, wegen des Streikdrehbuches, das nun von einem hiesigen Autor neu geschrieben wird, wobei ich als

'Berater' fungiere ... Wir haben in den letzten Tagen einen neuen Aufriss gemacht, bei dem Teile Eures Drehbuches verwendet werden. Ich verdiene sehr wenig dabei (wir hätten für diese Konzeption 30.000 DM bekommen, wenn sie damals verwirklicht worden wäre), aber ich mache die Arbeit, um den Film überhaupt zu retten ... Herzliche Grüße, Jo. " (10)

Ursulas Reaktion auf diesen Brief lässt sich nachempfinden: "Ich kann es nicht fassen, das ist nicht fair! Er sabotiert unsere Arbeit! Unser Drehbuch war ihm nicht politisch genug, mit seiner - sicher auch in Bonn geäußerten! - negativen Beurteilung ist er uns, und vor allem mir, in den Rücken gefallen. Ich bin sprachlos, und wütend auf Jo!"

Trotz ihrer verständlichen Enttäuschung und ihres berechtigten Ärgers über Jos Umgang mit dem Streikdrehbuch bricht Ursula den Kontakt zu ihm noch nicht endgültig ab. Es gibt einen längeren Briefwechsel zu diesem Thema, in dem Joseph sein Verhalten zu erklären und zu rechtfertigen versucht: Nicht nur er, sondern zuvor schon drei von der Bundeszentrale beauftragte Gutachter hätten das von Ursula und Buchholz verfasste Drehbuch negativ beurteilt. Am Ende müssen Ula und Jo mit dem enttäuschenden Ergebnis leben, dass zuletzt beide Workuta-Drehbücher nicht realisiert werden.

Vor diesem Hintergrund umso erstaunlicher: Ende August 1957 erreicht Ursula ein weiterer, wiederum werbend einladender Brief von Joseph zum Thema "Wohnen auf dem Land". Er beginnt mit der blumigen Anrede: "Verehrte und bezaubernde Gattin":

"... Ich habe nun eine billige Wohnmöglichkeit auf dem Land gefunden, die dem entspricht, wonach ich immer gesucht habe. Es ist sehr ruhig dort und sehr billig. Es handelt sich um drei Räume in einer alten stillgelegten Mühle. Die drei Räume sind einfach eingerichtet - eine Küche, ein Arbeitszimmer und ein Schlafraum ... Wir würden zum Leben etwa 200 Mark monatlich brauchen, einschließlich Heizung etc. und natürlich ohne Anschaffungen.

Du siehst, das Leben dort ist billig. Der Besitzer, der in einem Anbau wohnt, liefert Milch und Eier. Du kannst dort Kühe melken, aber Du musst nicht. Du kannst einen Garten haben, das liegt an Dir. Der Hauptvorzug der Mühle ist ihre vollkommene Einsamkeit. Der nächste Ort liegt drei Kilometer entfernt ... Ich denke, dass ich dort ungestört arbeiten kann ... Ich hoffe, dass wir im Herbst dort einziehen können. Es grüßt Dich herzlich Dein Gatte Joseph."

Wie sie es bei wichtigen Dingen zu tun pflegt, vertraut Ursula ihre Gedanken darüber zunächst nur ihrem Tagebuch an: "Das also sind Jos Träume! Ein Arbeitszimmer für ihn, ein gemeinsames Schlafzimmer, und die Küche ist dann wohl mein Arbeitsbereich. Ich denke, Jo soll sich eine andere Frau suchen, die so etwas mitmacht." Sie wird, entscheidet Ursula, auf diesen Brief vorläufig nicht antworten.

Seit Oktober 1957 arbeitet sie, nach diversen Aushilfsjobs, in einer Berliner Bank als Sekretärin. Marianne, die Nichte Liesel Müllers und inzwischen ebenfalls Ursulas Freundin, hat ihr die Steile vermittelt.

An Jo schreibt sie am 18. Oktober "aus besonderem Grund" einen langen Brief. Er beginnt mit dem Satz "Ich möchte Dir zu unserer einjährigen Trennung gratulieren!" und endet - mit einer Liebeserklärung. Sehr offen bringt sie zunächst die schon fast aussichtslos erscheinende Beziehungs- und Ehekrise zur Sprache: "Du hast in den letzten Monaten kein einziges Mal danach gefragt, wie ich lebe, was ich arbeite und wie ich zurechtkomme. Interessiert es Dich nicht, oder bin ich Dir so gleichgültig geworden, dass Du einfach vergessen hast, danach zu fragen? Oder hattest Du die Befürchtung von mir etwas zu hören, was Dir unangenehm sein könnte? Ich weiß, dass Du unangenehmen Dingen gern aus dem Weg gehst ...

Ich weiß von Deiner Welt nichts. Meine Fragen nach Deinem Ergehen und Deiner Arbeit übergehst Du in jedem Brief. Ich erfahre nur ab und zu darüber etwas, über Presseveröffentlichungen, durch Bekannte oder von Freunden.

Mit meiner freiwilligen Trennung ... wollte ich Dir die Gelegenheit, die Möglichkeit geben, das zu schaffen, was für Dich so wichtig ist ... Verständnis jedoch habe ich nicht, wenn ich sehe, dass Du Deine Zeit mit fremden Dingen vertust und nicht das schaffst, was Du Dir vorgenommen hast.

Ich frage Dich: Ist unsere Ehe eine Ehe? Hast Du Dir das darunter vorgestellt? Ich nicht! Du scheinst vergessen zu haben, dass ich Dich liebe, dass ich auch heute noch mit Dir zusammen sein möchte, dass ich mit Dir schöne Stunden teilen möchte. Sind das nicht mehr Deine Wünsche?" In ihrem Tagebuch kommentiert Ursula ihren Brief so: „Ich kämpfe um unsere Ehe - noch!"

Ein wenig neidisch, verständlicher Weise, nimmt sie in diesen Tagen zur Kenntnis, mit welch großem Erfolg Eva Müthels Buch "Für Dich blüht kein Baum" vom S. Fischer Verlag auf den Markt gebracht wurde. Zudem hat der STERN-Verlag Deszö Arvays Buch "Du darfst nicht lieben, wen Du willst" verlegt - und Ursulas Manuskript zurückgeschickt. Beide, Eva und Deszö, verdanken ihren Erfolg nicht zuletzt Joseph.

Ein wenig, aber nur kurzfristig, vermag sich Ursula über solchen Frust hinweg zu trösten, indem sie in Begleitung eines norwegischen Geschäftsmannes an einem im Januar 1958 erstmals wieder stattfindenden Prominenten-Filmball im „Esplanade" teilnimmt. Wie einst zu Beginn der 1950er Jahre kann sie wieder einmal Filmluft schnuppern. Viele bekannte Schauspieler haben sich dort eingefunden: Hildegard Knef, Horst Buchholz, Willy Fritsch, Sonja Ziemann, der Franzose Eddie Constantine, ferner der CCC-Filmproduzent Arthur Brauner mit seiner Gattin sowie einige bekannte Regisseure. "Erst gegen sechs Uhr in der Frühe lag ich in meinem Bett, todmüde - aber es war schön gewesen!"

Abb. 37:

Ursula in männlicher Begleitung auf einem Berliner Filmball (1958)

Zum politischen Hintergrund jener Jahre: 1957/58 gab es in Westdeutschland eine Kampagne "Kampf dem Atomtod", eine außerparlamentarische Widerstandsbewegung gegen die Bewaffnung der Bundeswehr mit Atomsprengköpfen und deren Stationierung auf deutschem Boden. Auslöser waren entsprechende Pläne der Adenauer-Regierung zur Ausrüstung der Bundeswehr mit atomaren Waffen. (Adenauer hatte Atomwaffen als „Weiterentwicklung der Artillerie" verharmlost.) Daraufhin veröffentlichten achtzehn führende deutsche Atomwissenschaftler unter Federführung von Otto Hahn und Carl Friedrich von Weizsäcker den "Göttinger Appell", wiesen darin auf die Zerstörungskraft dieser Waffen hin und warnten vor den militärischen und politischen Folgen der Atombewaffnung. Zwei Jahre nach der - weitgehend erfolglos gebliebenen - so genannten „Paulskirchenbewegung" entstand so erneut ein breites politisches Bündnis. Beteiligt waren Vertreter der SPD, des DGB, der evangelischen Kirche und der Linkskatholiken, außerdem zahlreiche Wissenschaftler und auch Schriftsteller, so zum Beispiel Erich Kästner.

Bereits im Januar 1958 hatte Gustav Heinemann in einer viel beachteten Rede im Deutschen Bundestag mit Adenauer abgerechnet und ihm vorgeworfen, seine Politik der Stärke basiere auf einer antikommunistischen Kreuzzugsideologie. Dabei gehe es nicht um "Christentum gegen Marxismus", sondern darum, "das unerschütterliche Nein zum totalitären System zu verbinden mit dem Ja zur Nachbarschaft" mit den totalitär regierten osteuropäischen Völkern.

Ende März 1958 kreuzen sich zwei Briefe. In einem kurzen Schreiben an Jo teilt Ursula mit, sie wolle über Ostern nach Hiddesen fahren und schlage in diesem Zusammenhang ein Treffen mit ihm vor: "Es wird eigentlich Zeit, dass wir uns mal wieder sehen." Der andere, sehr lange Brief kommt von Joseph. Es ist sein dritter und letzter Versuch, Ursula mit Leidenschaft, Aufrichtigkeit und mit sorgfältig formulieren Argumenten dafür zu gewinnen, mit ihm aufs Land zu ziehen:

„Darling, ... Ich habe im vergangenen Jahr zwei Monate in Köln gelebt und im Herbst einige Monate in München. Ich weiß, dass ich in einer Großstadt nicht arbeiten und leben kann. Ich bin also aus Köln geflüchtet, obwohl ich dort umsonst hätte wohnen und essen können, es war unmöglich. Ich habe auch nicht arbeiten können. Ich weiß, dass alle diese Gründe bei einem Leben auf dem Lande wegfallen. Die Atmosphäre der Großstadt fällt weg, die Ablenkungsmöglichkeiten, die zwangsläufig mit dem Leben in einer Großstadt verbunden sind und die eine echte Produktivität nicht aufkommen lassen."

(Doch dies, schreibt Jo, betreffe nur die „Atmosphäre". Es gebe für ihn noch einen anderen wichtigen Grund für das Leben auf dem Lande):

"Ich habe in München Schriftsteller kennengelernt, die gezwungen sind, ihre Familie mit Literatur zu ernähren. Das geht, wenn sie Literatur ´fabrizieren`, das heißt, wenn sie ihre Arbeitskraft an Illustrierte verkaufen, nichts anderes mehr schreiben als Features und Storys und Hörspiele. Wenn sie das einige Jahre gemacht haben, ist ihr Talent zuschanden geschrieben ... Du wirst verstehen, wenn ich dies unter allen Umständen vermeiden möchte.

Das Leben auf dem Lande hätte den Vorzug, dass wir dort mit 300 Mark monatlich auskommen würden ... Die kann ich in jedem Fall verdienen, aber sie schließen in jedem Fall aus, dass wir einen Wagen halten, Reisen machen usw.

Ich möchte also auf meinen Vorschlag von damals zurückkommen und Dir nochmals empfehlen, Dich zu einem Leben auf dem Lande zu entschließen.

Dies zum Grundsätzlichen. Was mein Programm angeht, so habe ich für das 'große' Buch eine Menge Vorarbeiten gemacht und auch Texte geschrieben ... Ich möchte ein Buch schreiben wie Pasternaks 'Dr. Schiwago', in dem unsere Zeit etwa seit 1932 enthalten ist und das sich über einige Jahrzehnte erstreckt ... Um diese Arbeit zu finanzieren, muss ich vorher und relativ kurzfristig andere Arbeiten mache, die in Teilen schon fertig sind ...

Ich werde nicht vorübergehend oder für einige Jahre auf dem Lande bleiben, sondern für dauernd. Alle diese Dinge sind nur in der Einsamkeit zu schaffen ... Ich möchte die Einsamkeit, die mich umgibt, auch nicht mehr missen. Das Beste am vergangenen Jahr waren lange Spaziergänge in den Wäldern des Siebengebirges, auf denen mir selten ein Mensch begegnete.

Du hast mich in der letzten Zeit mehrfach um finanzielle Unterstützung gebeten und einmal bemerkt, dass ich dazu wohl doch in der Lage sei ... Ich kann Dir, wenn es Dir sehr schlecht geht, mit einigen hundert Mark aushelfen, aber ich möchte Dich bitten, nur im äußersten Fall davon Gebrauch zu machen. Wo ich in der nächsten Zeit wohne, wird sich wahrscheinlich nach der Krankheit Katharinas richten ... Insgesamt kann ich nur von Fall zu Fall entscheiden. Ich kann Dich nicht zwingen, mit mir aufs Land zu gehen, Du musst Dich selbst entscheiden ... Du hast Zeit Dir das alles in Ruhe zu überlegen. Es ist eine grundsätzliche Entscheidung. Erst wenn Du sie getroffen hast - für oder wider -, können wir weiter sehen. Bis dahin herzliche Grüße, Jo."

Ursulas Reaktion auf diesen Brief ist ebenso spontan wie, vielleicht auch für sie selbst, überraschend. Im Tagebuch beschreibt sie ihre Gedanken so:
"Dieser Brief ist ehrlich und glaubwürdig. Mir wird bewusst, dass ich mich jetzt entscheiden muss. Ich stelle mir daher die Frage:
Liebe ich Jo?
Ja, ist meine Antwort. Will ich ihn verlieren? Nein.
Dann triff die Entscheidung deines Herzens, gehe auf seine Vorschläge ein, gib ihm und dir eine Chance.
Impulsiv schrieb ich eine Karte: Lieber Jo, Deinen Brief habe ich bekommen - ich gehe mit Dir aufs Land!"
Noch bevor Joseph Ursulas Karte erhält, schlägt er ein Treffen in Köln oder Düsseldorf vor - für den Fall, dass sie ‚ja" sagen würde. "Wenn nein, dann gibt es nichts, was sich nicht auch schriftlich erledigen ließe".
Am 10. April 1958 treffen sich die beiden an einem Vormittag in Düsseldorf, im Bahnhofsrestaurant. Joseph teilte seiner Ehefrau in einem Telegramm den Tag und die genaue Stunde der Verabredung mit, und er kommt pünktlich. - Wäre diese Begegnung anders verlaufen, wenn die beiden sich auf einen geeigneteren, ruhigeren Ort als Treffpunkt verständigt hätten? Wohl kaum.
"Die ersten Minuten waren für uns beide peinlich, da er mich sehr förmlich begrüßte, nur mit Handschlag, keine Umarmung, kein Kuß."
Ein einfaches Mittagessen hilft über die erste halbe Stunde ein wenig hinweg. Ursula bemerkt, wie schmal Josephs Gesicht geworden ist. Noch immer trägt er seinen alten Mantel, Hose und Jacke sind ihm viel zu eng und zu klein, die Ärmel ausgefranst. "Die Schuhe mit den dicken Kreppsohlen waren noch dieselben, die ihm Nora bei der Rückkehr 1954 in Berlin geschenkt hatte ..."

Ursula beschreibt den Wortlaut des Gespräches fast ausschließlich indirekt, man gewinnt den Eindruck, als habe sie selbst nur wenig gesprochen, habe vor allem Joseph reden lassen.

"Danach gingen wir wie Fremde nebeneinander durch die Straßen. In einem Café auf der Königsallee tranken wir Tee, und Joseph trug mir seine Pläne und Wünsche vor. Es waren seine alten Entwürfe vom einfachen Leben auf dem Lande."

Ursula hört wieder nur zu, sie hat Jo ihr Einverständnis ja schon auf der Karte mitgeteilt. Allerdings verstärkt sich an diesem Nachmittag ihr Eindruck, Joseph werde es finanziell vermutlich gar nicht schaffen, das Bauernhaus zu erwerben, ohne sich damit hoffnungslos zu verschulden. Und eine andere von Ursula schon länger gehegte Vermutung bestätigt und verfestigt sich: "Aus der Art, wie er sich über unsere Angelegenheit ausließ, konnte ich entnehmen, zu welcher Entscheidung er mich nötigt: Entweder ordne ich mich ihm völlig unter und gehe mit ihm aufs Land, oder ich verliere ihn. So ließ er mich mit trockenen Worten wissen, mein Wintermantel, den ich bereits seit vier Jahren trage, müsste für weitere vier Jahre reichen."

Noch heftiger und tiefer greifend ist Ursulas Enttäuschung darüber, dass Jo ihr eine Antwort schuldig bleibt, als sie ihn fragt, ob er sie noch liebe. "Das alles wäre zu ertragen, hätte ich die Gewissheit, dass er mich noch liebt, dass er mich braucht, dass er mich neben sich haben möchte. Ich frage ihn danach, aber er speist mich mit Floskeln ab." (Was genau er gesagt hat, bleibt offen.)

Ursulas andere Frage lautet: Bin ich für Jo eine Autorin auf Augenhöhe, die - wie er - etwas zu sagen hat, oder sieht er in mir nur eine tüchtige Schreibkraft? Joseph antwortet genau so, wie sie es befürchtete: „Jo wiederholte, dass er in völliger Abgeschiedenheit leben und schreiben will. Ich käme ihm als Sekretärin für seine Manuskripte 'gelegen'! - Auch äußerte er sich zufrieden darüber, dass ich inzwischen jede literarische Tätigkeit aufgegeben habe. Ich widersprach ihm nicht, wozu auch.

Schließlich hat er mir oft gezeigt, dass er von meinem Schreiben nichts hält. " Einmal mehr, doch jetzt mit größerem Nachdruck, fügt Ursula hinzu: "Ich werde es ihm eines Tages beweisen - dass er irrt!"

Den Gipfel der Enttäuschung erreicht Ursula in Köln, wohin die beiden gefahren sind, um dort ihr Abendessen einzunehmen. Joseph gibt ihr zu verstehen, dass er noch am selben Tag nach Kasbach zurückkehren wolle. "Natürlich hatte ich angenommen, dass wir gemeinsam in einem Hotel übernachten würden. Ich war wie vom Donner gerührt! 18 Monate haben wir uns nicht gesehen, und er verspürt nicht den leisesten Wunsch nach einer Nacht mit seiner Frau? Ich fragte ihn: Jo, ich habe Lust auf dich, begehrst du mich eigentlich noch? 'Er antwortete: 'Ich bin weder seelisch noch körperlich noch finanziell in der Lage, die Nacht mit dir in einem Hotel zu verbringen.´ Um 21 Uhr trennten wir uns vor dem Kölner Hauptbahnhof und ich fuhr mit der Straßenbahn zu Sabine."

Liest man Ursulas Tagebuchaufzeichnung über dieses Treffen oder die entsprechende Passage in ihrem Buch "Ins Leben zurück", so wird nicht recht deutlich, ob sie sich schon am gleichen Abend für die endgültige Trennung und für den Weg zum Scheidungsanwalt entschied. Oder hat sie nach diesem denkwürdigen Tag "nur" die Gewissheit verspürt, sie könne Joseph von seinem Vorhaben nicht mehr abbringen und müsse ihn aufs Land gehen lassen?

Wenige Tage nach dem Düsseldorfer Treffen bittet Joseph in einem kurzen, handgeschriebenen Brief noch einmal ausdrücklich darum, "mich so zu nehmen, wie ich bin, ohne den Versuch zu machen, mich zu ändern". Nun zieht Ursula ein ebenso ernüchterndes wie realistisches Fazit:

"Es ist gut, dass wir uns gesehen und gesprochen haben, nur so konnte ich feststellen, welche Mauer sich in den anderthalb Jahren zwischen uns aufgebaut hat. Bis dahin lebte ich noch immer in der Illusion, noch könnte alles gut werden mit uns. Doch jetzt bin ich mir vollkommen im Klaren darüber, dass ich Jo aufs Land und in die Einsamkeit ziehen lassen muss, falls er es überhaupt schafft, genug Geld für das Bauernhaus aufzutreiben. Meine Zukunft aber sieht so aus: eine sichere Arbeit finden und die Hoffnung aufgeben, mit Jo jemals ein normales Leben zu führen und mit ihm glücklich zu sein."

Bis zur endgültigen Trennung sollte es noch ein dreiviertel Jahr dauern, danach noch weitere fünf Monate bis zur förmlichen, juristischen Ehescheidung im Juni 1959.

Ursula gelang es, sich ab Mitte 1958 neue Arbeitsmöglichkeiten zu erschließen: Während der Filmfestspiele war sie als Mitarbeiterin der FILMBLÄTTER tätig, einem Fachorgan der deutschen Filmwirtschaft. Kurz darauf wurde sie von einer Berliner Filmgesellschaft als "Script-Girl" unter Vertrag genommen.

Während der Dreharbeiten lernte sie dort den Kameramann Gerhard kennen. Doch eine sich daraus entwickelnde Beziehung entpuppte sich nach anfänglicher Verliebtheit als eine eher kurzfristige Affäre - und Gerhard als ein verwöhntes Muttersöhnchen. Vor allem sein übermäßig inniges Verhältnis zu seinen Eltern gefällt Ursula nicht. "Er fragte mich schon einmal, ob ich seine Oberhemden auch so bügeln würde, wie es seine Mutter tut."

Gleichwohl motivierte diese zumindest anfangs hoffnungsvolle Beziehung - man hegte zeitweilig sogar Heiratsgedanken - Ursula dazu, die nur noch auf dem Papier bestehende Ehe mit Joseph nun auch offiziell zu beenden. Im Anschluss an einen Aufenthalt bei den Eltern Weihnachten 1958 wollte sie Joseph kurz treffen und bei dieser Gelegenheit den Noch-Ehemann von ihrem Scheidungswunsch unterrichten. Das Erstaunlichste an Ursulas Beschreibung dieser letzten Begegnung ist Jos erneutes Plädoyer für ein gemeinsames Leben auf dem Land:

„Wir sahen uns im Wartesaal von Düsseldorf - Es wurde eine peinliche Begegnung, wir wussten anfangs nicht, was wir sagen sollten. Jo wirkte heruntergekommen und schmuddelig, er trug noch immer die gleichen Sachen wie bei unserem letzten Treffen.

Sofort kam er auf sein Lieblingsthema: die alte Mühle auf dem Lande und die Aussicht, dass wir dort bald einziehen könnten. Ich ließ ihn erst einmal reden. An seinen Plänen hatte sich nichts geändert, die 2000 Mark freilich hat er noch immer nicht beisammen.

Dann eröffnete ich ihm meine Absichten. Er war offensichtlich überrascht, ja überrumpelt, und 'kaute' an der Neuigkeit. Ziemlich lange saß er stumm und malte nervös auf einem Zeitungsrand Linien und Kringel. Es war wohl nicht so sehr der Vorschlag der Scheidung selbst, was ihn sprachlos machte, eher die Frage: Wie kann eine Frau freiwillig einen Mann wie ihn verlassen? So deutete ich jedenfalls sein langes Schweigen.

Er bat mich, den Schritt noch einmal zu überlegen. Meine Frage, ob er mich denn noch liebe, blieb unbeantwortet. Dann leise sein Eingeständnis, er brauche mich. Es brach förmlich aus ihm heraus: Alles sei nutzlos, was wir tun; er sei durch und durch Pessimist und frage sich wozu wir überhaupt noch leben.

Ehe wir uns in der Bahnhofshalle trennten - für immer -, sagte ich ihm noch einmal, dass ich versucht habe, seine Wünsche zu verstehen und mich ihm anzupassen. Aber ich kann es nicht, beim besten Willen nicht!"

Am 22. Februar teilt Ursula Jo noch einmal ihre jetzt unumstößliche Absicht mit, sich von ihm scheiden zu lassen: Nach gründlichem Nachdenken sei sie zu der Überzeugung gelangt, dass die endgültige Trennung für sie beide doch besser wäre. "Besser für Dich, da Du durch mich keine Belastung mehr empfinden musst, und besser für mich, da ich dann endgültig weiß, dass ich meine Vorstellung von einer normalen Ehe nicht mehr länger durch vage Hoffnungen nähren muss."

Im Anschluss an eine zunächst vom Arbeitsamt vermittelte Beschäftigung gelingt es Ursula, beim Berliner Ullstein Verlag fest angestellt zu werden. Ab März 1959 ist sie in der Feuilleton-Redaktion der Boulevardzeitung BZ als Sekretärin tätig. Anfang April sucht sie in Berlin einen Anwalt auf und bittet ihn die Scheidung in die Wege zu leiten.

Jos Antwort auf Ursulas Februar-Brief lässt lange auf sich warten. Erst Ende Mai schreibt er zurück. Ebenso wie Ursula ist er bemüht, eine einvernehmliche, vernünftige, auf einem gerichtlichen Vergleich basierende Scheidung möglich zu machen: Er akzeptiert die Scheidung "aus alleinigem Verschulden des Ehemannes", beide verzichten "auf jedweden Unterhalt", und jede Partei "trägt die Kosten (des Vergleichs) selbst." Jo betont in einem seiner letzten Briefe noch einmal ausdrücklich, dass er diese ganze Entwicklung "sehr bedauere".

Ursula kommentiert die Tatsache, dass sie ihre Scheidungskosten nun selbst trägt - obwohl allein Jo die Scheidung provoziert hat, indem er nur unter für Ula inakzeptablen Bedingungen die Ehe weiterführen wollte - mit Sarkasmus: damit setze er seinem bisherigen Verhalten ihr gegenüber "die Krone auf".

Am 9. Juni 1959 wird vom Landgericht das Scheidungsurteil ausgesprochen.

Nachtrag: Eine gescheiterte Ehe - und ein Traum

Das Konfliktträchtige in der Beziehung zwischen Ula und Jo ist in den beiden zurückliegenden Kapiteln schon recht deutlich geworden. Noch tiefer liegende Gründe für das Scheitern ihrer Ehe werden erkennbar, wenn man sich die folgenden Passagen aus Briefen vor Augen führt, die Ula und Jo einander während ihrer langen Trennungsphase zwischen Ende 1956 und Anfang 1958 geschrieben haben. Darin legten sie wechselseitig den Finger auf die wunden Punkte des anderen.

Joseph: "Ich hatte immer den Eindruck, dass Dein Leben unter einem Zwiespalt steht ... Warum hast Du den Ehrgeiz Bücher oder Drehbücher zu schreiben? ... Man braucht dazu eine seriöse literarische Ausbildung, und ich weiß nicht, ob Du die hast." Als zwiespältig empfindet Jo insbesondere den auf politisch-zeitgeschichtliche Themen abzielenden publizistischen Ehrgeiz seiner Ehefrau („Auch ich habe Wichtiges zu sagen ...") - dies vor allem deshalb, weil Ula andererseits immer wieder betont, sie interessiere sich nicht für Politik.

Jos Vorwurf, seine Ehefrau neige im Blick auf ihre publizistisch-literarischen Fähigkeiten zur Selbstüberschätzung, enthält durchaus ein Körnchen Wahrheit. Auch Ula selbst spricht ja gelegentlich von einschlägigen Skrupeln, von Selbstzweifeln. Andererseits nötigen ihr Engagement und ihr Ehrgeiz auch als Autorin, ihre "Kämpfernatur", Jo durchaus Respekt ab. Diese ambivalente Haltung ihr gegenüber schwingt vermutlich von Anfang an mit, wenn Joseph Ursula als "Großfürstin" tituliert; mit dieser Zuschreibung charakterisiert er nicht nur einen Wesenszug Ursulas, sondern auch sein spezielles, ambivalentes Verhältnis ihr gegenüber.

Umgekehrt trifft Ula die wunden Punkte bei Jo sehr genau, wenn sie in einem ihrer Briefe schreibt: "Deine Interesselosigkeit allen Dingen gegenüber, die nicht direkt Dich und Deine Arbeit betreffen, erschreckten und erschrecken mich Dabei zerspringen alle Deine Pläne meist wie Seifenblasen. Du sagtest selbst einmal, Deine Lebenseinstellung sei so abwegig, dass Dich kein Mensch versteht ... Du bist ein Einzelgänger, Jo. Du bist einer, der die Gemeinschaft scheut, selbst die seiner Ehefrau. Du wirst immer wieder den Wunsch haben allein zu sein."

Vielleicht hat Joseph unterschätzt, wie sehr Ursula sich gekränkt und in ihrem Stolz verletzt fühlen musste, als sie feststellte, dass ihr Mann nicht nur wenig Zeit und Interesse für seine Ehefrau aufbrachte, sondern auch für ihre Schreibprojekte, da diese seinen eigenen - seinen politischen, intellektuellen, literarischen - Ansprüchen nicht genügten. Vor allem hat er unterschätzt, dass Ursula, anders als die meisten Frauen in den 1950er Jahren, eine (jedenfalls mehr und mehr) auf Unabhängigkeit und Selbstbestimmung bedachte Frau war - und keine ergebene Bewunderin und Dienerin ihres Mannes. Sie war es, die schließlich auf eine Scheidung drängte.

Und doch hat Ursula unter der gescheiterten Beziehung wohl mehr gelitten als Joseph, der sich zuerst in seine publizistische Arbeit und später in die Arme einer jüngeren (und dann einer noch jüngeren) Frau flüchten konnte. (11)

Wie sehr Ursula unter dem bereits absehbaren Scheitern der Ehe litt, zeigt ein Traum aus dem Jahr 1958. Einem Brief an Joseph vom 18. März legt Ursula als Anlage den folgenden "Traum der letzten Nacht" bei:

"Wir beide, Du und ich, gingen zu einem Ball. Du trugst einen gut sitzenden Smoking, ich ein elegantes Kleid. Wir sahen beide gut aus, hielten uns an den Händen und waren glücklich. Als wir den Ballsaal betraten, blickten mir viele Menschen nach.

Doch lange bliebst Du nicht bei mir. Du gingst an einen anderen Tisch, wo Du Freunde und gute Bekannte begrüßtest. Mich aber ließest Du allein zurück.

Ich schielte immer wieder zu Dir hinüber, aber Du hattest mich anscheinend ganz vergessen, keinen Blick von Dir konnte ich auffangen. Die Menschen an meinem Tisch wurden sehr lustig und ausgelassen, ich aber kam mir allein und ausgeschlossen vor und konnte an ihrer Freude nicht teilnehmen.

Es war schon spät, da begann ein allgemeiner Aufbruch. Ich ging zu Dir an den Tisch Deiner Freunde, um mit Dir nach Hause tu gehen. Doch da kamen andere, ausgelassene Menschen, die Dich mit sich zogen zur Bar. Ich ging vor die Tür, in der Hoffnung, Du würdest mir folgen. Aber Du kamst nicht und ließest mich allein.

Ich stand in der offenen Tür, es regnete stark. Ich hatte nur das leichte Kleid und Sandaletten an und nichts schützte mich vor dem Regen. Alle Menschen waren schon gegangen, da entschloß ich mich durch den Regen zum Auto zu laufen. Dabei verlor ich die leichten Schuhe, das Haar klatschte mir ins Gesicht, und der Saum des Kleides wickelte sich mir um die Beine. Ich erreichte erschöpft das Auto, meine Strümpfe waren schmutzig vom Schlamm des Parkplatzes, und ich stellte entsetzt fest, dass er verschlossen war. Wieder begann ich zu weinen, doch zu meinem Glück ließ sich die andere Wagentür öffnen. Ich schlüpfte hinein. - Um das Auto liefen und spielten viele kleine Kinder, die mich neugierig betrachteten. Kaum saß ich, da quollen viele dieser kleinen 2 bis 3-Jährigen durch alle Ritzen des Autos, ich konnte mich ihrer kaum erwehren und stieß sie verzweifelt wieder nach draußen. Sie bedrängten und überfielen mich. Schließlich war ich wieder allein, und es wurde auf einmal ganz ruhig um mich. Du aber kamst nicht und ich wußte, daß du auch nicht mehr kommen würdest. Nach Hause fahren konnte ich nicht, da der Schüssel nicht steckte. So legte ich mich auf den hinteren Sitz und schlief erschöpft ein.

Ich wußte plötzlich, daß ich auf Dich nicht mehr zu warten brauchte."

Anmerkungen zu Kap. V. („Auch ich habe viel zu sagen!")

(1) Rumin, Ins Leben zurück, S. 140
(2) Carola Stern: In den Netzen der Erinnerung. Hamburg 1986, S. 7 ff.
(3) Rumin: Ins Leben zurück, S. 145
(4) Rumin: Ins Leben zurück, S. 151
(5) Rumin: Ins Leben zurück, S. 152 f.
(6) Rumin: Ins Leben zurück, S. 158
(7) Meinhard Stark. Die Gezeichneten, a.a.O. 5. 162
(8) In der NS-Zeit war die Dahlemer Gemeinde mit Pfarrer Martin Niemöller das Zentrum der Bekennenden Kirche, die 1933 von Niemöller, Bonhoeffer und Karl Barth in Opposition zur NS-Kirchenpolitik und den "Deutschen Christen" gegründet worden war. (Auch der Theologe Helmut Gollwitzer, ein Schüler Barths, wirkte ab 1937 in der Dahlemer Kirchengemeinde. 1950 hatte er ein beeindruckendes Buch über seine Erlebnisse in russischer Gefangenschaft veröffentlicht.)
(9) Rumin: Ins Leben zurück, S. 162
(10) Rumin: Ins Leben zurück, S. 167 ff. und die folgenden Zitate
(11) Joseph heiratet 1963 eine um 25 Jahre jüngere Frau aus Kasbach. 1964 wird ihre gemeinsame Tochter Andrea geboren. In den 1990er Jahren wird Joseph noch einmal eine - vierte - Ehe schließen; seine letzte Ehefrau ist 31 Jahre jünger als er.

VI. Silver Award und Verdienstorden: Die Redakteurin
(1960–1984)

Seit April 1957 lebt Ursula wieder in Berlin. Im März 1959 hat ihr das Arbeitsamt eine Stelle als Aushilfe in der Redaktion der Berliner Zeitung (BZ) vermittelt, der Boulevardzeitung des Ullstein-Verlages. Da Ula sich rasch auf neue Aufgaben und Herausforderungen einstellen kann, gelingt es ihr schon bald eine Festanstellung als Sekretärin im Feuilleton der BZ zu bekommen, mit festem Gehalt und einem Angebot für ein späteres Volontariat.

Am 9. Juni 1959, ihrem Scheidungstermin, sehen Ursula und Joseph sich zum letzten Mal als Ehepaar: "Es ging sehr schnell", so Ursulas knapper Tagebuch-Eintrag dazu, "in zehn Minuten war alles vorbei." Doch fügt sie - nüchtern, realistisch, aber durchaus auch etwas betrübt - hinzu: "Vielleicht würde ich manche seiner Eigenheiten besser verstanden haben, wenn er mir mehr aus seinem bewegten Leben erzählt, mir Einblick in seine Vergangenheit gewährt hätte. Ich bin traurig, dass unsere Ehe so endete." (1)

Im September 1960 bekommt Ursula ein Angebot des Filmproduzenten Artur Brauner von der CCC-Film Berlin. Sie soll, gemeinsam mit einem Hamburger Autor, ein schon vorliegendes Drehbuch zum Spielfilm "Lebensborn" umschreiben. Der Stoff ist interessant. Am Ende ernten beide Autoren viel Lob für ihre Arbeit.

Kurz darauf bietet sich Ursula die Gelegenheit, bei ARCA-Film als Atelier-Sekretärin tätig zu werden. Darauf geht sie gerne ein, denn die damit verbundenen Aufgaben bringen sie der von ihr besonders geschätzten Filmarbeit sehr nahe. Auf dem Programm stehen zwei Spielfilme mit prominenter Besetzung: In dem einen spielen die schwedische Schauspielerin Kristina Söderbaum und Hans Holt unter der Regie von Veit Harlan. Der andere Film ist eine Verwechslungs-Komödie mit Harald Juhnke in einer Doppelrolle.

1961 wird das „Zweite Deutsche Fernsehen" gegründet; am 1. April 1963 beginnt das ZDF zu senden. Von der neuen TV-Anstalt erhält Ursula ein Drehbuchangebot für eine Krimi-Reihe, das zunächst verlockend klingt. Der Auftrag wird jedoch wegen eines parteipolitischen Streits der beiden konkurrierenden Sender ARD und ZDF wieder zurückgenommen.

Während Ursulas Tätigkeit bei der Berliner Zeitung sind dort auch zwei Kollegen beschäftigt, die am Ende der 1960er Jahre sehr prominente Persönlichkeiten wurden. Der eine, Wolfgang Rademann, begann Anfang der 1960er Jahre als freier Reporter im Feuilleton der BZ. Ihm gelang 1969 mit der ersten "Peter-Alexander-Show" der Durchbruch als TV-Produzent. Danach schuf er so erfolgreiche Serien wie "Das Traumschiff" und "Die Schwarzwaldklinik". Der zweite, etwas jüngere Mann - immer freundlich, sportbegeistert, mit drahtiger Figur und blitzenden Augen, sollte später - vor allem in Westberlin, aber nicht nur dort - zu einer ebenso bekannten wie politisch umstrittenen Persönlichkeit werden. Ab Anfang 1961 arbeitete er neun Monate lang als Volontär in der BZ, lieferte Reportagen für die Sportredaktion. Sein Name: Rudi Dutschke.

Im Sommer 61 kann Ursula sich mit Hilfe ihres Lebensborn-Honorars einen Mallorca-Urlaub leisten. In der Reisegruppe begegnet sie vorwiegend Ehepaaren, fühlt sich oft allein. "Da spürt man seine Isolation doppelt ... ", so ihr Kommentar im Tagebuch.

Im Jahr 1961 erreicht der Flüchtlingsstrom aus der DDR nach West-Berlin und Westdeutschland seinen Höhepunkt. Allein im Juli flüchten mehr als 30.000 DDR-Bewohner nach West-Berlin. Insgesamt fast drei Millionen Menschen haben den Osten bereits verlassen, am Ende werden es etwa vier Millionen sein. Am 13. August 1961 beginnt die DDR mit dem Bau der Mauer entlang der Berliner Sektorengrenze, riegelt so beide Teile der Stadt voneinander ab. - Der Protest des Regierenden Bürgermeisters Willy Brandt ist laut und deutlich vernehmbar, Bonn reagiert allenfalls halbherzig. Das Herz des rheinischen Katholiken Konrad Adenauer schlägt offenbar mehr für den Westen und als für das protestantisch-preußische Berlin und für Ostdeutschland.

Ursula fühlt sich wegen des Mauerbaus verunsichert und befürchtet, es könne vor allem für Westberliner wie sie bald "eng werden". Deshalb kündigt sie zum 1. Oktober ihre Stelle bei der BZ. Sie verfügt über ein ärztliches Attest für den Arbeitgeber, das einen Nervenzusammenbruch diagnostiziert und dringend eine Kur empfiehlt. Sie will möglichst bald nach Westdeutschland übersiedeln. Auch die Heimkehrerstelle rät ihr dringend dazu. Für ehemalige politische Häftlinge bedeutet Ost-Berlin mit der russischen Besatzung noch immer eine potentielle Gefahr. "Wieder stehe ich vor einer Wende in meinem Leben ..."

Mutter Dora leistet tatkräftige Hilfe bei der Auflösung des Berliner Domizils. Dann fliegt Ursula mit Dora zunächst nach Hannover. Auch ihr VW Käfer kommt heil und sicher dort an, ein freundlicher Student bringt das Auto von der Wohnung in der Aschaffenburger Straße durch die Ostzone zum westdeutschen Flughafen. Von dort aus fahren Mutter und Tochter erst einmal weiter nach Hiddesen. Ursulas eigentliches Ziel aber ist Köln.

Ihre Freundin Sabine bietet Unterstützung an, zunächst bei der Wohnungs- und der Arbeitssuche. Sie hatte Ursula Mut zugesprochen, nachdem sie von den konkreten Umzugsplänen erfahren hatte: "Komm erst mal hierher, wir finden schon etwas für dich."

Sabine Brandt-Rühle ist seit Ende 1959 geschäftsführendes Mitglied im Vorstand des Kölner "Kongresses für die Freiheit der Kultur". Vor allem in dessen Gründungsphase und in den Anfangsjahren ist sie hier stark involviert und engagiert. Doch fällt ihr die zeit- und arbeitsintensive Funktion einer Kongress -"Managerin" wegen familiärer und beruflicher Verpflichtungen nicht immer leicht.

Die Kölner Sektion des CCF (= Congress for Cultural Freedom) mit ihrem Motor Joseph Caspar Witsch beanspruchte unter den westdeutschen CCF-Gruppen eine Vorrangstellung einzunehmen, als eine Art Zentrum und Dachorganisation anerkannt zu werden. Der starke Einfluss des Antikommunisten Dr. Witsch wirkte sich auch auf die Programmgestaltung der Kölner Sektion aus. Aus Sicht der Pariser Zentrale verstand sich der CCF zehn Jahre nach seiner Gründung nicht mehr als ausgesprochen antikommunistische Einrichtung, weil "das Eintreten gegen die kommunistische Unterdrückung der Kultur nur ein Punkt unter vielen aus dem Arbeitsprogramm des Kongresses" sei. Witsch jedoch beharrte, wenn es um die Kölner Gruppe ging, "auf der Notwendigkeit des antikommunistischen Kampfes" und begründete dies mit der Sonderrolle Deutschlands als gespaltenem Land an der Schnittstelle des Kalten Krieges. (2)

Ein Kernanliegen des Kölner CCF-Zweigs war das Engagement für inhaftierte Intellektuelle, vor allem für oppositionelle Schriftsteller und Journalisten, die in Haftanstalten der DDR und in sowjetischen Lagern gefangen saßen. Als besonders erfolgreich erwies sich ab Mitte 1961 die Solidaritätskampagne zur Freilassung von Heinz Brandt aus ostdeutscher Haft, an deren Organisierung das Kölner Büro entscheidend mitwirkte. (3)

Maßgeblich beteiligt an diesem Unternehmen war eine Organisation, die zu dieser Zeit in der BRD gerade erst entstand. Ende Juni 1961 fand in der Kölner Goltsteinstraße 185, dem Sitz des Kongressbüros, ein Sommerfest statt, das sich zur spontanen Gründungsveranstaltung einer weltweit überaus erfolgreich agierenden Hilfsorganisation entwickelte. An jenem denkwürdigen Tag wurde in Köln die erste deutsche Sektion von amnesty international gegründet. Zum engen Mitarbeiterkreis gehörten in der Anfangsphase vor allem Gerd Ruge, Carola Stern und Ursulas Freundin Sabine Brandt-Rühle. (4)

Als Ursula Rumin im Herbst 1961 von Berlin nach Köln übersiedelte, hatte ihre Freundin und Kölner CCF-Geschäftsführerin gerade durchgesetzt, dass dem Kongress-Büro eine weitere Hilfskraft zugeordnet werden sollte. Die Arbeit als Managerin wuchs ihr infolge sich ständig vermehrender Aufgaben über den Kopf. Dazu kam, dass die zur Verfügung stehende Sekretärin nur begrenzt einsatzfähig, in vielen Bereichen zu unselbstständig und im persönlichen Umgang recht schwierig war. Sabine schlug Ursula Rumin als neue Helferin vor und stieß damit auf allgemeine Zustimmung, auch bei Dr. Witsch, der Frau Rumin ja bereits kennengelernt hatte und diese Lösung ausgezeichnet fand. Das Pariser Büro gab ebenfalls seinen Segen. Man traute Ursula zu, dass sie nicht nur über journalistische Fähigkeiten und bürotechnisches Knowhow verfügte, sondern auch über Management-Qualitäten wie Flexibilität, Umsicht, Kommunikationssicherheit und Organisationstalent. Für Sabine, die ihre Freundin und deren bisherige, oft gezwungenermaßen "flexible" berufliche Karriere als Tänzerin, Filmjournalistin, Drehbuchschreiberin und Feuilleton-Sekretärin gut kannte, stand ohnehin fest: Ula schafft das. - Ab 1. Oktober 1961 übernimmt Ursula Rumin den neuen Posten. Ihre Aufgaben umfassen insbesondere Organisation, Management und Public Relations. Im Kontakt mit der schwierigen Sekretärin, die befürchtet, durch die Konkurrentin von ihrer Stelle verdrängt zu werden, bemüht sie sich um kollegiale Sachlichkeit, was nicht immer einfach ist.

Abb. 38:

Köln, Goltsteinstraße 185: Kongress für die Freiheit der Kultur)

Während ihrer Tätigkeit, die schon wegen der Vielfalt an Themen und Referenten recht interessant ist, finden im Kölner Kongress fünf Vortrags- und Diskussionsveranstaltungen statt, darunter die folgenden (5):

12.10.1961 **Kulturaustausch - trotz Stacheldraht**
(Referenten: Rudolf Krämer-Badoni und Marcel Reich-Ranicki)

02.11.: **Die Krise der kommunistischen Ideologie**
(Ref.: Jozef Maria Bochenski; Diskussionsleitung: Jürgen Rühle)

24.11.: **Möglichkeiten u. Grenzen deutscher Ostpolitik**
(Ref.: Gesandter Albrecht von Kessel und Immanuel Birnbaum; Diskussionsleitung: Gerd Ruge)

12.12.1961 **Stalins dritter Tod**
(Referent: Wolfgang Leonhard; Diskussionsleitung: Hans Otto Wesemann, Deutsche Welle; Veranstaltungsort: Großer Hörsaal der Universität zu Köln)

Unter den Teilnehmern und Gästen der Veranstaltungen nimmt die neue CCF-Mitarbeiterin schon in den ersten Tagen auch leitende Vertreter des WDR, des Westdeutschen Rundfunks, und der Deutschen Welle wahr.
Ursula beschreibt sie als "distinguierte Herren mittleren Alters" und als "Respekt einflößend". Doch hielt sie ihr Respekt vor den einflussreichen Herren nicht davon ab, in den folgenden Wochen und Monaten gerade mit ihnen in Kontakt und ins Gespräch zu kommen. Die Welt der Rundfunk- und Fernsehanstalten interessierte nun einmal die ehemalige Filmjournalistin und Drehbuchautorin. - "Ich will versuchen, mich da einzubringen, denn wer weiß, wie lange meine Arbeit beim Kongress dauern wird".
Da Ursula sich von ihrer Arbeit für den Kölner Kongress nicht immer genügend ausgelastet fühlt, arbeitet sie schon Ende 1961

hin und wieder - nebenbei - als Reporterin für das Westdeutsche Fernsehen. Soweit sich das mit ihrer Arbeit im Kongress verbinden lässt, stellt sie mit einem Kamerateam aktuelle Reportagen für die Abendsendung „Hier und Heute" zusammen.

Im Grunde also ein erfolgreicher beruflicher Einstieg am neuen Wohnort Köln. Dennoch findet sich in Ursulas Tagebuch, rückblickend auf das Jahr 1961, und ebenso im Blick auf die Berliner Zeit, ein Eintrag, der eher nach Enttäuschung und Resignation klingt. Offensichtlich - und hier zeigt sich eine Parallele zu Joseph Schölmerich - hat auch sie durchaus den Ehrgeiz, sich hohe Ziele zu setzen, nicht nur Mittelmäßiges, sondern etwas Besonderes zu leisten.

Sie schreibt: "Das alte Jahr geht zu Ende. Was hat es mir gebracht? Im wesentlichen Kampf, Enttäuschungen, Ärger, wenig Freude, Angst vor der Zukunft, vor dem Älterwerden und dem Alleinsein. Kaum eine Hoffnung hat sich erfüllt ... Mein Selbstbewusstsein lässt nach, meine Energie erschlafft. Alles ist mittelmäßig, was ich bisher gemacht habe. Immer schon, eigentlich von Kindheit an, habe ich mir sehr gewünscht, etwas Besonderes zu schaffen. Aber jetzt glaube ich, dass es mir nicht mehr gelingen wird. Ich bin dazu bestimmt, in der Mittelmäßigkeit steckenzubleiben." (6)

Während Ursula diesen eher pessimistischen Jahresrückblick zu Papier bringt, ahnt sie nicht, dass sie gerade jetzt - im Blick auf Berufliches - vor einer sehr produktiven und erfolgreichen Lebensphase steht. Als sie nämlich am 1. Februar 1962, nach Ablauf von vier Monaten, ihre Tätigkeit im Kongress beendet - auch wegen der ständigen Querelen und Eifersuchtsattacken seitens ihrer Mitarbeiterin -, erhält sie einen Vertrag beim WDR und wird Sekretärin in der Fernsehfilmabteilung. Eine Kollegin vom Westdeutschen Rundfunk, die sie während der Arbeit im Kongress kennen lernte, hat sie an den Leiter der Personalabteilung vermittelt. In der Filmabteilung wartet ein eigenes Büro auf Ursula, die Arbeitszeit ist akzeptabel, die neue WDR-Sekretärin kommt mit ihrer Aufgabe gut zurecht.

Ursula nutzt ihren Kontakt zum WDR. Sie bietet ihr bereits in Berlin zum Hörspiel umgearbeitetes, vom RIAS jedoch nicht übernommenes Manuskript "Weinen verboten" nun dem WDR-Hörfunk an. Sehr bald darauf erhält sie von der Hauptabteilung Politik einen Brief, den sie „am liebsten in einem silbernen Rahmen an die Wand hängen" möchte. Darin heißt es: "Ich beglückwünsche Sie sehr zu dieser Arbeit. Es freut mich, Ihnen sagen zu können, dass wir das Hörspiel ´Weinen verboten` am 19. April 1962 in der Zeit von 20.45 Uhr bis 21.45 Uhr senden werden."

Unter den zahlreichen positiven Rückmeldungen und Glückwünschen nach der Sendung befindet sich auch ein Brief der Ehefrau des damaligen Bundespräsidenten, in dem Wilhelmine Lübke der Autorin Ursula Rumin mit persönlichen Worten dankt und versichert, sie habe das Hörspiel "mit atemloser Spannung verfolgt". Kurz darauf erhält Ursula einen Bescheid vom Deutschlandfunk, dass dieser "Weinen verboten" vom WDR übernommen hat und das Hörspiel am 4. Oktober 1962 wiederholen wird.

1962 beginnt Ursulas beruflicher Neustart als Redakteurin bei der "Deutschen Welle".

Am 3. Mai 1953 ging der Auslandsrundfunk Deutsche Welle (DW) erstmals auf Sendung. Sein Auftrag besteht darin, "Rundfunkteilnehmern im Ausland ein umfassendes Bild des politischen, kulturellen und wirtschaftlichen Lebens in Deutschland" zu vermitteln. Anke Hagedorn, Dozentin für Journalismus in Zürich, hat sich in ihrer 2015 erschienenen Dissertation intensiv mit der Entstehung und Entwicklung der DW beschäftigt und weist auf ein "Spannungsfeld" hin, in dem sich die Deutsche Welle von Anfang an befand: "Sie sollte sowohl dem ethischen Grundsatz eines unabhängigen sachlichen Journalismus genügen als auch der Forderung nach positiver Werbung für die junge Bundesrepublik Deutschland". (7)

Schon Mitte 1962 erhält Ursula eine Festanstellung beim Hörfunk der Deutschen Welle. Anfangs ist sie als Sachbearbeitern im russischen Sprachdienst beschäftigt. "Ich muss Manuskripte und Kommentare schreiben, Honorarzahlungen abwickeln und Verträge ausstellen ..." Daneben ist sie als Autorin im Frauenfunk tätig. Ihre erste Sendung trägt den Titel: "Die gesellschaftliche und politische Stellung der Frau in der Bundesrepublik Deutschland".

An einem Sommertag Anfang der 60er Jahre findet in einem Rundfunk-Gebäude ein zufälliges und für beide Beteiligte völlig unerwartetes Wiedersehen statt: Ursula und Joseph begegnen einander in der Haupthalle des WDR am Kölner Wallraffplatz. Beider Verblüffung ist echt, sie sind verlegen. Die Begrüßung fällt entsprechend kurz aus, und dabei bleibt es dann auch: Ula und Jo haben sich offensichtlich nichts mehr zu sagen. (8)

Fast gleichzeitig mit dem Beginn ihrer Festanstellung bei der Deutschen Welle erreicht Ursula ein neuer, viel versprechender Auftrag: Das Bundesministerium für gesamtdeutsche Fragen (gegründet 1949, geleitet 1962/63 von Rainer Barzel/CDU, 1966-69 von Herbert Wehner/SPD) schickt ihr eine Einladung, der sie allzu gerne nachkommen möchte: Man sei interessiert an ihrer Mitarbeit bei einer "Dokumentation zur politischen Verfolgung in der sowjetischen Besatzungszone Deutschlands". Sie werde gebeten, sich mit dem für das Projekt federführenden Publizisten Karl Wilhelm Fricke in Verbindung zu setzen. Ursulas Aufgabe im Rahmen der geplanten mehrteiligen Dokumentation wäre der Blick auf das Schicksal der Frauen. Sie soll "Berichte zu speziellen Problemen der weiblichen Häftlinge aus Ihrem Bekanntenkreis erarbeiten und bereits vorhandene Berichte unter besonderer Berücksichtigung der Lage und Verhaltensweisen der weiblichen politischen Haftlinge überprüfen, ggfs. berichtigen und ergänzen." (9)

Einige Monate lang kann Ursula an diesem Projekt mitarbeiten, und ihre Texte werden honoriert. Als es um die Fertigstellung der sechsbändigen Dokumentation geht, ergeben sich jedoch unerwartete Probleme. Ursula erfuhr später, aus politischen Gründen sei das Projekt in den 1960er Jahren nicht beendet, die Dokumentation nicht veröffentlicht worden. Karl Wilhelm Fricke, seit Ende der 1960er Jahre anerkannter Fachmann in Sachen Opposition und Widerstand in der DDR und seit 1974 Leiter der Ost-West-Redaktion des Deutschlandfunks, publizierte mehrere Bücher zu dieser Thematik. In "Politik und Justiz in der DDR" aus dem Jahr 1979 wurden dann mehrere kurze Texte von Ursula auszugsweise abgedruckt. (10)

Ab 1964 bietet die Deutsche Welle auch ein Fernsehprogramm für das Ausland an. Die ARD-Landesrundfunkanstalten, das ZDF, die Deutsche Welle und die Bundesrepublik Deutschland gründen eine "TransTel-Gesellschaft für Deutsche Fernseh-Transkription mbH". Diese soll Fernsehstationen insbesondere in Afrika, Asien und Lateinamerika mit deutschen TV-Programmen versorgen. Ursula Rumin ist von Anfang an dabei.

Bei der Intendanz der DW macht sie sich stark für eine Frauenredaktion, und die wird auch genehmigt. Ursula übernimmt die Redaktionsleitung und beginnt, ein spezielles Programm für Frauen in der Dritten Welt aufzubauen. Einmal im Monat stellt sie mit ihren Kollegen ein Magazin von dreißig Minuten Länge zusammen, darin mehrere Beiträge zu verschiedenen Themen. Sie gibt der Sendung den Titel „Frauen dieser Welt". Mit der Zeit baut sie sich einen kleinen Stamm von freien Mitarbeitern auf; diese realisieren die von ihr erarbeiteten Themen und unterstützen sie in ihrer Arbeit. Ab 1965 werden Programme der öffentlichen deutschen Fernsehanstalten (ARD und ZDF) und ebenso Eigenproduktionen von TransTel/DW den Partnerstationen im Ausland zur Verfügung gestellt, in synchronisierter Fassung und gegen eine vergleichsweise geringe Lizenzgebühr.

Wie engagiert und erfolgreich Ursula in den 1960er und 1970er Jahren bei der DW tätig ist ("In meiner Arbeit gehe ich ganz auf, sie füllt mein Leben aus"), zeigt sich auch darin, dass es ihr gelingt, die Ehefrau des ägyptischen Ministerpräsidenten Anwar as-Sadat, die sich zu einem Besuch in Bonn aufhält, zu einem Interview vor die Kamera zu bekommen. "Die Aufnahme fand in der Ägyptischen Botschaft in Bonn statt. Im Magazjn ‚Eva 2000' lief der Beitrag unter dem Titel ‚Madame Sadat in Bonn'. Frau Sadat berichtete über die beruflichen Möglichkeiten der Frauen in ihrem Land ..." (11)

Abb. 39:

Ursula Rumin als Redakteurin bei der Deutschen Welle (Foto von 1972)

Zu einem besonders erfolgreichen Projekt der Frauenredaktion wird eine Produktion in den 1970er Jahren. Eine Serie von zwölf Filmen zeigt das Leben von Frauen in jeweils einem bestimmten Land; der Gesamt-Titel lautet: "Frauen heute". Die Filme werden in vier Sprachen übersetzt und in Länder der Dritten Welt geschickt. Dieses Unternehmen findet großen Anklang, es erhält auf dem INTERNATIONAL FILM-TV OF NEW YORK 1975 die Auszeichnung „Silver Award". Die Geschäftsführung der TransTel und der Intendant der Deutschen Welle beglückwünschen Ursula aus diesem besonderen Anlass, sprechen ihr Dank und Anerkennung aus.

Mitte der 1960er Jahre beginnt auch im privaten Bereich eine neue und zunächst schöne Zeit. Ursula hat sich mit der Redakteurin Ellen angefreundet, die in der Sportabteilung arbeitet und im gleichen WDR-Gebäude tätig ist. Ellen lebt nach ihrer Scheidung und dem Auszug der beiden Töchter allein in einer großen Vierzimmer-Wohnung. Eines Tages schlägt sie ihrer Freundin und Kollegin vor, zu ihr zu ziehen. Ursula stimmt zu, denn sie selbst verfügt nur über ein kleines Appartement. Die beiden nutzen nun dasselbe Auto, fahren morgens zusammen zur Arbeit und verbringen die Abende und Wochenenden gemeinsam - für Ursula eine ungewohnte Erfahrung. Sie beschreibt ihre neue Gefährtin als "stets unternehmungslustig, immer voller Pläne". Das trifft zumindest für die ersten Monate ihres Zusammenlebens auch zu. "Ellen ist eine begeisterte Reiterin, und ich lernte die sehr interessante und lustige Gemeinschaft der Reiter kennen. Und zum ersten Mal verlebte ich meinen Jahresurlaub in netter Gesellschaft, was in meinem Leben bisher nicht möglich war. Wir fuhren im eigenen Auto in den sonnigen Süden. - Frühlingswochen in Italien, wie lange habe ich davon geträumt." (12)

Auf Anregung der unternehmungslustigen Ellen erwerben die beiden einen Bungalow vor den Toren der Stadt, in Stommeln, gemeinsam finanziert aus Bausparverträgen. Das neue Leben dort beginnt hoffnungsvoll. Die zwei Hausbesitzerinnen schaffen sich noch einen vierbeinigen Hausgenossen an: "... eine Airdale-Hündin, die Ellen an ihre Kinderzeit erinnerte. Wir schufen uns ein wirklich schönes Zuhause, die Bäume für den Garten lieferten meine Eltern aus dem Teutoburger Wald ... Ich wähnte mich im Himmel. - Aber welchen Preis musste ich zahlen!"

Denn nach ein paar Jahren wird das Zusammenleben mit Ellen zunehmend schwieriger, entwickelt sich schließlich zu einem Albtraum. Für ihre Gemeinschaft mit Ellen benutzt Ursula in ihrem Lebensrückblick den Ausdruck "Himmel und Hölle". Ellen greift immer öfter zur Flasche. Sie wird zur Trinkerin.

Ursula hatte kurz zuvor schon zwei belastende Ereignisse verkraften müssen: Sie erlitt einen Herzinfarkt, ausgelöst zum einen durch Stress in der Arbeit und gesteigerten Medikamentenkonsum („Ich schluckte sehr starke Medikamente, um durchzuhalten

...") Zum anderen zeigte sich darin vermutlich eine Spätfolge der Lagerhaft in Workuta. Auch ihre von privaten, beruflichen und finanziellen Nöten geprägte Lebensweise dürfte mitgewirkt haben. Es war daher nicht verwunderlich, dass das Herz streikte. In den zurückliegenden zwanzig Jahren war ihm zu viel zugemutet worden. Ursula musste für längere Zeit krankgeschrieben werden, ist seitdem regelmäßig in kardiologischer Behandlung.

Das andere schlimme Ereignis war der Tod der Eltern. Beide hatten seit ihrer Vertreibung aus Schlesien in dem kleinen Kurort Hiddesen bei Detmold gewohnt. Nun wurden sie dort auch beigesetzt. 1969 starb der Vater Richard, 1974 Dora, die über alles geliebte Mutter.

Ursulas Sohn Ingo lebte inzwischen mit Ehefrau Gaby und Tochter Sabine im Allgäu. Wo der zweite Sohn - Detlef - sich aufhielt, den sie 1947 geboren und in dessen viertem Lebensjahr zu Adoptiveltern gegeben hatte, konnte Ursula nicht wissen.

Die Auseinandersetzungen mit Ellen, ausgelöst vor allem durch deren zunehmendem Alkoholkonsum und deren krankhaftem Geltungsbedürfnis, eskalieren Mitte der 1970er Jahre. "Ein Garten ohne Swimmingpool kam für sie nicht in Frage ... Ellen kaufte sich ein Reitpferd, wurde eifriges Mitglied im Reitstall des Dorfes ... Wir steckten bald bis über beide Ohren in Schulden ... Dann begann sie im Reitstall zu trinken ... Mein beruflicher Erfolg wird für Ellen immer mehr zum Anlass, mir die grässlichsten Szenen zu machen."

Ursula nimmt Kontakt auf zu einer örtlichen Selbsthilfegruppe der Anonymen Alkoholiker, will sich Rat holen. Dort sagt man ihr, ein Alkoholabhängiger könne nur dann seine Sucht überwinden, wenn er freiwillig, aus eigenem Antrieb, zu einer Therapie käme und wenn er zur Zusammenarbeit mit der Gruppe bereit wäre. Doch Ellen lacht Ursula nur höhnisch ins Gesicht, als die ihr davon berichtet.

"Ich war mit den Nerven am Ende. Deshalb nahm ich eine Woche Urlaub und fuhr nach Hiddesen. Dort ging ich täglich zum

Friedhof, auf dem meine Eltern ruhen, und hielt mit ihnen Zwiesprache. Ich wollte, ich musste Abstand gewinnen von dem Elend daheim. Es musste etwas geschehen, so konnte und wollte ich nicht weiterleben."

Nach der Heimkehr zieht Ursula aus dem gemeinsamen Haus in Stommeln aus und mietet ein kleines Appartement in Köln. Hund Joschi nimmt sie mit, weil sie fürchtet, dass Ellen sich nicht ausreichend um den Vierbeiner kümmern würde. In ihrem Buch "Ins Leben zurück", das sie im Jahr 2008 veröffentlicht, schreibt sie darüber:

"Diese ganze Geschichte hat mich entsetzlich leiden lassen. Ich bin mit dem Hund übers Feld gelaufen und habe mir die Seele aus der Brust geschrien - das dritte Mal in meinem Leben. Es hat mich erleichtert. Der Hund blieb stehen und sah mich erstaunt an. - Das erste Mal habe ich geschrien, als ich mein Kind zur Adoption freigab, das zweite Mal als Gefangene der Russen bei der schweren Arbeit in der Tundra. Nun machte ich zum dritten Mal meinem Herzen Luft, ich wäre sonst erstickt ..." Danach wusste ich, was ich tun musste, um den unerträglichen Druck loszuwerden: Ich musste mich befreien. Also suchte ich einen Rechtsanwalt auf. Die Auflösung und der Hausverkauf kamen in Gang ..." (13)

Jetzt kann sich Ursula endlich wieder auf ihre berufliche Arbeit konzentrieren, auf ihr Engagement als Redakteurin.

Und sie fasst einen für sie entscheidenden Entschluss: "Künftig wollte ich keine Partnerschaft mehr eingehen, weder mit einem Mann, noch mit einer Frau. Um mich in diesem Vorhaben zu bestärken, kaufte ich in einem Juweliergeschäft einen schönen Freundschaftsring. Als ich ihn über meinen Finger streifte, befahl ich mir: Jetzt denkst du nur noch an dich, sei zufrieden, suche nicht mehr. Aber mir wurde auch bewusst, was das bedeutet: Abschied von Liebe und Zärtlichkeit." (14)

Am Ende ihres Berufslebens als Journalistin und Redakteurin erfährt Ursula eine hoch verdiente Anerkennung: 1983, kurz vor ihrer Pensionierung, wird sie mit dem Verdienstorden der Bundesrepublik Deutschland geehrt. In der Begründung für die Auszeichnung heißt es: "Frau Rumin trat 1962 in die Dienste der Deutschen Welle und hat ideenreich und tatkräftig die Fernseharbeit ... der Anstalt von ihren Anfängen her begleitet. Sie gehört zu jenen Redakteuren, die mit kreativem Elan und unermüdlicher Arbeitskraft an der Verwirklichung dieses Projekts Anteil nahmen. Ihrer Lebenserfahrung und beruflichen Leistung ist es zu danken, daß gerade die Produktionen, die in der Redaktion ‚Frau und Familie' hergestellt worden sind, zum besonderen Vertriebserfolg in aller Welt beigetragen haben. So hat Frau Rumin, die inzwischen diese Redaktion leitet, mit ihrer Phantasie und ihrem Ideenreichtum über 20 Jahre lang wesentlich dazu beigetragen, daß das Bild der Bundesrepublik Deutschland durch die Vermittlung des Mediums Fernsehen für Zuschauer in der Dritten Welt verdeutlicht werden konnte.

Die unter Leitung von Frau Rumin erstellten Serien, vor allem das ´Familienmagazin´, sind Beispiele für eine musterhaft objektive, kurzweilige und interessante Berichterstattung aus dem Leben der Bundesrepublik. (Ursula Rumin) hat sich um unseren Staat und die Demokratie verdient gemacht." (15)

Abb. 40:

Ursula Rumin wird mit der Medaille und der Urkunde des Verdienstordens der Bundesrepublik Deutschland ausgezeichnet.

Auch Werner Honig, Leiter der Transkriptionsdienste der DW, beglückwünschte seine Redakteurin: "Ihnen brauche ich nicht zu versichern, wie sehr ich überzeugt bin, daß hier einmal die Richtige ausgezeichnet wurde. Ich wünsche Ihnen, daß Sie das schwarz-rot-goldene Band noch lange gesund und vergnügt tragen können ..." (16) In einem Bericht der „Kölner Rundschau am Sonntag" (Oktober 2002), in dem es um Ursulas Leben nach der Heimkehr aus Workuta geht, heißt es: "Frau Rumin arbeitete nach ihrer Rückkehr zwanzig Jahre bei der Deutschen Welle in Köln und brachte bei TransTel, dem Fernsehbereich des Senders, als Redakteurin das Magazin ‚EVA 2000´ heraus, das erste Frauen-Magazin für die Entwicklungsländer. Es ging, in Filmbüchsen verpackt, in 60 Länder der Welt ..." (17)

"Ab Januar 1984" erinnert sich Ursula, "begann die schönste Zeit meines Lebens: Ich wurde Rentnerin ..."
Nach mehr als 20-jähriger Berufstätigkeit bei WDR und DW, finanziell gut abgesichert durch Alters- und Betriebsrente, gerade erst 60 Jahre alt geworden, freut Ursula sich auf die nun vor ihr liegende freie, selbstbestimmte Zeit.

Nach dem Tod der Airdale-Hündin Joschi rät ihr die Ärztin, sich einen neuen Hund anzuschaffen. Sie solle an ihre Gesundheit denken, viel Bewegung würde ihr guttun. Nach längerem Überlegen kauft Ursula, angeregt durch eine Zeitungsanzeige, einen zehn Monate alten Riesenschnauzer. Sie nennt ihn Niko.

Ausführlich beschreibt sie in ihrem Buch "Ins Leben zurück", wie sie sich mit dem kräftigen Rüden, der ihr anfangs großen Respekt einflößte, vertraut macht. Nach einigen aufregenden Tagen hat sie es geschafft: „Von da an hatte ich einen Freund an meiner Seite, der mich auf allen Wegen begleitete und beschützte. Auch sorgte er dafür, dass die Brücke vom Berufsleben zum Rentnerdasein nicht ins Nirgendwo führte. Niko war meine neue Pflicht."

Abb. 41:

Rentnerin Ursula mit ihrem Hund Niko am Kölner Rheinufer

„Täglich unternahmen wir Ausflüge am Rhein entlang in den Wald des Weißer Bogens, ich mit dem Fahrrad, er auf seinen vier Pfoten. Es war herrlich, für ihn und für mich. Lauthals singend radelte ich durch die Gegend, Niko immer voraus." (18)

Wann zuvor hat Ursula jemals so befreit und fröhlich von ihren Alltagspflichten gesprochen? Mit dem Jahr 1984 begann, wie sie rückblickend schreibt, ihr "wundervolles Leben in Freiheit ..."

Anmerkungen zu Kap. VI. (Silver Award und Verdienstorden: Die Redakteurin)

(1) Ursula Rumin: Ins Leben zurück. Berlin (Frieling Verlag) 2008, S. 221

(2) Frank Möller: Das Buch Witsch. Köln (Verlag Kiepenheuer und Witsch) 2014, S. 463 f.

(3) Heinz Brandt (1909-1986) war ein Jahrhundertzeuge. "Er wurde 1909 in Posen in einer jüdischen Familie geboren, trat 1931 der KPD bei. 1940 wurde er in das KZ Sachsenhausen, 1942 ins KZ Auschwitz und 1945 ins KZ Buchenwald deportiert, wo er von der US-Armee befreit wurde. Nach dem Krieg engagierte er sich in der KPD. Weil er im Juni 1953 die streikenden Arbeiter unterstützte, wurde er im August aller Partei-Ämter enthoben ...

Als er befürchten musste, verhaftet zu werden, floh Heinz Brandt 1958 aus der DDR in die Bundesrepublik. 1961 wurde er durch das Ministerium für Staatssicherheit nach West-Berlin gelockt, betäubt und in die DDR entführt ... Es folgten zwei Jahre Haft in Bautzen. Eine weltweite Kampagne von Amnesty International und Bertrand Russell führte 1964 zu seiner Freilassung." (FR vom 07.01 .2016; Gastbeitrag von M. Cramer)

(4) Näheres zur Kölner Gründung von AI im Sommer 1961, dabei insbesondere zur wichtigen Rolle Sabine Rühle-Brandts, vgl. Gerd Laudert, Der rote Doktor, Berlin 2019, S. 143ff.

(5) Frank Möller: Das Buch Witsch, S. 492

(6) Ursula Rumin: Ins Leben zurück, S. 244

(7) Anke Hagedorn: Sachlich und unabhängig. Die Entstehung und Entwicklung der Deutschen Welle. Artikel in: Politik & Kultur. Zeitung des Deutschen Kulturrats Nr. 3/2015, S. 18. - Siehe auch Anke Hagedorn: Die Deutsche Welle und die Politik. Deutscher Auslandsrundfunk 1953-2013. UVK-Verlag Konstanz, 2015

(8) "Jos Verblüffung war echt, als er mich erblickte, denn er kannte meine WDR-Sendungen nicht, wusste auch nichts von meiner Tätigkeit bei der DW. Ich habe ihm nicht viel davon er-

zählt, unser Gespräch war nur kurz." Ursula Rumin, Ins Leben zurück, S. 253

(9) Schreiben des Bundesministeriums für gesamtdeutsche Fragen (BMG) an Ursula Rumin vom 13. Nov. 1962; privates Archiv U. Rumin

(10) Karl Wilhelm Fricke: Politik und Justiz in der DDR. Zur Geschichte der politischen Verfolgung 1945-1968. Köln (Verlag Wissenschaft und Politik) 1979, u.a. S. 141. - Siehe auch: Karl Wilhelm Fricke: Opposition und Widerstand in der DDR. Ein politischer Report. Köln (Verlag Wissenschaft und Politik) 1984

(11) U. Rumin: Ins Leben zurück, S. 261

(12) U. Rumin: Ins Leben zurück, S. 265 und folgende Zitate

(13) U. Rumin: Ins Leben zurück, S. 281

(14) U. Rumin: Ins Leben zurück, S. 284

(15) Begründung zur Ordensverleihung; privates Archiv Ursula Rumin

(16) Glückwunsch-Schreiben von Werner Honig; Privatarchiv Ursula Rumin

(17) Kölner Rundschau am Sonntag vom 19. Oktober 2002, Bericht von Lydia Keck, Titel: "Weinen verboten"

(18) U. Rumin, Ins Leben zurück, S. 293

VII. Die Malerin, Autorin, Zeitzeugin
   (1985–2017)

Etwa Mitte der 1980er Jahre, am Beginn eines neuen Lebensabschnitts, entdeckt die noch relativ junge Rentnerin Ursula ein neues, ihr Leben bereicherndes Hobby: das Malen. Anstoß dazu gibt ein Urlaub an der belgischen Küste, dort beschäftigt sie sich zum ersten Mal intensiver mit Pinsel und Ölfarben und widmet sich der naiven Malerei. Die nötigen Utensilien hatte ihr eine Freundin geschenkt, "... dazu eine Malvorlage mit Anweisungen, welche Farbe wohin gesetzt werden sollte", erinnert sich Ursula.

Weil ihr die Sache Freude macht - schon in der Schule malte sie gern - und die ersten Versuche ihr nach eigener Einschätzung "ganz gut gelingen", bleibt sie dabei und genießt es, endlich Zeit und Muße für ein solches Hobby zu haben. Die Malvorlagen legt sie bald beiseite. Ein Buch mit naiven Bildern jugoslawischer Künstler regt sie dazu an, mehr und mehr auch eigene Motive zu entwickeln.

Abb. 42: Ein naiv gemaltes Bild aus der Anfangszeit der Malerin Ursula Rumin (1985)

1988 entdeckt Ursula in Köln eine Malakademie, die erst seit wenigen Jahren besteht: "Akademie für Menschen reifen Alters" nennt der Gründer Jürgen Knabe, ein engagierter Kunst-Professor, sein Projekt: „Ältere Menschen brauchen einen neuen Lebensinhalt, und den kann Kunst bieten, denn sie macht Freude und gibt Kraft" so erklärt Knabe die Grundidee seiner Initiative, in der sich Soziales und Künstlerisches verbinden. (1)

Von 1988 bis 1991 malt und studiert Ursula an dieser Kölner Akademie - mit beachtlichem Erfolg. Sie malt überwiegend gegenständlich, meist in Öl und Aquarell. Ihre Motive sind häufig Landschaften, auch Stadtansichten (zum Beispiel die Stadt Köln und ihr Dom), Tiere - besonders Vögel - und immer wieder Bäume und Blumen.

Beim Studieren Alter Meister stößt Ursula auf den französischen Maler Louis Jacques Daguerre, der zu Beginn des 19. Jahrhunderts eine neue Malmethode kreiert hatte: Diorama-Bilder. Dabei handelte es sich um Schicht- beziehungsweise Kulissenbilder, die er mit Ölfarbe auf zwei bis drei Glasebenen malte und hintereinander mit geringem Abstand in einem Rahmen anordnete. - Fasziniert von der Tiefenwirkung der Bilder, lässt Ursula sich dazu inspirieren, diese Technik, etwas vereinfacht, ebenfalls anzuwenden.

Bald kann sie ihre eigenen Bilder in kleinen und größeren Ausstellungen zeigen, meist im Raum Köln, einmal sogar in den Spittelkolonnaden in Berlin.

Die Fotos auf den folgenden Seiten zeigen, wie Ursula, die in ihrem bisherigen Leben immer wieder düstere Phasen durchleben musste, sich die bunten Farben des Lebens zurück holt.

(Abb. 43-50)

Diorama

Während Ursula an der Kölner Akademie malt, geschieht im Osten Deutschlands auf politischer Ebene Erstaunliches: Ende 1989 fällt, nach 28 Jahren, die Mauer! Die neue, junge Opposition in der DDR hatte sich in den achtziger Jahren zu einer machtvollen Bürgerrechtsbewegung entwickelt, ermutigt zudem - seit 1985 - durch Gorbatschows Reformpolitik.

1989 schließlich gelingt den Bürgern der DDR eine für Deutschland beispiellose, eine friedliche Revolution: die Beseitigung der jahrzehntelangen SED- und Stasi-Herrschaft in der DDR.

Nach der Entmachtung Erich Honeckers hatte die letzte DDR-Regierung unter Hans Modrow noch versucht, das Ministerium für Staatssicherheit in ein Amt für nationale Sicherheit umzuwandeln. Sie scheiterte aber am entschlossenen Widerstand der Bevölkerung, die nun vielfach MfS-Dienststellen besetzte. Unvergesslich die Erstürmung der Stasizentrale am 15. Januar 1990: Dort gelang es den aufgebrachten DDR-Bürgern, die Vernichtung von Geheimdienstakten, die bald nach dem Mauerfall begonnen hatte, zumindest zu stoppen. Diese Hausbesetzung des Berliner Hauptquartiers und die Inbesitznahme weiterer Stasi-Verwaltungen in anderen Städten der DDR besiegelten das Ende der „Staatssicherheit".

Im Oktober 1990 wird Joachim Gauck zum Sonderbeauftragten für die Stasi-Unterlagen bestimmt. Zwar sind viele Akten bereits vernichtet, doch kann die später so genannte Gauck-Behörde noch erhebliche Bestände übernehmen oder - sehr aufwändig - rekonstruieren. Anfang 1992 tritt das Stasi-Unterlagen-Gesetz (BStU) in Kraft, das den Bürgern den Zugang zum gesammelten Material ermöglicht: Jeder kann nun auf Antrag seine Stasi-Akte einsehen. (2)

Als europa- und weltpolitisch noch folgenreicher als die friedliche Revolution in der DDR erweist sich eine Veränderung, die sich ebenfalls zu Beginn der 1990er Jahre vollzieht: der rasche und schließlich unaufhaltsame Zerfallsprozess des sowjetischen Vielvölkerreiches. Im Frühjahr 1990 proklamieren die ersten

Sowjetrepubliken - Litauen und Estland - ihre Unabhängigkeit, weitere folgen im Verlauf der Jahre 1990/1991. Im Juli 1991 wird der Warschauer Pakt aufgelöst. Am 25. Dezember 1991 erklärt Gorbatschow seinen Rücktritt als Präsident der Sowjetunion. Mit Ablauf des 31. Dezember 1991 existiert dieses Staatengebilde nicht mehr. Fünfzehn ehemalige Sowjetrepubliken - vom Baltikum über die Ukraine und die Kaukasus-Republiken bis zu den mittelasiatischen "Stan-Ländern" (Kasachstan ...) erlangen so ihre Unabhängigkeit, nachdem sie zum Teil über 70 Jahre lang dem sowjetischen Imperium angehört hatten. Moskau, ehemals Hauptstadt und vor allem Machtzentrum der UDSSR, wird nun zur Hauptstadt einer "Russischen Föderation".

Eine Folge des Zusammenbruchs der Sowjetunion ist die förmliche Wiederherstellung der Rechte ehemaliger GULag-Häftlinge: Im Oktober 1991 tritt das Gesetz "Über die Rehabilitierung von Opfern politischer Repressalien" in Kraft. - Auch Ursula Rumin stellt einen Antrag. Noch bevor sie sich an die Gauck-Behörde wendet, um Einsicht in ihre Stasi-Akte zu nehmen, reicht sie ein Rehabilitierungsgesuch bei der Generalstaatsanwaltschaft der Russischen Föderation ein. Auf den Bescheid muss sie lange warten. (3)

Ein anderer Bescheid erreicht sie dagegen umgehend, im November 1991: "Ursula Rumin hat das Studium von sechs Semestern an der Malakademie mit Erfolg abgeschlossen." Mit dem Diplom in der Tasche gehört Ursula nun weitere drei Jahre der "Meisterklasse" an.

1992 muss der inzwischen zwölfjährige Rüde Niko eingeschläfert werden. Eine große Leere befällt Ursula. Um sich abzulenken, unternimmt die Rentnerin in den 1990er Jahren viele Reisen: Flüge und Busreisen nach Kopenhagen, Madrid, London, Paris und Rom. Sie nutzt obendrein die neuen Reisemöglichkeiten, die nach Auflösung der Sowjetunion angeboten werden, besichtigt nun auch östliche Länder, fährt per Bus nach Prag und nach Budapest.

Im August 1994 zeigt sie ihrem Sohn Ingo und dessen Tochter Sabine das Gebäude des Frauen-Gefängnisses in Berlin-Lichtenberg, in dem sie 1952 vor dem sowjetischen Militärtribunal stand und ihr Urteil hörte.

Anfang April 1995 liest Ursula in der Frankfurter Rundschau einen Nachruf des Mannheimer Politologen Professor Dr. Hermann Weber auf seinen Freund und einstigen politischen Mitstreiter Joseph Schölmerich. Dieser war am 1. April in Bonn/Bad Godesberg, seinem damaligen Wohnort, gestorben.

Ursula wendet sich an Paul Schölmerich, den Bruder des Toten. Mit ihm hatte sie in den 1950er Jahren, während ihrer Ehe mit Jo, und auch noch Jahre danach in einem guten, vertrauensvollen Kontakt gestanden, so dass sie daran nun anknüpfen kann. Paul schickt Ursula seine für Freunde und Verwandte formulierte Traueranzeige mit dem persönlichen Nachruf auf seinen Bruder, außerdem einige Rundfunkmanuskripte und Kommentare aus Jos Feder. Darunter ist auch dessen autobiographischer Bericht, der 1962 im Südwestfunk gesendet und ein Jahr später in erweiterter Form - neben Beiträgen von Hermann Weber, Gerhard Zwerenz, Leo Bauer, Carola Stern und anderen - in dem Buch "Das Ende einer Utopie" veröffentlicht wurde.

Ursula bittet den ehemaligen Schwager, ihr Näheres über Jos letzte Lebensphase mitzuteilen und auch einiges über die frühen Jahre, über Jos Lebensweg vor Workuta, denn darüber weiß sie nur wenig. Paul schickt ihr Teile seiner in den späten 1990er Jahren begonnenen Vorarbeiten zu einer autobiographischen "Rückschau auf neun Jahrzehnte". Er hatte sich, zeitlebens (und manchmal notgedrungen) mit Josephs persönlichem und politischem, oft schwer verständlichem Lebensweg beschäftigt und dem Verstorbenen deshalb einige Seiten seiner geplanten Rückschau gewidmet.

So bekommt Ursula, fast 40 Jahre nach dem endgültigen Scheitern ihrer Ehe, zum ersten Mal zusammenhängende Informationen über Josephs politischen Lebensweg, seinen Werdegang, seine politischen Motive und Ziele, seine Studienzeit in Bonn, sein Engagement im Widerstand. Mitteilungen also über zentrale Vorkommnisse in Jos Leben, die er in den 1950er Jahren seiner Ehefrau Ursula weitgehend vorenthalten, über die er mit ihr kaum gesprochen hatte. Etwa zehn Jahre später, bei der Arbeit an ihrem dritten autobiographischen Buch "Ins Leben zurück", wird Ursula sich noch einmal an Paul wenden.

Im Sommer 1996 organisiert die Malerin Ursula Rumin für die Dauer von drei Wochen eine Ausstellung ihrer Bilder in Hiddesen bei Detmold. Den Ort und die Zeit hat sie sehr bewusst gewählt: Genau 50 Jahre zuvor war sie mit den Eltern und Sohn Ingo in Hiddesen angekommen, nach der Vertreibung aus dem schlesischen Langenbielau. In dem Gasthaus, in dem die Ausstellung nun stattfindet, hatte man damals die Familie für die ersten Monate untergebracht.

Im Jahr 1996 gibt es noch einmal eine völlige Neuorientierung in Ursulas Leben. Auslöser dafür sind, neben zeitgeschichtlich nun offenbar günstigeren Rahmenbedingungen, insbesondere zwei Kölner Schülerinnen, Irina und Sarah, die beide kurz vor dem Abitur stehen.

„Meine Schreibezeit begann etwa 1996. Damals erzählte mir eine Bekannte, ihre Tochter müsse eine ihrer Abschlussarbeiten über das Thema ‚Die Situation Nachkriegsdeutschlands' schreiben. Sie fragte mich, ob ich mich als Zeitzeugin zur Verfügung stellen könnte, ich hätte doch so viel erlebt. Ich sagte zu.

Die Abiturientin Irina suchte mich, zusammen mit einer weiteren Schülerin, mehrmals auf und ich berichtete den beiden aus der Zeit meiner Gefangenschaft. Sie notierten alles, machten Tonbandaufnahmen und verfassten einen Bericht über mein Schicksal."

Diesen Bericht schickten die Schülerinnen mit einem Begleitbrief an den Verlag Kiepenheuer und Witsch:

„Das Schicksal, das diese Frau erlebte, als Gefangene in der Eiseskälte eines sibirischen Straflagers hoch am Polarkreis, hat uns zutiefst berührt. Noch mehr aber hat uns berührt, mit welcher Kraft sie ihr Schicksal gemeistert hat ... Sie hat aus dem Leben in der Gefangenschaft gelernt, sagte sie uns, ... hat ihrem Leben eine neue Richtung gegeben ..." (4)

Die vielen Fragen, die Anteilnahme der beiden Mädchen, der Eindruck, offenbar bestehe jetzt, anders als in den Jahren zuvor, ein stärkeres Interesse an dieser Thematik, und dies nicht nur in den Schulen - all das bewegt Ursula dazu, ihre Tagebuchnotizen aus den 1950er Jahren wieder hervorzuholen, sich erneut mit dem Erlebten auseinander zu setzen. Sie beginnt noch einmal zu schreiben ...

Unterstützt wird Ursulas Wunsch nach einer erneuten Beschäftigung mit ihrer Vergangenheit auch durch eine besondere Unternehmung: Mit einer Reisegruppe besucht sie 1999, und zum ersten Mal als Touristin, Moskau und St. Petersburg.

"Auf dem Roten Platz wurde Halt gemacht, die Gruppe besichtigte die Basilius-Kathedrale. Ich sonderte mich etwas ab, denn ich konnte meine Tränen nicht zurückhalten. Vor fast 50 Jahren hatte man mich, eine Gefangene der Sowjets, im ‚Schwarzen Raben' über den Roten Platz gefahren. Damals hatte ich mir geschworen, diesen Platz einmal als freier Mensch aufzusuchen ..." (5)

Abb. 51:

Ursula Rumin als Touristin auf dem Roten Platz in Moskau (1999)

Wie fast alle ehemaligen Workuta-Häftlinge, die einen entsprechenden Antrag eingereicht haben, erhält sie - im Januar 2001 - ihre offizielle Rehabilitierung durch die Generalstaatsanwaltschaft der Russischen Föderation. Die nachgeordnete Militärstaatsanwaltschaft in Moskau als spezieller Absender des Schreibens bescheinigt in dürren Worten, Ursula Rumin sei „gemäß Art. 3 ... des Gesetzes der Russ. Föderation ... vom 18. Oktober 1991 ... rehabilitiert". Kein Wort des Mitgefühls, kein Eingeständnis des Unrechts, nur die förmliche Feststellung des neuen Sachverhalts.

Ursulas Buch „Weinen verboten" erscheint im April 2003 (in sehr kleiner Auflage) im Kölner Schutter-Verlag. Die Autorin widmet es ihren Eltern. - Sie hatte das Manuskript zuvor dem Verlag Kiepenheuer und Witsch angeboten, doch der ließ sich sehr viel Zeit mit einer Antwort, zu viel Zeit aus Ursulas Sicht. Nach einer mehrmonatigen "Gedulds-Probe" erscheint sie eines Tages im Lektorat und zieht ihr Angebot kurzerhand zurück. Wenig später bereut sie möglicherweise ihre Ungeduld. Beim Schutter-Verlag nämlich ist sie an einen Verleger geraten, der das Manuskript ausgesprochen unseriös und unprofessionell behandelt und publiziert. Lektoratsarbeit zum Beispiel findet kaum statt. Am Ende bleibt Ursula nichts anderes übrig, als sich auf dem Weg eines kostspieligen Rechtsstreits aus dem abgeschlossenen Verlagsvertrag zu befreien.

Den wenigen verkauften Exemplaren des bei Schutter verlegten Buches "Weinen verboten" ist daher folgende Erklärung der Autorin beigefügt:

Die Drucklegung dieses Buches konnte nur durch einen Rechtsstreit vor dem Landgericht Köln erreicht werden. Dem Buch fehlen allerdings wichtige Dokumente, Fotos und Schriftstücke, die in einer Neuauflage von "Weinen verboten" enthalten sein werden.

Die vorliegende Auflage (250 Stück) ist durch den Verlag mit wenig Sorgfalt gestaltet worden, mit Druckfehlern, Änderungen und Texteinfügungen ohne Absprache mit der Autorin. Ich bedauere das sehr und entschuldige mich beim Leser mit der Bitte um Verständnis.

Noch bevor Ursula sich auf die Suche nach einem neuen Verlag begeben kann, erreicht sie die Anfrage einer Kölner Filmproduktionsfirma. Dort hat man das Buch aufmerksam gelesen - vor allem der Titel "Weinen verboten" hatte Interesse geweckt - und sich davon zu einem Filmprojekt anregen lassen. Die Autorin wird gefragt, ob sie bereit sei, für eine TV-Dokumentation über ihre Gefangenschaft im Straflager ein Filmteam nach Workuta zu begleiten und bei den Dreharbeiten für Statements und Interviews zur Verfügung zu stehen. Nach kurzer Bedenkzeit („Soll ich mir das wirklich noch mal antun?") stimmt Ursula zu. Im September 2003 fliegt sie mit dem jungen Regisseur Erik S. Tesch und dessen Filmteam nach Moskau - und fährt von dort aus mit dem Zug die weite Strecke nach Workuta, wie einst in den schlimmen Tagen als Gefangene. Dieses Unternehmen ist für die inzwischen knapp 80-Jährige anstrengend, aber es hilft ihr andererseits, das Lager-Trauma endgültig hinter sich zu lassen. Ursula führt darüber ein besonderes, lesenswertes Tagebuch. Aus ihm geht hervor, dass nicht nur der Aufenthalt am Zielort, sondern auch, sogar in besonderem Maße, die mehr als vierzigstündige Zugfahrt von Moskau nach Workuta von nachhaltiger, geradezu heilsamer Bedeutung gewesen ist. - Im Tagebuch schreibt sie: "Die Vergangenheit wird wieder zur Gegenwart. Welcher Teufel hat mich geritten, dass ich diese Reise noch einmal auf mich nehme! Ich weiß es nicht ... Aber jetzt fühle ich, dass der Knoten sich langsam löst, der mich bisher hinderte, mich zu öffnen und alles loszuwerden. Ich will von diesen schrecklichen Erinnerungen endlich erlöst sein. Ich spüre, diese 42-Stunden-Reise von Moskau nach Workuta öffnet mich.

Die Emotionen, die ein Frankfurter Verlag in ‚Weinen verboten' vermisst hatte [auch diesem hatte Ursula ihr Manuskript angeboten], - jetzt kommen sie heraus, erst auf dieser Reise. Vielleicht habe ich ihnen bisher keinen Raum gegeben? Ich hielt sie zurück. Jetzt gebe ich sie frei. Jetzt ist die Zeit gekommen, mich von ihnen zu befreien - denn sie belasten mich noch immer, nach 50 Jahren. Jetzt erst erkenne ich, was ich bisher unterdrückt habe ..." (6)

In Workuta begegnet Ursula nicht nur den freundlichen Mitarbeitern der Menschenrechts-Organisation MEMORIAL, die sie mit besonderer Herzlichkeit begrüßen, und dem etwas übereifrigen Bürgermeister der Stadt, der sie vor laufender Kamera eine „Heldin" nennt und sie spontan zu einem Tanz auffordert. Ursula kann auch die Abteilung im Stadtmuseum besichtigen, die den ehemaligen Häftlingen gewidmet ist, kann im Keller des Stadtarchivs ihre Lager-Karteikarte einsehen. („Es ist alles darauf vermerkt: Name, Berliner Adresse, Daten der Verhaftung, Verurteilung, des Abtransports nach Russland ... Nichts fehlt.") Von den ehemaligen Lagergebäuden sieht man jedoch jetzt kaum noch etwas.

Schließlich begegnet Ursula in Workuta auch - ein bemerkenswerter Zufall will es so - Galina und Raissa, zwei ihrer früheren Brigadierinnen aus dem Lager Predschachtnaja! Die drei Frauen feiern, zuweilen vor laufender Kamera, Raissas 81. Geburtstag.

Abb. 52:

Ursula Rumin in Workuta, im September 2003, hier mit ihren ehemaligen Brigadierinnen Galina und Raissa

Die wichtigste Erfahrung, die ihr jene "Dienstfahrt" vermittelte, beschreibt Ursula am Ende ihres Berichtes so: "Es war ein anstrengendes, aufregendes Erlebnis. Aber mit dieser Reise habe ich meine Vergangenheit abgeschlossen. Meine schlimmen Erinnerungen haben an Bedeutung verloren. Sie belasten mich nicht mehr."

Dem verunglückten Debüt zum Trotz erfährt "Weinen verboten" eine erhebliche Resonanz in einigen Medien, bewirkt vermutlich von dem anfangs sehr rührigen und werbefreudigen Verleger. In der BZ, in deren Feuilleton-Redaktion Ursula einst als Sekretärin gearbeitet hatte, erscheint mit der fett gedruckten Schlagzeile "Weinen verboten" ein mehrseitiger, reichlich mit Fotos illustrierter Artikel zu ihrem ersten Buch.

Abb. 53:
Artikel „Weinen verboten" in der BZ am Sonntag, 10. November 2002

Bereits im Oktober 2002 druckte die in Köln erscheinende *Rundschau am Sonntag* einen größeren Artikel über das Buch.

Im selben Monat machte eine Sendung in 3Sat/Kulturzeit auf Ursula Rumins Schicksal aufmerksam.

Der Titel "Weinen verboten" und Ursulas Heimkehrer-Foto (mit Pelzmütze und Zöpfen) aus dem Jahr 1954 erscheinen nun vielerorts in Zeitungen und Zeitschriften, auf Veranstaltungsflyern und ähnlichem. Dies geschieht, obwohl bisher nur eine winzige Auflage des mit Mängeln behafteten Buches auf dem Markt ist. - Der WDR produziert Anfang 2003 sogar eine Hörfunksendung mit Interview und Autorenlesung. Im Juli 2003 erwähnt der "Tagesspiegel" in einem großen Bericht über den Streik von Workuta auch das soeben erschienene Buch „Weinen verboten."

In einem „richtigen" Verlag, bei Herbig in München, erscheint dann Anfang 2005 - als korrigierte und erweiterte Neuauflage von „Weinen verboten" - das Buch Im Frauen-GULag am Eismeer, mit einem Vorwort von Karl Wilhelm Fricke. Nicht weniger als 50 Jahre lang hat Ursula eine solche Veröffentlichung herbeigesehnt!

Abb. 54:

Cover des Buches von Ursula Rumin: „Im FrauenGULag am Eismeer" (Herbig 2005)

Diese neue Ausgabe löst eine breite öffentliches Resonanz aus, jetzt auch in größeren Printmedien wie der Frankfurter Allgemeinen Zeitung und dem SPIEGEL. Es folgen zahlreiche Interviews, Lesungen, Vorträge, Rundfunk- und Fernsehbeiträge zu dem beeindruckenden Bericht über Ursulas Lagerhaft in Workuta, über das besondere, zuvor nur wenig bekannte und kaum dokumentierte

Schicksal der Frauen im GULag. Aus dem Vorwort von Karl Wilhelm Fricke:

"Ursula Rumin hat überlebt. Ein gütiges Schicksal bewahrte die Journalistin vor dem Schlimmsten ... In ihrem nun vorliegenden Buch schildert die Autorin ihre Leidenszeit in sowjetischer Haft: authentisch, anschaulich, überzeugend, eben der Realität im Alltagsdasein der Häftlinge entsprechend. Ihr individueller Erlebnisbericht wird so zu einem generell gültigen Zeitzeugenbericht, in dem sich das Kollektivschicksal Zehntausender deutscher Häftlinge in den Zwangsarbeitslagern Stalins widerspiegelt." (7)

In der Frankfurter Allgemeinen Zeitung liest man am 26. März 2005: "In der Tundra rund um Workuta, wo die Gefangenenlager neben den Kohleschächten lagen, gibt es kaum einen Flecken, an dem nicht Häftlinge verscharrt wurden, die an Hunger und Krankheit gestorben sind ...

Die Journalistin Ursula Rumin erlebte den Alptraum Workuta bis 1954. Entbehrungen, Demütigungen, Schwerstarbeit bei Minusgraden: ‚Die spitzen, harten Kristalle, die mit ungeheurer Wucht auf mich einschlagen, mich vernichten wollen - ich taste mich vorwärts in diese weiße Dunkelheit ...'

Jetzt hat Ursula Rumin noch einmal diese Reise mit einem Fernsehteam über Moskau nach Workuta gemacht: ‚ Workuta - Deutsche in Stalins Lagern', gesendet bei ARTE, WDR, NDR, sowie ‚Workuta - Eisgang' bei MDR."

Große Aufmerksamkeit erregt der SPIEGEL-Artikel „Einmal GULag und zurück", der ebenfalls Bezug nimmt auf die kurz zuvor gesendete Dokumentation von Eric Tesch:

„Rumin wurde nach Workuta gebracht und zählte fortan zu den annähernd vier Millionen Frauen, die im Laufe der Stalin-Ära im Sowjetimperium unter erbärmlichen Umständen Zwangsarbeit leisteten. ‚Im Lager ergeht es den Frauen in allem schlimmer als uns', schrieb der einstige Gulag-Insasse und spätere Nobelpreisträger Alexander Solschenizyn über die Lage seiner Leidensgenossen. Historiker, Journalisten und Filmemacher haben dennoch das Schicksal der Frauen in Sträflingskleidung jahrzehntelang nur als Randthema behandelt - bis jetzt, da absehbar ist, dass die letzten Zeitzeugen nicht mehr lange vom Grauen werden erzählen können."

Abb. 55:

DER SPIEGEL 9/2004: Einmal Gulag und zurück

In den folgenden Jahren ist Ursula Rumin eine gefragte Autorin und Zeitzeugin. Auf ihrer zu dieser Zeit ins Netz gestellten Website schreibt sie: „Nach ihrer Pensionierung hat Ursula Rumin es sich zur Aufgabe gemacht, über ihr Leben und die Hafterlebnisse zu reden und zu schreiben. Die Presse veröffentlichte ihre Artikel, der WDR und Deutschlandfunk strahlten ihr Hörspiel ‚Weinen verboten' aus, es gab Lesungen, Gespräche und Auftritte in Funk und Fernsehen." (= ehemalige Website www.ursula-rumin.de)

Das Medienecho auf Ursulas Veröffentlichung ist über viele Monate beachtlich. Am 24. Februar 2005 präsentiert das Filmmuseum Potsdam nicht nur einen neuen Katalog zur Ausstellung über die Filmstadt Babelsberg, wo 1952 der DEFA-Film „Frauenschicksale" gedreht wurde (Drehbuch: Slatan Dudow und Ursula Rumin), sondern stellt auch das Buch „Im Frauen-GULag am Eismeer" vor. Neben dem Film von E. Tesch „Deutsche in Stalins Lagern" wird bei dieser Veranstaltung auch „Frauenschicksale" noch einmal gezeigt. Selbstverständlich ist Ursula Rumin eingeladen und anwesend.

Am Tag davor brachte das Blatt Potsdamer Neueste Nachrichten unter dem Titel „Schreiben für die Seele" einen großen Artikel über Ursula Rumin: "Schon damals nach ihrer Heimkehr schrieb (sie) sich alles von der Seele ... (Für das gerade erschienene Buch) konnte sie diese konservierten Details wieder abrufen, was ihr Buch zu einem sehr authentischen und aufrüttelnden Dokument werden ließ ..."

Am 12. April 2005 ist Ursula Rumin zu Gast im Domradio Köln, in der Sendung "Lebensläufe im Porträt".

Im Juni 2005 wird ihr Buch in Deutschlandradio Kultur rezensiert: "In einer klaren und bildhaften Sprache vermag sie ihre eigene Geschichte und die ihrer Mitgefangenen anschaulich zu machen. Ohne Verbitterung aber auch ohne Hang zu gnädigem Vergessen führt sie den Leser durch die Schlamm- und Wasserkarzer von Berlin-Karlshorst ..., in die verwanzten Zellen des Butyrka-Gefängnisses in Moskau und von dort aus auf endloser Eisenbahnfahrt ... in die Lager von Workuta. Ihr gelingt es, das Zusammenleben dieser Frauen, ihre Schicksale, ihren Überlebenskampf mit all der dazu gehörenden Verzweiflung und immer wieder aufkeimenden Hoffnung in lebendigen Szenen und Dialogen zu schildern ..."

Ursula, jetzt immerhin schon 82 Jahre alt, absolviert allein 2005 insgesamt acht Lesungen aus ihrem Buch „Im Frauen-GULag am Eismeer", drei davon in Berlin, eine sogar in Zürich.

Zu einer Veranstaltung besonderer Art wird ihre Lesung im Bonner "Haus der Geschichte", der Gedenkstätte zur deutschen Zeitgeschichte seit 1945. Dort findet im Januar 2006 die Ausstellung Flucht, Vertreibung, Integration statt. Dem Bonner Gedenkhaus übergibt Ursula auch ihre Gefangenen-Utensilien, unter anderem die Ess-Schüssel, den Löffel, ihre Häftlingsnummer, außerdem das Aquarell "Polarlicht".

Ende März 2006 führt der Historiker Meinhard Stark ein mehrstündiges, sehr inhalts- und aufschlussreiches Interview mit Ursula in deren Kölner Wohnung. Einige ihrer Aussagen sind in seinem 2010 erschienenen Buch „Die Gezeichneten" enthalten, dessen Untertitel „Gulag-Häftlinge nach der Entlassung" lautet. Stark beschäftigte sich in mehreren Publikationen und auf der Basis umfangreicher Forschungen und Zeitzeugengespräche mit der Häftlings-Thematik. Zudem machte er Interessierten die wichtigsten Ergebnisse seiner Recherchen in Form eines "Gulag-Archivs" zugänglich. (8)

Von beiden Veröffentlichungen - dem Buch "Die Gezeichneten" und dem Archiv - hat auch der Verfasser dieses Buches profitieren können. Zu den bemerkenswerten Details aus dem Interview mit Ursula Rumin gehören die folgenden:

- Vor allem in der ersten Zeit nach ihrer Rückkehr aus dem Lager hat Ursula manchmal unter Albträumen gelitten. Sie habe dann „Schmerzen gehabt im Traum", habe „vom Hunger geträumt". Oft hatte sie im Traum "das Gefühl, noch im Lager zu sein".

- Ursula hatte zeitweilig auch Kontakt mit Margarete Buber-Neumann, deren Buch „Als Gefangene bei Hitler und Stalin" bereits 1949 erschien. Kontakt auch mit Susanne Leonhard, Wolfgang Leonhards Mutter, deren Buch „Das gestohlene Leben", 1950 verfasst, von Dr. Witsch 1955 abgelehnt, ein Jahr später in der Europäischen Verlagsanstalt herauskam. Beide Frauen hätten sie ermutigt, so Ursula im Interview, ihr Buch „Weinen verboten" ebenfalls zu veröffentlichen.

- Danach befragt, inwieweit die berühmte „Geheimrede" Chruschtschows auf dem KPdSU-Parteitag 1956 für sie eine Rolle gespielt habe, meinte Ursula: "Eigentlich gar keine Rolle. Ich war kein politischer Mensch. Es interessierte mich auch nicht. - Ich habe mich nie mit Politik beschäftigt. Die Politik hat sich mit mir beschäftigt."

- Sie sei nach der Wende ganz bewusst auch einmal nach Berlin-Karlshorst und nach Lichtenberg gefahren: "Das war meine Art der Aufarbeitung. Andere sagen ‚um Gottes Willen ...' - aber die werden das nie los ... Ich steh' heute neben mir, wenn ich davon spreche oder schreibe. Ich hab' eine gewisse Distanz gefunden."

- In „Die „Gezeichneten" gibt es ein Kapitel über fortdauernde Gesundheitsschäden bei Lagerhäftlingen. Der Autor weist darauf hin, dass extreme Haftbedingungen, wie sie im KZ und im Gulag zweifellos gegeben sind, nicht nur körperliche, sondern auch massive psychische Krankheiten zur Folge haben können, im Sinne einer „posttraumatischen Belastungsstörung" (PTBS). Ursula hat solche Schädigungen durch ihren offensiven Umgang mit traumatischen Erlebnissen offenbar weitgehend vermeiden können, so etwa durch die ganz bewusste Konfrontation mit Karlshorst und Lichtenberg und auch mit Workuta.

- Im Gespräch mit Meinhard Stark kritisiert Ursula, in deutschen Schulen werde zwar über Hitler und über die Judenverfolgung ausführlich gesprochen, kaum aber über das Schicksal deutscher Kriegsgefangener und politischer Häftlinge. "Das wird in den Schulen für nicht wichtig genug gehalten."

Das Interview mit Meinhard Stark empfindet Ursula als eine sehr positive Erfahrung und als Würdigung. Zwar hat sie im Jahr zuvor, nach der Veröffentlichung ihres Buches "Im Frauen-GULag am Eismeer", in zahlreichen Lesungen schon über ihre Lagerhaft in Workuta sprechen können. Aber es berührt und freut sie sehr, dass ein engagierter Historiker und Publizist sich für ihr persönliches Schicksal interessiert und so viel Arbeit und Zeit dafür aufbringt. Immerhin dauerte das Interview neun Stunden.

2006 realisiert Ursula ein weiteres Buchprojekt. Im Berliner Frieling Verlag erscheint „Hallo Fräulein" mit dem Untertitel "Roman einer Jugend im Kalten Krieg". Im Cover-Text heißt es: „Ursula Rumin legt einen eindrucksvollen Roman vor, der an ihren eigenen wechselvollen Werdegang angelehnt ist. So wie ihre pfiffige und warmherzige Romanheldin hat auch sie ihren Weg zwischen schlesischer Heimat, Krieg, GULag, Kunst und Lebenskunst couragiert gemeistert."

Das neue Buch ist eigentlich ein altes, denn es handelt sich um ein schon Mitte der 1950er Jahre geschriebenes, den "Laska" - Roman. - Herausgebracht hat es ein so genannter "Druckkostenzuschuss-Verlag", bei dem die Autoren einen erheblichen Teil der entstehenden Kosten selbst tragen müssen. Bei Frieling wirbt man mit dem Slogan "Verlag sucht Autoren". Das Unternehmen wird allerdings, wie alle Zuschussverlage, sowohl vom Buchhandel als auch von Rezensenten als Pseudoverlag angesehen, wo man Texte in der Regel nur flüchtig lektoriert, wenn überhaupt. Das normale Verlagsgeschäft besteht ja unter anderem darin, im Vertrauen auf die Autoren alle Kosten für Lektorat, Herstellung, Werbung und so weiter zunächst komplett zu übernehmen. Verlage, die ihre Autoren zahlen lassen, werden auf dem seriösen Buchmarkt kaum beachtet. In normalen Buchhandlungen tauchen die entsprechenden Bücher im Sortiment meist gar nicht auf.

Wenn das so ist - warum hat Ursula sich entschieden, nicht nur das "Laska" - Buch, sondern auch einen Großteil ihrer später erscheinenden Bücher bei Frieling zu veröffentlichen? Dafür sprach zunächst, dass dieser Verlag, was Transparenz und Seriosität angeht, zu den besseren, angeseheneren Zuschussfirmen gehört. Ihre Wahl dürfte nicht zuletzt auch dem Verlangen geschuldet sein, aus Jahrzehnte alten Manuskripten endlich "ein Buch zu machen". Ursula wollte wohl nicht endlos nach einem geeigneten Verlag suchen und sich dann mit kritischen Rückfragen, Kürzungs- und Änderungswünschen der Lektoren plagen müssen. Zudem ist sie keine junge Autorin mehr, die noch ein langes Schriftstellerinnenleben vor sich hat. Ihre neue Laufbahn beginnt sie im Alter von immerhin achtzig Jahren. Unter diesen Voraussetzungen lässt sich ihr Vorgehen durchaus nachvollziehen.

2007 dreht die Berliner Autorin und Regisseurin Juliane Geick den Dokumentarfilm "Ursula R. - ein Frauenschicksal im Kalten Krieg". (9) Für diesen Film, der auch längere Interviews mit Ursulas Bruder Horst und mit dem DEFA-Kollegen Peter Bejach enthält, besucht die 1946 aus ihrer Heimat Schlesien Vertriebene noch einmal ihr Elternhaus in Langenbielau. Und sie macht sich auf historische Wege, hin zu den Gefängnissen Karlshorst und Lichtenberg und weiter bis nach Brest-Litowsk. Schließlich sitzt sie wieder am Tisch in der Gaststätte zu Fürstenwalde, wo sie im Januar 1954 zusammen mit Jo und den paar anderen Heimkehrern auf die neue Freiheit anstoßen durfte.

In ihrem Textentwurf zum Dokumentarfilm wird deutlich, dass Juliane Geick Ursulas Tagebücher aufmerksam gelesen hat:

"1944 begann Ursula Rumin Tagebuch zu schreiben. Sie war gerade 19 Jahre jung und lebte in Langenbielau bei ihren Eltern, weit ab vom Schuß. Schlesien galt als 'Luftschutzkeller Deutschlands', weil die Reichweite alliierter Bomber nicht groß genug war, um bis in diesen Winkel des Deutschen Reiches vorzustoßen. Der Krieg ereignete sich (noch) vorwiegend in der Wochenschau auf der Kinoleinwand, im Radio und in der gleichgeschalteten Presse (...)

Dem Tagebuch (...) vertraute Ursula ihre intimsten Gedanken an. Oft sind sie von entwaffnender Naivität, manchmal von erstaunlicher Einsicht, immer aber von großer Aufrichtigkeit. Ursula schrieb nur, wenn sie das Bedürfnis verspürte. So gibt es Lücken und Auslassungen, und manche Personen und Ereignisse sind nur angedeutet, eine Mischung aus gebotener Vorsicht und Diskretion ..."

Juliane Geick qualifiziert die Tagebücher - sie umfassen etwa 9 Jahre, von Ende 1944 bis Anfang 1954 - in ihrer Gesamtheit und einschließlich der Fotos und Zeitungsartikel als "in Fülle und Detailreichtum von unschätzbarem Wert." Darüber hinaus würdigt ihr Textentwurf auch den Menschen Ursula Rumin:

"Neun Jahre zwischen Buchdeckeln, neun Jahre handschriftlich das Leben einer jungen Frau zwischen Krieg und Kapitulation, zwischen Kapitalismus und stalinistischem Kommunismus, zwischen Stolz und Erniedrigung mit bescheidenen Wünschen und großen Hoffnungen. Vor dem Hintergrund der großen Weltpolitik war sie immer auf der Suche nach dem eigenen, kleinen Glück, für sich und für die Familie. Sie wollte sich vom Schicksal nicht unterkriegen lassen, wollte es in die eigene Hand nehmen. Hart und verbissen hat sie gearbeitet, um die Enge der Kleinstadt verlassen zu können und die große, weite Welt zu erobern. Wichtig war ihr, nie die Achtung vor sich selbst zu verlieren."

Ebenfalls 2007 erscheint im Frieling-Verlag Ursulas Buch „Die Kraft zu leben" mit dem Untertitel: „Drei Frauen - hundert Jahre." Es ist ein in dieser Form sicher ungewöhnliches Dokument, basierend auf den Tagebüchern dreier Frauen aus drei aufeinander folgenden Generationen: Ursulas Großmutter Clara (1859–1931), Dora, die Mutter (1894-1974), und Ursula, geboren 1923.

Abb. 56:

Cover von „Die Kraft zu leben" (2007). Zum Titelfoto: links Ursula, rechts Horst, in der Mitte Clara, rechts neben ihr Dora; die Frau neben Ula ist Doras jüngere Schwester Hanne

Chronologisch betrachtet ist "Die Kraft zu leben" der Vorläufer von "Im FrauenGULag am Eismeer". - Ihre Zeit nach der Heimkehr aus Workuta beschreibt Ursula Rumin in einem Buch, das 2008 erscheint, wieder bei Frieling: "Ins Leben zurück". In diesem autobiographischen Bericht geht es um die Jahre von 1954 bis zur Gegenwart, auch um die kurze Ehe mit Joseph.

Abb. 57:

Cover „Ins Leben zurück" (2008)

In diesem Buch zieht Ursula eine Bilanz ihres Lebens. "Geschichte einer Frau des 20. Jahrhundert" lautet der Untertitel, womit das Buch nicht nur als Autobiographie, sondern auch als Zeitzeugnis charakterisiert wird. Im Vorwort schreibt Sabine Brandt:

"Rückkehr ins Leben - das klingt zugleich hoffnungsvoll und bedrohlich. Ursula Rumin gehört zu der Generation, deren persönliches Leben zum Muster geriet für politische Ereignisse, die ein ganzes Volk, ein ganzes Land betrafen: Krieg, Nachkriegselend, Vertreibung, der Versuch eines Neuanfangs ...
Wir lernen ein Stück unserer Geschichte, wenn wir lesen, wie es den Zurückgekehrten im neudeutschen Alltag erging ... Was Ursula Rumin uns erzählt, ist ein Roman der Wirklichkeit, aus der unsere heutige Welt geboren wurde." (10)

Vor und während ihrer Arbeit an diesem Buch hatte Ursula noch einmal mit ihrem Ex-Schwager Paul Schölmerich Kontakt aufgenommen. Dieser schickte ihr daraufhin weitere Passagen aus der „Rückschau", außerdem mehrere Tonbandkassetten mit dem 1987 aufgezeichneten Gespräch zwischen Joseph und dem Bonner Historiker Klaus Rosendahl. Auch über Josephs letzte Lebensjahre gab Paul nun nähere Auskunft, über die Zeit nach dem Schlaganfall und die zunehmende Pflegebedürftigkeit seines Bruders. "Es fehlt jemand, der dieses Leben beschreiben könnte", hatte Paul schon 2004 in einem Brief an Ursula geschrieben.

Es berührte Ursula sehr, nach mehr als vierzig Jahren Josephs Stimme wieder zu hören. Anfang der 1960er Jahre hatten die beiden zuletzt miteinander gesprochen, und das nur sehr kurz.

Auch seine alten Briefe beschäftigten sie nun stark. Sie war ja gerade dabei, im Rahmen von „Ins Leben zurück" auch die wechselvolle und schwierige Zeit ihrer Ehe zu beschreiben, sich noch einmal mit den anfangs schönen, doch dann zunehmend von Missverständnissen und Konflikten geprägten Ehejahren zu beschäftigen.

Dies alles veranlasste Ursula, einen fiktiven Brief an Joseph zu schreiben. Sie hat ihn später auszugsweise in ihrem Buch zitiert:

„Lieber Jo, jetzt, nach 50 Jahren, da ich Deine Briefe an mich wieder zur Hand nehme, kann ich Dich besser verstehen als damals. Zumal ich in den zurück liegenden Jahren Details erfahren habe, die mir damals nicht bekannt waren, da Du mich an Deiner Arbeit nicht teilhaben ließest. Aus vielen Briefen geht immer wieder hervor, dass Du versuchst, mir klar zu machen, was Du aus Deinem Leben machen willst, dass nur die Literatur, das Schreiben, für Dich das Leben bedeutet. Ich konnte das zwar verstehen, dagegen aber stand mein Wunsch des Lebens miteinander, mit Dir. Du wolltest etwas schaffen, was Deinen literarischen Fähigkeiten entsprach und was nur in der Einsamkeit für Dich möglich war. Warum hast Du dann geheiratet?

Ich liebte Dich, ... nach meinen vielen negativen Erfahrungen in zwischenmenschlichen Beziehungen wollte ich nur eines: ein gemeinsames Zuhause, ein Leben mit Dir, ein Leben miteinander. Doch Du ließest mich an Deiner Arbeit nicht teilhaben und hast mich in meiner Arbeit auch nicht unterstützt, bist mir vielmehr in den Rücken gefallen, um ein Projekt zu verhindern, das nicht Deinen Vorstellungen entsprach (das Film-Drehbuch). So ging unsere Ehe, die bis dahin eigentlich nur auf dem Papier bestand, mehr und mehr auseinander ...

Als ich Dir den Vorschlag einer Scheidung machte, reagiertest Du erstaunt, sagtest kleinlaut, dass Du mich brauchst. So war unsere Ehe zwangsläufig zum Scheitern verurteilt ... Wir trennten uns wie vernünftige Menschen, ohne Vorwürfe und Anschuldigungen.

Es war seltsam für mich, Deine Stimme wieder zu hören, es war mir, als säße ich neben Dir und hörte das Gespräch ... Durch diese Funkaufnahmen kamst Du mir wieder nahe, ich sah Dich vor mir, und die Erinnerungen waren da. Nun bin ich auch schon 83 Jahre, und es ist gut, nicht zu wissen, wann bei mir das Ende kommt ..." (11)

In ihrem Buch "Ins Leben zurück" ergänzt Ursula das fiktive Schreiben an Jo - und nimmt damit noch einmal, und nun endgültig, Abschied von ihm. Es heißt dort:

"Ein kleines Stück unseres Lebens sind wir gemeinsam gegangen, es war uns wohl nicht beschieden, es länger zu tun. Schade. Aber ich bereue diese Zeit nicht. Sie war trotz allem schön, hat mich viel erfahren lassen, hat mich reifer gemacht. Adieu, lieber Jo. Ruhe in Frieden." (12)

In einem Postskript folgt diesem Abschied der Hinweis auf ein überraschendes neues Kapitel, das einen geradezu wunderbaren Neubeginn schildert: Ursula hat ihren Sohn Detlef wiedergefunden! Auf zwei Seiten - später wird sie das in einem eigenen Buch ausführlicher tun - berichtet sie, wie sie Detlef, 1951 zur anonymen Adoption freigegeben, nach langen Bemühungen und einigen glücklichen Zufällen, im April 2008 wiederfand. Der Sohn lebt inzwischen mit seiner Ehefrau in Vancouver/Kanada.

Im Juni 2008 wird in der Katholischen Hochschule für Sozialwesen zu Berlin-Karlshorst der Dokumentarfilm "Ursula R. Ein Frauenschicksal im Kalten Krieg" gezeigt. Ula hatte ausdrücklich darum gebeten, an diesem früheren sowjetischen Schreckens-Ort auftreten und sprechen zu dürfen. Wieder ein Stück Vergangenheitsbewältigung, wieder ein Stück Bearbeitung und Auflösung eines Traumas.

Aus der Pressemitteilung: "Bevor Ursula Rumin nach Sibirien geschickt wurde, war sie im NKWD-Gefängnis Karlshorst gefangen gehalten worden. Das ehemalige Sankt-Antonius-Krankenhaus wurde als Gefängnis im Rahmen der sowjetischen Besatzung umfunktioniert und missbraucht. Heute ist das ehemalige

Krankenhaus der Sitz der Katholischen Hochschule für Sozialwesen Berlin, die sich mit der Veranstaltung um weitere Aufklärung zur Geschichte des Gebäudes bemüht. Nach der Filmvorführung beantwortet Frau Rumin Ihre Fragen ..."

Im Dezember 2009 liest Ursula im Haus der Konrad-Adenauer-Stiftung in Berlin aus einigen ihrer zuletzt erschienenen Bücher.

2010 erscheint, wieder bei Frieling, der dokumentarische Roman: "Die Hölle um uns. Leben im GULag." - Das Ursprungs-Manuskript dieses Buches war Ursulas Film-Drehbuch über den Streik in Workuta, Jahrzehnte zuvor Auslöser einer heftigen Auseinandersetzung mit ihrem Ehemann Joseph. Für das Titelbild konnte Ursula nun wieder, nach dem missglückten Debüt im Schutter-Verlag - ihr Aquarell "Polarlicht" verwenden, was ihr sicher viel bedeutet hat.

Abb. 58:

Cover von „Die Hölle um uns. Leben im GULag. Ein dokumentarischer Roman"
(2010)

Ebenfalls 2010 veröffentlicht Ursula Rumin das Buch eines "Geschichtenerzählers" aus Rheindorf (gemeint ist Kasbach) mit Erinnerungen an dessen Jugendjahre am Rhein: „Freche Jungs und Böse Buben". Als zweiter Autor wird Joseph Scholmer genannt. (13)

Abb. 59:

Cover von „Freche Jungs und Böse Buben" (2010). - Das Titelfoto zeigt nicht etwa spielende Kinder am Rheinufer, sondern Ula, Horst und Jochen - in Langenbielau.

2011 publiziert der Frieling-Verlag das Buch "Menschen im Spiegel der Zeit", eine Anthologie mit dem Untertitel "Blütenlese 1943-2010". Wie bei einer Anthologie üblich, enthält es überwiegend Auszüge, teilweise ein wenig überarbeitet, aus Ursulas bereits vorhandenen Büchern.

Im selben Jahr veröffentlicht Ursula im Katercom-Verlag ein großformatiges Kinderbuch unter dem Titel "Die große Märchenwiese". Es enthält teils nacherzählte, teils selbst erfundene Märchen, die sie sich einst für ihre Kinder ausgedacht hat, und ist mit Illustrationen von Margit Schläger geschmückt. Auch mit fast neunzig ist die Autorin offenbar jederzeit für eine Überraschung gut.

2012 erscheint Ursulas letztes Buch. Es heißt „Wenn du dein Kind liebst" und erzählt die berührende „Geschichte einer Adoption". Sie hat sich tatsächlich zugetragen. Es geht darum, wie und wann Ursula ihren Sohn Detlef verlor und wie sie ihn 2008 wiederfand. Das Titelbild zeigt ein Foto des vierjährigen Detlef. Mit diesem Foto hatten die für die Adoptionsvermittlung zuständige Behörden nach geeigneten Adoptiveltern Ausschau gehalten.

Abb. 60:

Das Cover von „Wenn du dein Kind liebst." Geschichte einer Adoption (2012)
Mit Originalfotos ihres Sohnes Detlef.

Detlef war knapp zwei Jahre nach Ende des Zweiten Weltkrieges geboren worden. Sein Erzeuger, ein bulgarischer Student, hatte Ursula nach dem Bekanntwerden der Schwangerschaft verlassen und sich jeder, auch der finanziellen Verantwortung entzogen. Die junge Mutter sah sich, vor allem aus wirtschaftlichen Gründen, außerstande, ihren zweiten Sohn allein zu ernähren, sich ausreichend und zuverlässig um ihn zu kümmern. Die Sorge um den ersten Sohn - Ingo - hatten ihr die Eltern abgenommen.

Nach mehreren gescheiterten Versuchen, das Problem durch Aufenthalte in Kinderheimen oder bei Pflegeeltern zu lösen, entschloss sich Ursula schweren Herzens, auf den Rat ihrer Eltern zu hören: Sie gab den kleinen Sohn zur (Inkognito-) Adoption frei, um ihm ein gesichertes Leben in einer Familie zu ermöglichen.

Fast 60 Jahre später macht Ursula sich auf die Suche nach Detlef. Zu Lebzeiten der Adoptiveltern hatte sie bewusst darauf verzichtet, obwohl Schuldgefühle und Selbstvorwürfe sie oft belasteten. Sie hatte immer eine große Sehnsucht danach verspürt, ihr Kind irgendwann einmal wieder zu sehen, zu erfahren, wie und wo er als Junge aufgewachsen ist, wie er seine Jugendzeit verbracht hat - und wie und wo er heute lebt, als erwachsener, nun selbst auch nicht mehr junger Mann von etwa 60 Jahren.

Die Suche gestaltet sich schwierig. Ursulas Recherchen - beim Jugendamt, bei Einwohnermeldeämtern - bleiben weitgehend ergebnislos. Sie erfährt lediglich, dass Detlef in den 1950er und 60er Jahren in einer angesehenen, gutbürgerlichen Dortmunder Familie aufwuchs und jetzt in Kanada lebt. 1993, nach dem Tod beider Adoptiveltern und dem Verkauf des Hauses, habe er sich in Dortmund ohne Angabe einer neuen Adresse abgemeldet.

Ute, eine Nichte Ursulas, versucht durch Kontaktaufnahme mit einem TV-Sender weiter zu kommen. Der Sender, Produzent von Kai Pflaumes "Nur die Liebe zählt", beschäftigt sich zuweilen auch mit der Suche nach vermissten Angehörigen. Doch die Mühe ist vergebens. Auch eine Namens-Recherche führt nicht zum Ziel: Detlefs Nachname ist zwar bekannt, nicht aber die genaue Schreibweise. Und auf der Liste erfolgreich recherchierter Nachnamen - stimmen die Vornamen nicht!

Dann kommt ein bemerkenswerter Zufall zu Hilfe: Wenige Jahre zuvor hatte Ursula eine etwa 40jährige Frau kennen gelernt, die im September 2004, auf einem Flug nach London, von einem Artikel im SPIEGEL überrascht worden war. Dessen Titel: "Einmal Gulag und zurück".

Die SPIEGEL-Leserin *kannte* die im Artikel porträtierte Ursula Rumin, und zwar aus gelegentlichen Äußerungen ihres 1995 verstorbenen Vaters. Die 40jährige war nämlich - die Tochter Joseph Schölmerichs. In London, ihrem Reiseziel, wohnt ihre Halbschwester Eva, Tochter von Gertrud, mit der Joseph von 1941 bis zu seiner Verhaftung 1944 verheiratet war.

Kurz nach diesem Flug-Erlebnis fährt sie nach Köln und besucht Ursula. Die beiden Frauen kommen ins Gespräch, finden einander sympathisch. Ursula erzählt unter anderem von ihrer vergeblichen Suche nach Detlef. Diese Geschichte berührt Josephs Tochter so sehr, dass sie nun selbst aktiv wird und eine entscheidende, letztlich erfolgreiche Recherche in die Wege leitet: Sie setzt sich mit einer erfahrenen Journalistin aus München in Verbindung, von der sie weiß, dass diese als Personensucherin mit dem Fernseh-Pfarrer Jürgen Fliege kooperiert. Wenn eine Suche erfolgreich verläuft, empfängt Pfarrer Fliege in der Regel den Auftraggeber zu einem Interview im Rahmen der Sendung "Fliege-TV".

Dank ihrer Erfahrung und Expertise gelingt es der Journalistin binnen weniger Tage Detlef ausfindig zu machen. Sie entwirft eine umsichtig formulierte E-Mail, holt Ursulas Zustimmung ein und schickt das Schreiben an Detlefs Mail-Adresse. Umgehend kommt die Antwort: "Hallo, vielen Dank für die überraschende Nachricht. Ja, Sie haben die richtige Person gefunden ..."

Am 20. April 2008 informiert die Journalistin Ursula über den Erfolg ihrer Suche. Und die beschreibt in ihrem Buch „Wenn du dein Kind liebst" den großen, glücklichen Augenblick:

"... Sie nannte seine volle Adresse mit Telefonnummer und fragte, ob ich ihn anrufen würde oder lieber von ihm angerufen werden möchte. Da musste ich erst einmal tief Luft holen, konnte es kaum glauben, es klang wie ein Zaubermärchen. Ich entschied mich für die zweite Möglichkeit, weil ich ganz sicher sein wollte, dass Detlef mit der Kontaktaufnahme einverstanden war. Er sollte mich anrufen. - Und er rief mich an! Gleich nach dem Gespräch mit der Journalistin klingelt mein Telefon, und ich höre die Stimme meines Kindes - nach 61 Jahren! Welch ein Glück ...!

Ich spreche mehr als eine Stunde lang mit meinem Sohn in Vancouver. Die Tränen rinnen mir übers Gesicht, doch unser Gespräch verläuft in lockerem Ton ... Er hat eine dunkle, angenehme Stimme ... Zum Schluss verspricht er, gleich per E-Mail ein paar Fotos von sich zu schicken. Und natürlich werden wir uns recht bald sehen, verspricht er mir.

Ich sitze bis nach Mitternacht vor dem Bildschirm und betrachte mir immer wieder meinen Sohn: einen großen, gutaussehenden Mann. Mit dem Finger fahre ich immer wieder über den Bildschirm und berühre sein Gesicht. Dabei weine ich wie ein kleines

Kind, vor Freude, erlittenen Schmerzen, Anspannung und nochmals Freude. Ich bin so glücklich!" (14)

Ende 2016: Heute ist Ursula Rumin 93 Jahre alt und kann auf ein wechselvolles, von vielfältigen und zum Teil extremen Erfahrungen geprägtes Leben zurückblicken. - Was wird bleiben? Kann man, ähnlich wie im Fall von Joseph Schölmerich, auch im Blick auf Ursulas Lebensweg, wenn nicht von einem Vermächtnis, so doch von einem auch für andere wertvollen Erfahrungs-Schatz sprechen, den sie hinterlassen wird?
Das bleibende Verdienst Joseph Scholmers konnte man sehen in seinem persönlichen und publizistischen Engagement auf gesellschaftspolitischem Gebiet und auf dem der Gesundheitspolitik. Bei der Rückschau auf Ursula Rumins Leben wird man vielleicht dieses besonders wertschätzen: Ursulas Lebensweg vermag vor allem dadurch zu beeindrucken, dass er auf eindringliche Weise gezeigt hat, wie ein Mensch belastende, traumatische Erfahrungen nicht nur überleben, sondern aus eigener Kraft ein Stück weit aufarbeiten, bewältigen, mitunter sogar „heilen" kann. Dies schafft er, indem er seine erlittenen Belastungen nicht verdrängt, sondern sich ihnen stellt. Mit bewusst geplanten, zielgerichteten Schritten gelang es Ursula, mit ihren schmerzlichen Erfahrungen fertig zu werden: vor allem durch Schreiben, ferner durch Reden, das heißt durch Gespräche, Vorträge, Lesungen und ähnliche Veranstaltungen. Nicht zuletzt auch durch bewusst arrangierte Konfrontationen mit Orten und Daten der Vergangenheit. Etwa durch die Ausstellung ihrer Bilder in Hiddesen, genau fünfzig Jahre nach der Vertreibung aus der Heimat. Berührend - und heilsam - war für Ursula der tief empfundene Augenblick, da sie "als ein freier Mensch" auf dem Roten Platz in Moskau stehen konnte. Ähnlich wirkte die Lesung in Karlshorst. Als "Therapien" erwiesen sich Ursulas Bereitschaft und ihre Fähigkeit, aufmerk-

same Naturbetrachtung und künstlerische Kreativität (Malen, Fotografieren) miteinander zu verbinden und als Kraftquelle zu nutzen: Selbst das Polarlicht in Workuta konnte zu solch einer Quelle werden.

Am eindrücklichsten und therapeutisch erfolgreichsten war sicher die Reise mit dem Kölner Filmteam nach Workuta 2003.

Schließlich ist auch Ursulas späte Suche nach ihrem Sohn ein Stück Aufarbeitung eines Konfliktes, der zeitlebens ihr Gewissen belastet hatte („Habe ich damals richtig gehandelt?"). Am Schluss ihres Berichtes über die "Geschichte einer Adoption" und deren glückliches Ende schreibt sie:

"Das war mein Leben zwischen 1946 und 2008. Meine Schilderungen sind etwas ausführlicher ausgefallen als vorgesehen. Doch Du wolltest ja alles über mich und meine Zeit wissen. Es war kein eintöniges Dasein, das mir zuteil wurde, an Ereignissen, auch an negativen, hat es nicht gefehlt. Aber ich bin heute ein zufriedener Mensch ..." (15)

Mit diesen Worten an ihren Sohn Detlef beendet Ursula Rumin ihr letztes, 2012 erschienenes Buch.

Wer sich nach einem langen und wechselvollen Leben, wie Ursula Rumin es geführt hat, als einen zufriedenen Menschen bezeichnen kann, der kann andere etwas lehren. Die beiden Kölner Schülerinnen Sarah und Irina formulierten das in ihrem Brief an den Verlag so:

"Das Schicksal, das diese Frau erlebte, ... hat uns zutiefst berührt. Noch mehr aber hat uns berührt, mit welcher Kraft sie ihr Schicksal gemeistert hat. Da ist keine Bitterkeit zu spüren und auch keine Resignation über die verlorene Zeit. Sie strahlt Stärke und Weisheit aus, auch Wärme, und sie besitzt einen feinen Humor. - Sie hat ihrem Leben eine neue Richtung gegeben mit anderen Werten, als sie bis dahin für sie wichtig waren. Sie hat gelernt, jeden Tag des Lebens in Freiheit zu schätzen, tolerant zu sein und Freundschaften zu pflegen, das Alltägliche und die

Kleinigkeiten hoch zu bewerten, und vor allem: die Schönheiten der Natur immer wieder neu zu sehen. Sie hat gelernt, welch kostbares Gut Kunst und Literatur bedeuten und welche Kraft sie geben können, wenn man sie im Gedächtnis hat und sie nutzt. - Das alles konnten wir spüren, als wir mit ihr gesprochen haben." (16)

Man kann es manchmal auch sehen. - Im März 2016 entstand dieses Foto der 92-Jährigen:

Abb. 61:

Ursula Rumin in ihrer Kölner Wohnung (21. März 2016)

Abb. 62:

Ein Foto aus dem Jahr 2008: Ursula mit ihren Söhnen Ingo (r.) und Detlef (l.)

Juni 2017

Auch ihren 93. Geburtstag hat Ursula Rumin bei guter Gesundheit - ihre Herzprobleme beeinträchtigten sie dank guter Medikamente kaum noch - in ihrer schönen Wohnung im 5. Stock des Maternus-Hauses in Köln-Rodenkirchen verbringen können. Der weite Blick in die Eifel vom großen Balkon aus und der mit wenigen Schritten erreichbare Rheinuferweg, wo sie seit dem Beginn ihres Ruhestandes herrliche Spaziergänge und Fahrradtouren mit Niko unternommen hatte, bedeuteten für sie inzwischen ein Stück Heimat. Dieses Gefühl, irgendwo „angekommen" zu sein, zu Hause zu sein, hatte sie in ihrem früheren Leben lange schmerzlich vermisst.

Doch ab Anfang 2017, begonnen hatte es mit einem leichten Sturz in der Wohnung im Januar, verschlechterte sich ihr Gesundheitszustand rapide, zumal einige Wochen später noch mehrere kleine, aber folgenschwere Schlaganfälle hinzukamen, von denen sie sich - trotz mehrfacher Behandlungen in einem nahe gelegenen Krankenhaus - nicht mehr erholen konnte.

Ursula Rumin starb am 17. Juni 2017 auf der Pflegestation des Seniorenzentrums, wo sie die letzten dreieinhalb Jahre ihres Lebens verbracht hatte.

Anmerkungen zu Kap. VII (Die Malerin, Autorin, Zeitzeugin)

(1) Der 1931 in Lübeck geborene Jürgen Knabe begann früh Senioren Kurse zu geben. In München und Frankfurt hat er ähnliche Einrichtungen (mit-) gegründet. Das Studium besteht aus sechs Semestern und endet mit einem Diplom. Viele Teilnehmer wechseln danach in eine Meisterklasse.

(2) Auch Ursula Rumins liest in ihrer Stasi-Akte. - Drei Informelle Mitarbeiter hatten nicht nur das `"Renegatenzentrum Kasbach - d.h. die verantwortlichen Macher und Verfasser des dort hergestellten "Hetzblattes" *Der dritte Weg* - observiert, darunter insbesondere Heinz Lippmann, Hermann Weber und Joseph Scholmer; auch Ursula Rumin (obwohl diese an der Zeitschrift völlig unbeteiligt war) hatte Anfang der 1960er Jahre zeitweise im Visier der Agenten des MfS gestanden. Die Namen - auch die Klarnamen - der Stasi-Spitzel sind, vor allem dank genauer Recherchen Hermann Webers, bekannt: Michael, genannt "Pit" Gromnica erfuhr als GM (= Geheimer Mitarbeiter) "Heinz Karow" alias "Günter Mielau" viele Interna über den "dritten Weg"; Walter Barthel (IM "Kurt") wurde 1994 als einer der übelsten Agenten des MfS enttarnt; schließlich bespitzelte Peter Heilmann zunächst als GM "Julius Müller" und später als "Adrian Pepperkorn" vor allem Heinz Lippmann (Angaben in Hermann Weber: Prinzip links, a.a.O., S. 212ff.)

(3) Insbesondere die förmliche Anerkennung des erlittenen Unrechts ist den ehemaligen Häftlingen und Zwangsarbeitern von Workuta wichtig, da sie, was etwa Renten- und Pensionsansprüche angeht, anders behandelt werden als die ehemaligen Lagerhäftlinge während der NS-Diktatur. Für lange Zeit war bei ihnen das Gefühl vorherrschend, ein "Opfer zweiter Klasse" zu sein.

(4) Ursula Rumin, Ins Leben zurück, S. 327f.

(5) „Die Vergangenheit überwältigt mich, ich kann die Tränen nicht zurück halten. Habe ich das wirklich damals erlebt?" (Ursula Rumin, Im FrauenGULag am Eismeer, S. 12f.)

(6) Ursula Rumin, Ins Leben zurück, S. 346ff. (und folgendes Zitat)

(7) Vorwort von Karl Wilhelm Fricke, in: Ursula Rumin, Im FrauenGULag am Eismeer, S. 9/10

(8) Zum Gulag-Zeitzeugenarchiv von Meinhard Stark siehe http://www.bundesstiftung-aufarbeitung.de/gulag-4683.html: "In den vergangenen Jahrzehnten hat der Historiker Dr. Meinhard Stark mehr als 250 ehemalige Lagerhäftlinge bzw. ihre Kinder in Russland, Polen, Kasachstan, Litauen und Deutschland interviewt. Im Rahmen eines von der Bundesstiftung geförderten Projektes der Abteilung für Osteuropäische Geschichte der Universität Bonn sind die über 1.200 Stunden umfassenden Gespräche ebenso wie die schriftlichen Unterlagen im Umfang von mehr als 46.000 Blatt digitalisiert worden. Diese Quellen bilden den Basisbestand des Gulag-Archivs in der Bundesstiftung Aufarbeitung und können vor Ort in einer Datenbank recherchiert werden." Die Quellenangabe zum Interview mit U. Rumin vom 28. März 2006 lautet: Archiv der Bundesstiftung Aufarbeitung der SED-Diktatur, Meinhard Stark, Gulag-Archiv: Rumin, Ursula

(9) Juliane Geick, mit der U. Rumin sehr vertrauensvoll zusammenarbeitete, (sie gehört zu den wenigen Menschen, die die Original-Tagebücher aus der Zeit von Januar 1944 bis September 1952 lesen durften), arbeitete als Regisseurin beim Fernsehen der DDR. 1985 reiste sie nach West-Berlin aus. Seither arbeitet sie als freie Autorin und Regisseurin hauptsächlich im Dokumentarfilmbereich. Quelle: Textentwurf Juliane Geick im Nachlass von Ursula Rumin, SAPMO-BArch NY 4620/vorl. 3

(10) Vorwort von Sabine Brandt, in: Ursula Rumin: Ins Leben zurück, S. 7/8

(11) fiktiver Brief Ursula Rumins an Joseph Schölmerich (privates Archiv U.R.)

(12) Ins Leben zurück, S. 369

(13) Dieses Buch basiert auf frühen Notizen und Manuskript-Fragmenten Joseph Schölmerichs, die dessen Bruder Paul seiner

Ex-Schwägerin Ursula Rumin mit den Worten geschickt hatte: „Vielleicht kannst du etwas daraus machen." Joseph hatte in den frühen 1970er Jahren mehrfach vergeblich versucht, das Manuskript zu veröffentlichen. - Näheres dazu in: Gerd Laudert, Der rote Doktor, Berlin 2019, S. 163ff.

(14) U. Rumin: Wenn du dein Kind liebst. Geschichte einer Adoption. Berlin 2012, S. 104ff.

(15) Rumin, Geschichte einer Adoption, S. 126

(16) Undatierter Brief der Kölner Schülerinnen (privates Archiv Ursula Rumin)

VIII. Zwei Rückblicke: Ein kritischer Blick auf die Journalistin Ursula Rumin ...

In diesem abschließenden Kapitel seien mir zwei etwas persönlichere (Rück-)blicke auf Ursula Rumin gestattet. Dass ich mit ihr durch meine erste Ehefrau, Anke Ruhm, verwandtschaftlich verbunden war - Ursula war Ankes Patentante –, habe ich in der Einleitung bereits erwähnt.

Beginnen möchte ich meinen Rückblick mit einem vergleichsweise kritischen Blick auf die Journalistin Ursula Rumin.

Bei einer eingehenderen Beschäftigung mit der Zeitzeugin und Journalistin, die fast ein Dutzend sowohl autobiographisch als auch zeitgeschichtlich geprägte Bücher publiziert hat, stößt man früher oder später auf Widersprüchliches:

Die Autorin erhebt einerseits den Anspruch, sie habe Wichtiges - vor allem zeitgeschichtlich Wichtiges - zu sagen, betonte jedoch andererseits mehrfach, sie interessiere sich gar nicht für Politik. („Eher hat ´die Politik´ sich für mich interessiert.")

Ursula Rumin verfügte über eine kaufmännische Ausbildung, jedoch über keine grundlegende (keine gymnasiale) historisch-politische Bildung, besaß keine Hochschulreife. Wie aber kann man über zeitgeschichtlich Wichtiges schreiben, wenn man weder über eine fundierte historische (Allgemein-) Bildung verfügt noch über Interesse an Politik?

Aufgefallen ist mir, dass Ursula so manches politisch Wichtige in ihren Büchern entweder „übersehen" oder bewusst weggelassen hat. So tanzte das Hiller-Ballett in der NS-Zeit nicht nur auf großen Theaterbühnen und in bekannten Revuefilmen, die „Girls" des NS-Sympathisanten Hiller traten auch, und das verschweigt Ursula, in Propagandafilmen Leni Riefenstahls (Olympiade 1936) auf und ebenso - im berühmten Berliner „Wintergarten" - vor Joseph Goebbels, Hermann Göring und Adolf Hitler.

Gravierender jedoch ist folgendes von der Autorin „Übersehene": Wenn Ursula Rumin über die Schrecken des Zweiten Weltkrieges und über die frühe Nachkriegszeit schreibt, ist zwar viel vom Leiden der deutschen Bevölkerung die Rede. Was aus meiner Sicht dagegen fehlt, ist eine klare Aussage zur deutschen Kriegsschuld und zu dem Leid der *anderen*, der nicht-deutschen Opfer dieses verbrecherischen Krieges, insbesondere zu dem der Juden, aber auch zu dem der Polen, der Russen und anderer Völker der Sowjetunion. Die Begriffe „Holocaust" bzw. „Shoa", auch der Name „Auschwitz" taucht in keinem der zahlreichen zeitgeschichtlichen Bücher Ursula Rumins auf. Ebenso wenig ein Hinweis darauf, dass der 8. Mai 1945, als in Karlshorst die Kapitulationsurkunde unterzeichnet wurde, nicht nur als ein Tag der Niederlage und des Zusammenbruchs, sondern als ein Tag der *Befreiung* auch der Deutschen verstanden werden muss, die in den Vorkriegsjahren, als dies noch möglich gewesen wäre, der nationalsozialistischen Gewaltherrschaft kaum, jedenfalls zu wenig Widerstand entgegengesetzt hatten, eher im Gegenteil.

Als ich Ursula meine diesbezügliche Kritik einmal in einem langen E-Mail-Brief mitteilte und sie um eine Stellungnahme bat, war ihre Antwort: „Mein Vater war Nazi-Gegner, und Mutter hat sogar einmal wegen einer NS-kritischen Äußerung in Schweidnitz im Gefängnis gesessen."

Ursulas Erfahrungen als Vertriebene und als GULag-Opfer werden für unseren Dissens in dieser Frage sicher eine große Rolle gespielt haben; auch muss ich selbstkritisch anmerken, dass umgekehrt „die Linken" politisch ebenfalls allzu lange auf einem Auge blind waren und - wie auch ich damals, als Jugendlicher und (Fast-) 68er - vor allem das Schicksal der Flüchtlinge und Vertriebenen zu wenig wahrgenommen und gewürdigt haben.

Ursulas fehlende Vertrautheit mit politisch-weltanschaulichen Fragen, insbesondere mit politisch linken Positionen (sie schätzte vor allem den konservativen Kurs Adenauers, ohne sich allerdings näher damit zu befassen und sich in ihren Büchern dazu zu äußern), erklärt auch ihre geradezu grotesk falsche Annahme, ihr Noch-Ehemann Mann Joseph Schölmerich und dessen politische

Freunde in Kasbach gehörten seit den späten 1950er „der DKP an, der Deutschen Kommunistischen Partei" (Ins Leben zurück, S. 145 f.). Abgesehen davon, dass die westdeutsche DKP erst 1968 gegründet wurde (als Nachfolge-Organisation der 1956 verbotenen KPD), waren Joseph Schölmerich und der Kasbacher Kreis allesamt *Anti*-Stalinisten und somit entschiedene Gegner der mit der stalinistischen Ulbricht-SED weitgehend gleichgeschalteten DKP.

Auch tauchen - und das ist bedenklicher - Zweifel am Wahrheitsgehalt der ein oder anderen von Ursula geschilderten Begebenheit auf, und damit zwangsläufig auch Zweifel am „journalistischen Ethos" der Autorin. Es finden sich deutliche Hinweise für die Vermutung, dass Ursula Rumin, zumindest in *einem* konkreten Fall, Hafterlebnisse von weiblichen Mitgefangenen - zudem besonders entwürdigende, traumatische Erlebnisse - als *eigene* Erfahrungen dargestellt und geschildert hat. Es geht dabei um zwei grausame Folterszenen im russischen NKWD-Gefängnis in Karlshorst, um den „Wasserkarzer" und den „Zirkus". Im Rahmen ihrer Mitarbeit an der von Karl W. Fricke Anfang der 1960er Jahre im Auftrag des Bundesministeriums für gesamtdeutsche Fragen erarbeiteten „Dokumentation zur politischen Verfolgung in der SBZ" schrieb Ursula Rumin 1964 in einem maschinengeschriebenen Beitrag von 17 Seiten unter der Überschrift „Meine Verhaftung" folgendes (S. 5, Hervorhebung von mir, G.L.): „Ich war nur einmal im kleinen Karzer, d.h. in einer ungeheizten Zelle, ohne Decke zum Schlafen und bei halber Verpflegung. Später kam ich mit einer Frau zusammen, die den ´Circus´ kennengelernt hatte, einen speziellen Karzer für Frauen." Sie beschreibt dann detailliert jene grausame, entwürdigende ´Zirkus´- Folter, ebenso die dreitägige Dunkelhaft und den ´Wasserkarzer´, der dem ´Zirkus´ vorausging. - Hat Ursula Rumin diese Quälereien demnach *gar nicht selbst* erlebt, so wie sie es in ihren später erschienenen Büchern geschildert hat? Hat sie nur aus „dramaturgischen" Gründen (und wohl auch, um *ihr* Schicksal besonders hervorzuheben - sich selbst als ein Opfer dieser Foltermaßnahmen beschrieben? Dass dies zutrifft, erscheint nahezu zwingend, denn auf S. 4 des Berichts liest man: „Meine Vernehmungen begannen damit, dass ich die ersten sechs Tage von etwa 11 bis 16 Uhr und sechs Nächte von 21 – 5 Uhr früh hintereinander verhört wurde, so daß ich nicht zum Schlafen kam. (...) In meinen weiteren Vernehmungen wurde ich zwar physisch nie gefoltert, aber auf die Technik der psychologischen Einkreisung wurde nicht verzichtet."

Spätestens hier muss man der Journalistin und Zeitzeugin Ursula Rumin den Vorwurf machen: Die verfälschende Schilderung dieser Szenen in den Büchern „Weinen verboten" (S. 62 ff.) und „Im Frauen-GULag" (S. 53 ff.) ist journalistisch unseriös und inakzeptabel, ist Effekthascherei und allenfalls „Boulevardjournalismus".

(Die Veröffentlichung der Dokumentation von Karl Wilhelm Fricke verzögerte sich um viele Jahre. Erst 1979 erschien unter dem Titel „Politik und Justiz in der DDR" ein fast 700 Seiten starkes Buch „Zur Geschichte der politischen Verfolgung 1945-1968". Von Ursula Rumin wurde darin aber nicht der oben angesprochenen Beitrag, sondern ein anderer – ein Erlebnisbericht über ihre Haft in Workuta – in Auszügen abgedruckt.)

In mindestens einem weiteren Fall muss man der Autorin Rumin mangelnde journalistische Sorgfalt vorwerfen: Im Blick auf das von ihr als „dokumentarischer Roman" bezeichnete Buch über den Streik bzw. den Aufstand in Workuta 1953 („Die Hölle um uns", 2010) wiesen Experten (so der Historiker Wladislaw Hedeler und Prof. Siegfried Jenkner, letzterer war ein Augenzeuge des Streiks) auf historisch eindeutig falsche Darstellungen hin und widerlegten damit die im Vorwort formulierte Behauptung Rumins: „Die geschilderten Begebenheiten beruhen auf Tatsachen, die auch heute noch belegbar sind."

W. Hedeler: „Dichtung und Wahrheit vermischen sich ab hier ... Während das reale Streikkomitee in Workuta alles unternahm, um keinen Vorwand für ein bewaffnetes Vorgehen gegen die Häftlinge zu liefern, werden in diesem Buch von den Häftlingen Handgranaten und Stichwaffen hergestellt und sogar ein gegen sie auffahrender Panzer gesprengt." (W. Hedeler, Streik im Lager, Rezension in Neues Deutschland vom 5.10.2010)

Siegfried Jenkner: „Die Kennzeichnung als „dokumentarischer Roman´ trifft insoweit nicht zu, als Sie Orte, Zeiten und Ereignisse in einer Weise vermischen, bei der Sie mit dem Anspruch auf historische Wahrheit in Konflikt geraten." (S. Jenkner in einem persönlichen Antwort-Schreiben an Ursula Rumin). - Am Rand des Briefes notiert die Autorin an dieser Stelle „Roman!" (Im Mittelpunkt des Buches stehen nämlich „Elisabeth und Thomas, zwei junge Deutsche, die in Berlin willkürlich verhaftet ... worden waren." In Workuta wird ihre Liebe „einer harten Prüfung unterzogen ..." So zu lesen im Klappentext des Buches.)

Der *pauschale* Vorwurf des Boulevardjournalismus würde auf die Autorin Ursula Rumin jedoch ganz sicher nicht zutreffen. Ihr Bemühen, über wichtige und insbesondere Frauen betreffende zeithistorische Ereignisse zu berichten, entsprang einem sachbezogenen, aufklärerischen Engagement, auch einem pädagogischen Impuls („Vor allem junge Menschen sollen wissen, was damals geschah ..."). Und so - sachlich und detailliert über wenig bekannte Ereignisse des Kalten Krieges informierend - *hat* Ursula ja meist geschrieben, was ihr auch Rezensenten renommierter Medien (SPIEGEL, FAZ, Deutschlandradio Kultur u.a.) bescheinigt haben, vor allem im Blick auf Rumins Hauptwerk „Im Frauen-GULag am Eismeer". Sabine Brandt drückte es - in einem langen Telefongespräch mit ihrer Freundin - einmal so aus: Ursulas Stärke liege „in der nüchternen Aufzeichnung von Situationen und Geschehnissen". Von anderen, vor allem romanhaften Schreibprojekten solle sie aber besser „die Finger lassen." - Und so dürften einige Passagen der nach dem Erfolg des Frauen-GULag-

Buches in großer Zahl und in schneller Folge erschienenen Bücher der Autorin Rumin aus den oben genannten Gründen eher *zwischen* dem seriösen und dem Boulevardjournalismus anzusiedeln sein.

Vermutlich spielte hier auch der in den späten 1950er Jahren entstandene und lange nachwirkende „Konkurrenzkampf" zwischen Ursula und Joseph eine wichtige Rolle, dies insbesondere im Blick auf Ursulas auffälligen Ehrgeiz und Geltungsdrang als Autorin und Zeitzeugin: Sie neidete Joseph dessen publizistischen Erfolge („Die Toten kehren zurück" wurde ein Bestseller, Ursulas Manuskript „Weinen verboten" fand keinen Verleger, ihr Streikdrehbuch keinen Produzenten), und sie konnte Josephs Kritik an *ihren* Schreibprojekten nur schwer ertragen. **„Ich werde ihm eines Tages beweisen, dass er irrt!"** (Ins Leben zurück, S. 198) - „Ich erhebe nicht den Anspruch, große Literatur zu schaffen, aber *ich habe sehr viel zu sagen.*"(ebenda, S. 104).

Josephs Erfolge als Publizist - und ihre eigenen Misserfolge - waren ihr auch deshalb ein Dorn im Auge, weil Ursula, wie sie in ihren Büchern mehrfach andeutet, schon immer den Ehrgeiz verspürte, in ihrem Leben etwas Besonderes zu leisten, sich große Ziele zu setzten, nicht nur „Mittelmaß" zu sein. Vielleicht stand dieser Ehrgeiz (er war andererseits aber auch der Motor für Ursulas "Kämpfernatur") manchmal im Widerspruch zum journalistischen Ethos, und Ursulas Wunsch nach Erfolg und Berühmtheit als Autorin (ihr neues Buch sollte „einschlagen", schrieb sie einmal) verleitete die Journalistin Rumin dazu, nicht immer seriös und fundiert, sondern hin und wieder, weil es so dramatischer und eindrucksvoller klingt oder weil sie sich als Zeitzeugin profilieren wollte, eher doch „boulevardjournalistisch" zu schreiben.

... und ein mitfühlender Blick auf „Ula"

Doch gibt es neben meinem kritischen Blick auf die Journalistin und Autorin Ursula Rumin noch einen anderen, einen freundlicheren, einfühlsameren Blick, einen Blick auf „Ula", und auch der ist mir wichtig:

Ula (geb. Ruhm), die 1955 zur Patentante meiner Anfang Juni 1955 geborenen späteren Ehefrau Anke Ruhm „bestimmt wurde" (Ins Leben zurück, S. 83), hat nicht nur ein wechselvolles, ein zeitweise von extrem traumatischen Erlebnissen geprägtes Leben geführt, sondern vor allem ein sehr einsames. Ein Leben ohne eine längerfristige, geschweige denn glückliche Ehe bzw. Partnerschaft, ohne ein Familienleben. Ein Leben mit zwei leiblichen Söhnen, von denen sie nur den einen - und immer nur für kurze Zeit, quasi besuchsweise - hat aufwachsen sehen. Ein Leben (jedenfalls trifft das für einen großen Zeitraum zu) ohne ein auf Dauer ihr vertrautes „Heim", ohne das Gefühl von Sicherheit und Geborgenheit, ohne eine längerfristige soziale Verwurzelung, ohne ein Gefühl von Heimat, sieht man von ihrer späten, vergleichsweise etwas glücklicheren Zeit als finanziell sorgenfreie Rentnerin in Köln einmal ab. Doch auch in dieser Lebensphase - ab Mitte der 1980er Jahre - pflegte Ula zwar durchaus Kontakte und Freundschaften (u.a. zu Sabine Brandt), doch hatte sie keinen verlässlichen und liebevollen Lebenspartner an ihrer Seite. Ein solcher Partner war für lange Zeit allein ihr Hund Niko. Als dieser 1992 eingeschläfert werden musste, habe dies, so schreibt Ursula, in ihr „eine große Leere hinterlassen" (Ins Leben zurück, S. 309), die sie in den folgenden Jahren u.a. mit zahlreichen touristischen Reisen zu kompensieren versuchte.

Das unsichere und unbehauste Lebensgefühl, das Ula oft beherrschte, wird in einer kurzen Schilderung deutlich: Ursula, wieder einmal allein unterwegs in einer großen Stadt („Irgendwann, auf einer meiner vielen Reisen ..."), sieht in einem Schaufenster „ein anmutiges hölzernes Schnitzwerk: eine Hand, schützend gewölbt um ein kleines Menschlein, das sich vertrauensvoll in sie schmiegt." Spontan identifiziert sich Ula mit dem verlassenen Kind – und sie tut dies auch später noch, in besonders schwierigen Phasen ihres Lebens. „Ich wünsche mir so sehr, mich ganz in diese Hand zu schmiegen, dass sie mich schützen und halten möge. Nur kurze Zeit darin ausruhen dürfen und den vielen zurückgehaltenen Tränen freien Lauf lassen. Einmal alles vergessen, nicht denken müssen, nur die Wärme und den Schutz dieser Hand fühlen, leicht und glücklich sein, das wäre schön." (Die Kraft zu leben, S. 294 und: Wenn du dein Kind liebst, S. 51)

Vor dem bedrückenden Hintergrund dieser Lebensgeschichte, zu der auch die gescheiterte Ehe mit Joseph Schölmerich gehörte, schätze und bewundere ich Ula für ihre außergewöhnliche Willensstärke und ihren Mut, sich dennoch niemals unterkriegen zu lassen, nicht zu resignieren, sondern sich offensiv und kämpferisch ihrem schwierigen, konfliktreichen Leben und dessen vielfältigen Herausforderungen zu stellen.

Insbesondere ihr offensiver Umgang mit psychischen Belastungen, mit Konflikten und Schuldgefühlen, vor allem aber mit traumatischen Erlebnissen imponiert mir: Nicht Joseph, sondern Ursula schlug 1958 die Trennung und Scheidung vor; sehr bewusst plante sie in den 1990er Jahre eine Ausstellung ihrer Bilder in dem Gasthof, der der erste Zielort nach der Vertreibung 1946 gewesen war. Schließlich: Ursulas Reise nach Moskau 1999, nach Workuta 2003, die Lesung in Karlshorst 2006, dem Ort, an dem sie „die schlimmsten Monate" ihres Lebens verbracht hatte. Und zuletzt, motiviert von einem lebenslang nagenden Schuldgefühl ('Habe ich damals richtig gehandelt?'), die aufwändige und schließlich von Erfolg gekrönte Suche nach ihrem Sohn Detlef.

Ulas Tod im Juni 2017 kam angesichts ihres hohen Alters und ihrer Vorerkrankung nicht wirklich überraschend, aber dann doch „plötzlich und unerwartet". Zu Jahresbeginn, kurz nach ihrem 93. Geburtstag, ging es ihr noch gut. Noch Mitte Januar 2017 sprachen wir am Telefon über das Manuskript „Die Großfürstin und der Rote Doktor. Zwei Lebenswege im 20. Jahrhundert." Auch Sabine Brandt, die, wie sie selbst, den vollständigen Text gelesen und teils kritisch, teils zustimmend kommentiert hatte, sei optimistisch - so Ursula -, „dass aus diesem Buchprojekt etwas werden könnte"...

Doch dann kam alles anders, im Blick auf das Buch (das als Doppelbiographie keinen Verleger fand) und im Blick auf Ula: Ein unglücklicher Sturz in der Wohnung im Januar, Wochen später mehrere kleine Schlaganfälle, wiederholte kurze Krankenhausaufenthalte, schließlich der endgültige, aus medizinischen Gründen notwendige Auszug aus Ihrer schönen Wohnung im fünften Stock, und die Verlegung auf die Pflegestation des Hauses.

So bewusst und zielstrebig, wie Ursula Rumin - meist notwendigerweise - ihr Leben und die vielen damit verbundenen Entscheidungen immer selbst in die Hand genommen hatte, so bewusst hat sie auch vor dem absehbaren Ende dieses Lebens, also rechtzeitig, einen Text für ihre Todesanzeige formuliert, so wie er im Kölner Stadtanzeiger erscheinen sollte. Dieser Text lautet:

„Ich, Ursula Rumin-Schölmerich, habe am [...] in Köln-Rodenkirchen diese Welt verlassen. Allen, die mich auf meinem Lebensweg ein Stück begleitet haben, einen letzten lieben Dank und Gruß. Ich gehe nicht in Trauer, sondern ich gehe fröhlich, dankbar und ohne Angst. Ich habe ein langes, nicht gerade einfaches Leben gehabt, bin nun aber innerlich ausgeglichen und zufrieden." Über der Anzeige sollte stehen: „Solange man über mich spricht / und an mich denkt, / bin ich nicht wirklich tot."

„Ich gehe dankbar, fröhlich und ohne Angst ..." - Vor allem das glückliche Wiederfinden im Jahr 2008 und die sich anschließenden Begegnungen mit Detlef - nicht zu vergessen die Skype-Gespräche mit ihm - empfand Ursula mit großer Dankbarkeit als einen späten, aber umso glücklicheren Wendepunkt ihres Leben, als „ein Wunder". Ihr letztes, ausdrücklich an Detlef adressiertes Buch, schloss mit diesen Sätzen: „Es war kein langweiliges Dasein, das mir zuteil wurde. An Ereignissen, auch an negativen, hat es nicht gefehlt. Aber ich bin heute ein zufriedener Mensch - durch Deine Rückkehr in mein Leben."

Umso mehr hat es mich berührt, mich betroffen und traurig gemacht, dass Ursula zuletzt nicht nur körperlich leidend, sondern auch sehr einsam gestorben ist. Zwar wurde sie, nach den Schlaganfällen im Februar, medizinisch angemessen versorgt, zeitweise in einem nahegelegenen Krankenhaus in Köln-Bayenthal, zuletzt auf der Pflegestation des Seniorenzentrums. Zwar konnten Freunde und Freundinnen (u.a. Sabine Brandt), auch einige Verwandte - wie Ulas Nichte aus München - sie dort hin und wieder besuchen, zwar gab es engagierte Mitarbeiterinnen der „Helfenden Hände Rodenkirchen", die ihr liebevoll Beistand leisteten. Doch konnte Ulas Sohn Ingo, der in Memmingen/Allgäu lebte und zeitweise selbst schwer erkrankt war, seine Mutter in den letzten Monaten nur wenige Male besuchen, noch weniger - naheliegender Weise - ihr Sohn Detlef. Ursulas Brüder waren bereits verstorben, Jochen 2003, Horst 2011. - So starb Ula nicht im Beisein von Familienangehörigen bzw. ihrer Söhne, sondern einsam; nur der diensthabende Arzt war anwesend und stellte am 17. Juni ihren Tod fest.

Ich selbst habe Ula 2017 noch zweimal gesehen. Schon beim ersten Besuch Anfang März im Kölner St. Antonius-Krankenhaus hat sie mich vermutlich nicht mehr erkannt. Auch konnte ich nicht mit ihr sprechen, sie blieb fast völlig stumm. Als der Pfleger meine Unsicherheit bemerkte, drückte er mir einen Becher Pfirsich-Maracuja-Joghurt und einen kleinen Löffel in die Hand und schlug mir vor, Ursula zu „füttern". Das tat ich gerne, und auch Ula schien unsere fast wortlose Kommunikation zu gefallen. Als ich ihr später mein Geschenk in die Hand gab – ein gerahmtes Bild der bekannten hölzernen Figur von Dorothea Steigerwald („Bleib Sein Kind") –, betrachtete sie das Bild lange, sagte aber kein Wort dazu, jedenfalls kein für mich verständliches Wort.
Bei meinem letzten Besuch Ende April auf der Pflegestation, aus medizinischen Gründen mit Mundschutz und Gummihandschuhen, erschrak ich angesichts ihrer deprimierenden Verfas-

sung: Ula gab fast pausenlos und sichtlich angestrengt für mich völlig unverständliche Laute von sich, wirkte dabei extrem unruhig, aber auch ängstlich und leidend. Als ich sie ansprach, hielt sie nur einmal kurz inne, verfiel dann aber sofort wieder in ein angestrengtes Stammeln. (Eine junge Pflegerin erklärte mir später, der Amtsarzt sei zuvor bei ihr gewesen, und dessen Besuch habe Frau Rumin „sehr aufgebracht". - Sie habe bezüglich ihrer körperlichen Verfassung aber auch schon vorher, schon seit Wochen, „rapide abgebaut".)

Erst viel später wird mir - mit einem großen Bedauern wegen der Art unseres Abschiednehmens - die Besonderheit dieser letzten Begegnung mit Ula bewusst:

Fast genau 20 Jahre zuvor, am 10. Januar 1997, hatten wir beide in meinem Auto vor dem Walsroder Bahnhof gesessen, in ein Gespräch vertieft. Am Tag nach Ankes Beerdigung hatte ich Ula zum Zug gebracht, und nun blieb noch etwas Zeit zum Reden. Ich erzählte ihr zum ersten Mal davon, wie sehr Anke es bedauert habe, dass sie nie einmal wirklich offen und ausführlich mit ihrer Patentante über deren ungewöhnliche Lebensgeschichte, über die Zeit im Lager, auch über die gescheiterte Ehe mit Joseph, habe sprechen können, dass man wechselseitig immer nur zwar freundliche, aber doch eher oberflächliche Weihnachtsgrüße und Geburtstagsglückwünsche hin- und hergeschickt habe. - Ula sah das ganz ähnlich und meinte: „Wir waren beide beruflich eingespannt, eure Kinder waren noch klein. Aber in den letzten Jahren wäre es vielleicht möglich gewesen ..."

So hatte an diesem Morgen, einen Tag nach Ankes Beerdigung (sie war am 3. Januar an den Folgen einer Hirntumorerkrankung gestorben) mein langes und intensives Gespräch mit Ula begonnen, quasi an Ankes Stelle bzw. in ihrem Auftrag. - Was daraus wurde, steht nun in diesem Buch.

Anhang

(Alle) Bücher von Ursula Rumin

Weinen verboten. Zeitspuren, Köln (Schutter) 2003

Im Frauen-GULag am Eismeer, München (F. A. Herbig Verlagsbuchhandlung GmbH) 2005

Hallo Fräulein. Roman einer Jugend im Kalten Krieg, Berlin (Frieling-Verlag, eine Marke der Frieling & Huffmann GmbH) 2006

Die Kraft zu leben. Drei Frauen – hundert Jahre. Eine Trilogie der Zeitgeschichte, Berlin (Frieling) 2007

Ins Leben zurück. Geschichte einer Frau des 20. Jahrhunderts, Berlin (Frieling) 2008

Die Hölle um uns. Leben im GULag. Ein dokumentarischer Roman, Berlin (Frieling) 2010

Ursula Rumin/Joseph Scholmer: Freche Jungs und Böse Buben. Jugendjahre am Rhein, Gründau-Rothenbergen (TRIGA) 2010

Die große Märchenwiese. Alte und neue Märchen erzählt von Ursula Rumin. Illustrationen von Marga Schläger, Viersen (Katercom) 2011

Menschen im Spiegel der Zeit. Eine Blütenlese (1943-2010), Berlin (Frieling) 2012

Wenn du dein Kind liebst. Geschichte einer Adoption, Berlin (Frieling) 2012

In der Wanderausstellung „In Lagern", einer Ausstellung der Stiftung „Zentrum gegen Vertreibungen" in Kooperation mit dem Bund der Vertriebenen (vollständiger Titel: *In Lagern. Schicksale deutscher Zivilisten im östlichen Europa 1941–1955;* Ersteröffnung 2018 in der Frankfurter Paulskirche) werden zahlreiche Aussagen von Betroffenen dokumentiert, wobei auffällig viele Zitate von Ursula Rumin (und auch von Joseph Scholmer) verwendet werden.

Um diese Ausstellung entbrannte eine heftige und langandauernde Debatte, da 2000–2018 die umstrittene ehemalige BdV-Präsidentin Erika Steinbach Vorsitzende der Stiftung „Zentrum gegen Vertreibungen" war. Die Konzeption der Ausstellung wurde von der deutschen Bundesregierung *nicht* übernommen; stattdessen rief diese bereits 2008 in Berlin die Stiftung „Flucht, Vertreibung, Versöhnung" ins Leben. Doch erst im Juni 2021 konnte im Deutschlandhaus in Berlin eine neue Dauerausstellung eröffnet werden („Dokumentationszentrum Flucht, Vertreibung, Versöhnung", www.flucht-vertreibung-versoehnung.de).

Dank

Neben Ursula Rumin, ohne die dieses Buch nicht entstanden wäre und die mich bei meinen Recherchen stets und auf vielfältige Weise unterstützt hat, danke ich vor allem deren langjähriger Freundin und Lektorin Sabine Brandt. Frau Brandt (-Rühle), die - ebenso wie Ursula - zu meinem großen Bedauern weder das Erscheinen der Biographie über „den roten Doktor" im Oktober 2019 noch das Erscheinen des vorliegenden Buches erleben konnte (sie starb im November 2018), hat mir auf eine ebenso freundliche wie kompetente Weise geholfen, mein Buchprojekt über „Ula" und „Jo" - wenn auch anders als ursprünglich geplant - zu realisieren: Sie hat mich zum einen von ihrem profunden Insider-Wissen profitieren lassen (über die frühe DDR-Geschichte, über Joseph Caspar Witsch und dessen Verlag, über den Kölner „Kongreß"...), und sie hat zum anderen das vollständige Manuskript der Doppelbiographie - später auch Teile des Manuskripts „Der rote Doktor" - gründlich gelesen und wohlwollend-kritisch-konstruktiv lektoriert.

Die folgenden hier nur namentlich genannten Personen haben mich in den unterschiedlichen Phasen meiner Arbeit auf vielfältige Weise begleitet, angeregt und unterstützt: Grit Ulrich (Bundesarchiv Berlin-Lichterfelde), Ulrich Mählert (Bundesstiftung zur Aufarbeitung der SED-Diktatur), Stefan Krikowski (Portal Workuta.de), Juliane Geick (Regisseurin des Dokumentarfilms „Ursula R. - Ein Frauenschicksal im Kalten Krieg"), Frank Möller.

Meinem Bruder Andreas Laudert danke ich für hilfreiche Rückmeldungen und Anregungen und meiner Ehefrau und Erstleserin Martina Hardegen für ihre Geduld und ihre klugen Kommentare.

Zum Autor

Gerd Laudert, geboren 1954 nahe Bacharach/Mittelrhein, war Grundschullehrer und ist seit Mitte der 1990er Jahre auch Buchautor. Er veröffentlichte zum einen berufsbezogene Sachbücher (1996 und 2002: Basiswissen zum historischen Jesus / 2009: Plädoyer zur Reform des Religionsunterrichts). Als Mitglied eines Geschichtsvereins (Stadt Bacharach und Vierthäler) schreibt er über regionalgeschichtliche Themen. Er publizierte Aufsätze zu Heinrich Heine (Heine Jahrbuch 2018) und zu Karl Marx (Beiträge zur Marx-Engels-Forschung 2020/21).

2019 erschien im Metropol Verlag Berlin seine Biographie über den linken Arzt und Publizisten Joseph Schölmerich (1913-1995).

Näheres zu bisherigen Veröffentlichungen des Autors findet man unter https://de.wikipedia.org/wiki/Gerd_Laudert.